国学经典释读 ❖ 李学勤 主编

广解
孟子

王缁尘 讲述

生活·讀書·新知 三联书店

图书在版编目(CIP)数据

广解孟子/王缃尘讲述. —北京:生活·读书·
新知三联书店,2019.11
（国学经典释读）
ISBN 978 - 7 - 108 - 06664 - 0

Ⅰ.①广…　Ⅱ.①王…　Ⅲ.①儒家②《孟子》-注释
③《孟子》-译文　Ⅳ.①B222.5

中国版本图书馆 CIP 数据核字(2019)第 167950 号

责任编辑　赵　炬　周　鹏
封面设计　米　兰
责任印制　黄雪明
出版发行　生活·讀書·新知 三联书店
　　　　　（北京市东城区美术馆东街 22 号）
邮　　编　100010
印　　刷　常熟高专印刷有限公司
版　　次　2019 年 11 月第 1 版
　　　　　2019 年 11 月第 1 次印刷
开　　本　650 毫米 ×900 毫米　1/16　印张　31
字　　数　275 千字
定　　价　76.00 元

出版说明

这是一套写给普通读者的国学经典释读丛书。

"国学"之名,始自清末。当时欧美学术涌入中国,被称为"新学"或"西学",相应的,学界就将中国传统学问命名为"旧学"或"国学"。广义的"国学"包含范围广泛,从哲学、史学、宗教学到考据学、中医学、建筑学等等,本丛书之"国学经典"主要是指先秦诸子百家的著作。这些经典博大精深,是中国传统文化的精髓,是中华民族共同的血脉和灵魂,是连接炎黄子孙的血脉之桥、心灵之桥,吸引一代代中国人阅读、阐释、传承,至今熠熠生辉。

民国时期虽然新学昌盛,但对国学经典的研究和普及并未中断,甚至在二十世纪三十年代掀起出版国学经典的热潮,比如商务印书馆出版的"学生国学丛书"、世界书局的《四书读本》、广益书局的"白话译解经典"系列等等。

今天,出于继承和弘扬中国优秀传统文化的需要,我们精选了民国时热销的经典释读版本,并做适当的加工处理,以适应今日之读者。本丛书收录《广解论语》《广解大学·中庸》

《广解孟子》《译解荀子》《译解韩非子》《译解孙子兵法》《译解庄子》《译解战国策》《译解国语》《译解墨子》《译解道德经》《国学讲话》十二种。这些国学经典释读的编者兼具旧学与新学功底,语言通俗易懂,译解贴近现代。

这次重新出版,我们主要做了五项工作:

第一,为了读者阅读的方便,改竖排为横排,标点符号也随之改为现代横排的规范样式。

第二,变繁体字为简化字,在繁简转换的过程中,对有可能产生意义混淆的用字,做了合理的处理。

第三,采用今天所见较好的古籍版本对原书的选文进行了审校,订正了文句的错、讹、脱、衍。

第四,原书选篇保持不变。

第五,对原书的注释进行了修润,使注释更加准确、易懂。

我们期望,本丛书的出版能够为普通读者提供一个更亲近的读本,也希望以此为契机,对弘扬中国传统文化、普及国学知识起到积极的促进作用。

"国学经典释读"是李学勤先生生前主编的最后一套丛书,李先生在病榻上撰写了总序。今年二月,先生遽归道山。如今,此丛书顺利出版,是对先生的缅怀。

生活·读书·新知三联书店

总　序

　　大家了解，人类的许多认知和见解，有时可以在历史发展的某些时段得到重合或认同。20世纪三四十年代悄然掀起的国学教育运动，恰恰与现今对中国传统文化的重视与重拾极为相似，其因果大体也是经历由怀疑、批判、否定，到重视、回归并再造这样的过程。

　　20世纪前半叶，可谓中西文化大碰撞、大交融的时代，最为鲜明的是西方文化对于中国传统文化的巨大冲击。清末的"中体西用"，尚有"存古学堂"保存国粹，使国学还占有一席之地，而到了民国初年，特别是"壬戌学制"的颁布，主要采用当时美国一些州已经实行了十多年的"六三三制"，标志着中国近代以来的学制体系建设的基本完成，以美国为代表的西方教育在中国占据了相当大的地位。此后中国现代化教育每发生一次变化，西方的教育形式与内容就会有所进入，中国传统文化的教育也就有所丧失，中国传统文化的价值体系遭受着越来越多的质疑或否定。对此，一部分具有强烈忧患意识的教育家、文化名流忧心忡忡，并由担心逐渐转而采取行动挽救国学。但是,真正产生影响并引起国人震动的却是国际联盟教育考察团的到访。1931 年,当时的南京国民政府鉴于欧美的教育对中国日益增大的影响,邀请以欧洲国家为主体的教育考察团来华考察。考察团用了一年多的时间,考察了中国教育的诸多重镇及学校,提交了《中国教育之改进》的报告书。报告书指出:"外国文明对于中国之现代化是必要的,但机械的模仿却是危险的。"该报告书主张中国的教育应构筑在中国固有的文化基础上,对外来文化,特别是美国文化的影响,进行了不客气地批评:"现代中国最显著的特征,即为一群人所造成的某种外国文化的特殊趋势,不论此趋势来自美国、法国、德国,或其他国家。影响最大的,要推美国。中国有许多青年知识分子,只晓得摹仿美国生活的外表,而不了解美国主义系产生于美国所特有的情状,与中国的迥不相同。""中国为一文化久长的国家。如一个国家而牺牲它历史上整个的文化,未有不蒙着重大的祸害。"报告书切中时弊的评估,使中国知识界与教育界在极大的震动中警醒并反思。随即具有强烈社会责任感的教育界、学术界人士,采取了行之有效的国学教育推行举措,掀起国学教育的声势和热潮,使国学教育得到落实,国学经典深入学校的课堂,进入学生使用的书本,并被整合进学生的知识结构中去。

关于 20 世纪三四十年代的国学教育的热潮,有两种情况值得关注:一是诸如王国维、梁启超、章太炎、陈寅恪、黄侃、刘师培、顾颉刚、钱穆、吕思勉等大家利用新的研究方法，潜心研究，整理国故，多有建树，推出了一大批国学研究成果，将国学的归结、分类、条理化、学科化的阐述达到了空前的清晰，对当时及后世影响深远；与此同时，教育界、学术界将国学通过渗透的办法，镶嵌入中小学的课程，设立了各个学级的国语必修课和必读书，许多大家列出书单，推介国学典籍的阅读。二是当时出版界向民众普及国学典籍，主要体现在对国学的通俗释读方面，以适应书面语言不断白话的情形。

对于前者，1949年以后，特别是改革开放以来，重新出版了一些相关著作，但后者几乎被忽视或遗忘了，极少再度面世。其实后者在当时的普及和重版率相当高，影响更为深广。

生活·读书·新知三联书店这次整理出版的正是后者。这不仅是因为在那之后均没有重现，重要的是这些通俗释读的书非常适合当今书面语言彻底白话了的读者需求，特别是当读古文和诠释古文已经成为专门家的事情的今天，即便有较高学历的非专业的读者读古文也为之困惑，这类通俗释读国学典籍的书的出版就显得更为迫切。这些书的编撰者文言文功底深厚，又受到白话文运动的洗礼，对文白对应的把握清晰准确。这些书将国学典籍原文中的应该加以注释说明的元素融入在白话释读之中，不再另行标注，使阅读连贯流畅，其效果与今天的白话阅读语境基本吻合，可见那时对于国学的通俗普及还是做了些实事的。

　　这的确是一些为我们有所忽视的好东西,以致可查到的底本十分稀缺,大多图书馆都没有藏品,坊间也难觅得。生活·读书·新知三联书店在千方百计中找到了选用的底本,使得旧时通行的用白话释读经典的读本得以再现。

　　值得一提的是,这是当时的出版人专门组织出版的一批面向一般民众的国学释读的读本,影响甚大,使得国学经典走入初等文化程度的群体。然而,这些产生过较大影响的读本之所以后来为人所遗忘,其原因可能是出版界推崇名家著述或看重对传统典籍的校勘和注疏。以王缁尘为例,虽然其人名不见经传,但他所编著的关于国学经典释读的一系列的图书,在当时却十分抢手,曾不断重印了十几版。这主要是当时的世界书局看中了他在清末就创办白话报的经历和对国学典籍把握的功力,使其栖身"粹芳阁",为世界书局专事著述国学通俗释读的书籍。列入本套丛书的《广解四书读本》(今将其分为《广解论语》《广解大学·中庸》《广解孟子》),曾被认为是当时国学出版的盛典,是当时通俗释读国学的代表。"国学经典释读"选择20世纪三四十年代的国学通俗的释读书籍,整理为简体横排进行出版,为当今读者学习国学经典提供了很好的阅读范本,是一件大有助益的好事。

　　还应该提及的是,出版此套书不仅是为方便读者理解经典,还在于让读者通过这样的阅读,了解当时人们对中华民族和中国意义的认同史。那时的国学教育和学习的热潮,几乎与抗日战争同行,而对中华民族的现代认识,正是在这期间形成的;国学的教育和普及,使国人了解并认同了中国的历史悠久和文化的博大精深,更将几千年来的人们对国家的意识,从以皇室朝廷为中心的概念中分离出来,完成了从"君国"到"国族"的转变。"中国"代表着中华民族全体,是各族人民联合御侮和实现伟大复兴的精神图腾。

李学勤

2018 年 12 月 10 日

目 录

《广解孟子》编述大意

　　《史记·孟子本传》曰：孟轲，驺（驺通邹，本春秋时邾国）人也。受业子思之门人，道既通，游事齐宣王，宣王不能用。适梁，梁惠王不果所言，则见以为迂远而阔于事情。当是之时，秦用商鞅，楚、魏用吴起，齐用孙子、田忌，天下方务于合从连衡，以攻伐为贤。而孟轲乃述唐、虞、三代之德，是以所如者不合。退而与万章之徒序《诗》《书》，述仲尼之意，作《孟子》七篇。此述《孟子》一书之由来也。

　　唐韩愈作《进学解》曰："孟轲好辩，孔道以明。"又曰："孟氏，醇乎醇者也！"盖推尊《孟子》书者，实始于韩氏。至北宋，遂以《论语》《孟子》《孝经》《尔雅》，敕撰为疏，与《易》《书》《诗》三经《春秋》三传，列于学官，三《礼》与焉，于是有"十三经"之目。至南宋朱熹，更取《礼记》中之《大学》《中庸》，合《论语》《孟子》，名为《四书》，价值遂出《五经》之上。明、清两代，以之为考试取士之用。因此士人未有不读《四书》者，其关系于我国之思想风俗，可想而知矣！

　　孔子之道集大成，号至圣，自非其他诸子所能及。然至战国,杨、墨之言与孔子之儒家,鼎立为三,有志之学者,莫知所从。得孟子之痛斥杨、墨,二氏遂微。至汉武帝尊崇六艺,罢黜百家,历用夏正,于是孔子所倡导之儒家,几与西洋之定国教,性质相等。盖人类内心之信仰,非有所归宿不可也!孔子虽非宗教家,而能得数千年人士之信仰者,孟子之力为多。比之西洋,孟子之于孔子,犹保罗之于耶稣;而《孟子》之于《论语》,亦犹《新约》之于《旧约》。又如汉学宋学之争,几等于新教徒与旧教徒之互相排击。此可证人类心理,大抵相同也!

不佞于去岁曾编述《论语读本》一书,期与一般学者共同研究。继思自宋以来,无不以孔、孟二子并举,则凡读《论语》者,自非益以《孟子》不可!于是在八月间,开始将《孟子》一书,加以解释。惟《论语》均属短章,而《孟子》则长篇大文居其多数,如节节细解,反使读者难明其头绪。又《孟子》之文与近世通行之文甚相类近,因此之故,有时用语体文译之,不另解释,并于原文及译文,一律加新式标点,以便读者焉。愿海内贤达,有以教之!

1936 年 7 月 15 日,王缁尘识于海上粹芬阁

第一篇　梁惠王

孟子见梁惠王。王曰："叟！不远千里而来，亦将有以利吾国乎？"

按《史记》，惠王三十五年，大招贤士，所以孟子到梁去见惠王。"叟"，老人之称，是梁惠王对孟子说："你老人家！不顾千里的远路，到我这里来，也有什么方法，有利于我的国家吗？"

孟子对曰："王！何必曰利？亦有仁义而已矣！王曰：'何以利吾国?'大夫曰：'何以利吾家?'士庶人曰：'何以利吾身?'上下交征利而国危矣！万乘之国，弑其君者，必千乘之家；千乘之国，弑其君者，必百乘之家。万取千焉，千取百焉，不为不多矣！苟为后义而先利，不夺不餍。

弑，音试。餍，音厌。

此孟子对梁惠王之语也。梁惠王所说之利，就是富国强兵,吞并他国以为自己的利益。孟子主张的是王道,王道所重的是仁义,仁是爱护百姓,义是讲究做人的道理,与当时诸侯专以兵力灭亡他国,增益自己的财利者,旨趣决然不同。所以孟子对梁惠王劈头一句就说:"何必曰利!"怎么说"何必曰利"呢?因为你要国家兴盛,像商朝周朝,天下共尊为天子,只有仁义才做得到,故接着说:"亦有仁义而已矣!"因为你用兵力去压迫他国,他国也会用兵力来抗拒你,只有你行仁义,使天下百姓的心一齐归向,那是别个国家没有法子来和你相争的。这两句话,不但对梁惠王如此说,就是全部《孟子》,也以此两句话为中心理论,所以特列于开端的第一章。

古时天子之国,有兵车万乘,天子则称王,诸侯之国,只有兵车千乘,诸侯则称公称侯,或称伯称子称男。到孟子时,各国诸侯都已自己僭称为王,都有兵车万乘,所以有万乘千乘之说。"上下交征利"者,是说上上下下的人,只知钱财利益,不讲做人的道理。"不夺不餍"者,夺是把别人的财利夺来,餍就是吃饱,这里比喻满足,是说不把别人的财利夺过来是决不会满足的。

孟子既说了"何必曰利!亦有仁义而已矣"以后,又把专务争权夺利的害处,彻底痛说一番,意思是:你做王的说,何以利吾国?你手下的大夫看你的样,他就说,何以利吾家?更有底下的士人百姓看了这样,他又跟着说,何以利吾身?如此上下互相争夺财利,一个国家必定要危亡了。故曰:"上下交征利而国危矣!"何以上下交征利,国会危亡呢? 因为大家不讲仁心待人,不讲做人的道理(义),有一万乘兵车的大国,他的手下就有一千乘兵车的大夫,为了利,大夫就可把国君弑掉,来篡夺所有的财利;就是小些的千乘之国,他手下也有百乘兵车的大夫,为了利,也可以弑君而篡夺其财利的。故曰:"万乘之国,弑其君者,必千乘之家,千乘之国,弑其君者,必百乘之家。"讲到万乘之国的千乘之家,千乘之国的百乘之家,已是万分中取了千分,千分中取了百分,不能算不多了,如果把做人的道理(义)丢在后头,眼前看见的,无非是利,那就仍旧要争夺,决不会餍足的,只知财利的结果,必至弄到如此地步。只有仁义则不然,有仁心的人,从没有把父母遗弃的,讲做人道理(义)的人,从没有把君上丢在后头的,所以又接着大声呼道:

"未有仁而遗其亲者也! 未有义而后其君者也!

讲财利的害处,必至大家争夺,永没有休止。若大家都知仁义,那么,做君父的,就安安稳稳,没有祸患了。所以孟子再重申一句:

"王亦曰仁义而已矣,何必曰利!"

孟子的时候，称为乱世，不是亡国，就是弑君，根源无非是大家争利，所以孟子特地把利的害处和结果，彻底痛说一番。只有仁义，不但可免祸，而且还可以得天下的人心，如商周之王天下，故首章如此说法。

（问）利的害处与结果是怎样？

（解）大家争利，必至互相贼杀；大家讲仁义，则存一爱人之心（仁），又讲做人的道理（义），自然平安无事了。

孟子见梁惠王，王立于沼上，顾鸿雁麋鹿，曰："贤者亦乐此乎？"孟子对曰："贤者而后乐此，不贤者虽有此，不乐也。

沼，音找。麋，音迷。乐，音勒，欢乐之乐。

沼，小池也。此时梁惠王在园囿中沼上者，当是临池所建的亭，或是桥上。王回头看着鸿雁麋鹿，问孟子道："有贤德的人，也以此为乐吗？"意思是指孟子，你是个贤德的人，也以此为乐吗？不料孟子却对答道："贤者而后乐此，不贤者虽有此不乐。"这是什么道理呢？同是一个园，贤与不贤，都是一样的游玩，何以贤者能乐，不贤者不能乐呢？原来孟子此语，想把梁惠王引入王道，所以接着就引《诗经》里咏文王的故事来开导他。

"《诗》云:'经始灵台,经之营之,庶民攻之,不日成之。经始勿亟,庶民子来。王在灵囿,麀鹿攸伏。麀鹿濯濯,白鸟鹤鹤。王在灵沼,於牣鱼跃。'

　　亟,音吉。麀,音忧。濯,音浊。於,此读乌。牣,音刃。
　　《诗》,是《诗经》。此段引的是《诗经》里《大雅·灵台》篇的句子。"经始灵台,经之营之"者,言文王要造一座台。经始,是开始计划。经之营之,是有了规划而进行营治。攻者,是用力造这个台。"庶民攻之,不日成之"者,言文王叫百姓(庶民)来造这个台,百姓很高兴给文王出力,不到多日,就造成功了。亟同急。"经始勿亟,庶民子来"者,言文王并不督着百姓,急速完工,百姓自愿给文王造台,好像儿子为了父母的事,一齐都来了。囿,即花园。麀鹿,是雌鹿。攸伏者,言雌鹿已经有了胎,悠然伏着,并不惊慌,故曰:"王在灵囿,麀鹿攸伏。""麀鹿濯濯"者,麀鹿身上的毛,非常肥泽。"白鸟鹤鹤"者,白色的鸟,羽毛也是非常洁白;"於牣鱼跃"者,"於"是叹美的声气,"牣"作充满解,言文王到小池边去,看见水中充满的鱼,也像很高兴,而在那里跳跃。

　　"文王以民力为台为沼,而民欢乐之,谓其台

曰灵台，谓其沼曰灵沼，乐其有麋鹿鱼鳖。古之
人与民偕乐，故能乐也。

乐，皆音勒。鳖，音憋。

上面所引的诗篇里说鸟兽及鱼都现着很自在而高兴的样
子，这是人类心理作用。因为文王待百姓好，百姓自己出力，
来给文王造台。等造成以后，文王到台上池边去游玩，心里欢
喜百姓肯出力来给自己造台，而且不必督工，不到多日，就告
成功，所以高兴。因此看得麋鹿白鸟鱼鳖，也觉悠然自乐。此
段系孟子接下去说，"文王以民力为台为沼，而民欢乐"，就是
说百姓自己情愿出力，给文王造，所以大家欢乐。"灵"是神
灵的意思，台沼虽已造成，尚无名称，百姓颂美文王，以为台沼
之成，得之神灵的助力，就把此台呼为"灵台"，此沼呼为"灵
沼"，并且以园中麋鹿鱼鳖之多为可乐。故曰："乐其有麋鹿鱼
鳖。"偕乐，即大家都欢乐。

"《汤誓》曰：'时日害丧，予及女偕亡。'民欲
与之偕亡，虽有台池鸟兽，岂能独乐哉？"

害，此处同曷。女，今作汝。
《汤誓》，是《尚书》的一篇。上段是孟子引《诗经》，证明

6

贤者而后乐此,此段孟子又引《尚书》,证明不贤者虽有此不乐也。因为夏朝天子桀王,暴虐百姓,后来商汤带兵去征伐,作此一文,以表明宣誓伐桀。"时日害丧,予及女偕亡",是《汤誓》文中述百姓的话。因夏桀自己曾说:我犹如天上的日,日不亡,我也不亡。所以百姓就引了桀这句话,意思是说:这个时候,日何以还没有丧亡?我们这种苦楚,已吃够了,情愿与你一起都丧亡了罢!故曰:"时日害丧,予及女偕亡。"孟子引了这句《汤誓》的文,又说道:百姓既不愿生存,希望和他一起都丧亡,虽然有台池鸟兽,一个人岂能独自欢乐呢?故曰:"民欲与之偕亡,虽有台池鸟兽,岂能独乐哉?"

(问)台池鸟兽,何以贤者能乐?不贤者不能乐?

(解)文王因与民同乐,故台沼都是百姓情愿出力来造,所以大家都乐。桀因只知自己独乐,百姓情愿和他同亡,所以大家都不乐。而其原因,由于人君之贤不贤。

梁惠王曰:"寡人之于国也,尽心焉耳矣!河内凶,则移其民于河东,移其粟于河内。河东凶亦然。察邻国之政,无如寡人之用心者。邻国之民不加少,寡人之民不加多,何也?"

此又梁惠王对孟子说也。寡人,古时君主自称,含有谦虚的意思。河内河东,都是梁国的地方。梁惠王自己说:我(寡人)于治理国政,也算尽心的了! 故曰:"寡人之于国也,尽心焉耳矣!"河内的地方遇了凶灾,我把河内的百姓,迁移到河东的地方去就食,还有老弱的百姓,不能迁移的,我更把粮食运到河内去。后来河东地方也遇了灾荒,我也如此办理。故曰:"河内凶,则移其民于河东,移其粟于河内。河东凶亦然。"我这样体恤百姓,观察邻国的办理政治,都没有像我(寡人)这样用心思。故曰:"察邻国之政,无如寡人之用心者。"梁惠王的意思,以为我这样体恤百姓,应该邻国的百姓,都到我这里来了! 但他们却并不来。邻国的百姓,并不见减少,我国的百姓,并不见增加,这是何故呢? 故曰:"邻国之民不加少,寡人之民不加多,何也?"

孟子对曰:"王好战,请以战喻。填然鼓之,兵刃既接,弃甲曳兵而走,或百步而后止,或五十步而后止。以五十步笑百步,则何如?"曰:"不可! 直不百步耳,是亦走也。"

喻,音裕。填,音田。曳,音夜。

梁惠王自己说如此尽心政事,孟子当时不好怎样驳他,因知梁惠王最喜战争,就用战事来做比喻,故曰:"王好战,请以战喻。"喻者,取两事相比也。填,鼓声。"填然鼓之",犹言蓬蓬声响把鼓擂起来。刃,刀枪的锋头。战时的兵士,听得鼓声,就向前冲锋,于是双方的兵器接触,开始打仗,故曰:"兵刃既接。""弃甲曳兵而走"者,是说不敢对敌打仗,只得逃走。因为甲披在身上,力量很重,所以把甲弃掉,兵器也拖在手中。"或百步而后止"云云者,是有的逃了一百步而止住,有的逃了五十步而止住,大家都是一样的逃,那走五十步的,却取笑走百步的,以为你何以要逃到一百步外呢? 走五十步的,对于走百步的如此取笑,王你以为怎样?"曰不可"者,是王说不可也。"直不百步耳,是亦走也",是王又说,走五十步的,不过没有到一百步罢了,究竟是同样的逃走。

曰:"王如知此,则无望民之多于邻国也。

此段旧注疏中赵岐解得最好:"孟子曰:'王如知此,不足以相笑,王之政犹此也。王虽有移民转粟之善政,其好战残民,与邻国同,而独望民之多,何异于五十步笑百步者乎?'"意思是:各国国君既都喜欢战争,百姓在这国里是死,到那国也是死,所以都不肯到别的国里去。王你虽有善政,和邻国相比,不过他们是百步之逃,王是五十步之逃,有什么分别呢? 既没有分别,如何能希望邻国的百姓减少,而自己的百姓增加呢?

　　"不违农时，谷不可胜食也；数罟不入洿池，鱼鳖不可胜食也；斧斤以时入山林，材木不可胜用也。谷与鱼鳖不可胜食，材木不可胜用，是使民养生丧死无憾也。养生丧死无憾，王道之始也。

　　胜，音升。数，此处读促。罟，音古。洿，音乌。憾，音翰。王，此处应读如旺。

　　梁惠王感叹自己能体恤百姓，邻国之民既不减少，自己国内之民并不加多。孟子以为移民移粟，不过寻常的善政，和邻国比较，正如五十步的嘲笑百步，前段已经说明。此段即根据上文，再告王要使百姓加多，须先施以种种的善政，例如百姓辛苦种田，本想收谷来供食用的，无奈那时候的诸侯，专讲打仗，把百姓拉去当兵，兴工程时，又把百姓拉充工役，弄得百姓连种田的时间都没有了，田既种不成，谷便没的吃了。"不违农时"，就是百姓在种田的时候，不要去拉他当兵或做工，如此，五谷就吃不胜吃。故曰："谷不可胜食也。""数罟不入洿池"者，数，密也，罟，网也，洿池，是地面低陷的深池，不用密网，到深池里去捕鱼，使小鱼都能长大。故曰："鱼鳖不可胜食也。""斧斤以时入山林"者，山里的草木，要在适当的时节去砍伐，假使在春天，正是草木生长的时候，切不可入山砍伐，秋冬时,草木已黄落,或已枯槁,然后拣取不会再长的树木,用斧砍下,如此便保存了将来尚须生长的许多树木,故曰:"材木不可胜用也。"全国的百姓,能够谷与鱼鳖不可胜食,材木不可胜用,那时候食物器具,再不会缺少,无论生存的、死亡的,都没有什么怨恨(憾)了。故曰:"是使民养生丧死无憾也。"王天下的道理,是在得到民心,使百姓食用充足,绝无怨恨,实是推行王道的初步办法。故曰:"王道之始也。"

"五亩之宅,树之以桑,五十者可以衣帛矣!鸡豚狗彘之畜,无失其时,七十者可以食肉矣!百亩之田,勿夺其时,数口之家可以无饥矣!谨庠序之教,申之以孝悌之义,颁白者不负戴于道路矣!七十者衣帛食肉,黎民不饥不寒,然而不王者,未之有也!

衣,应读去声。帛,音伯。豚,音屯。彘,音治。畜,此处应读如蓄。庠,音详。颁,音班。

上段是说推行王道所不可做的事体,此段是说应该做的事体。"五亩之宅,树之以桑"者,譬如百姓有五亩地,造一所房屋,屋外墙边,教他们都种桑树,养蚕缲丝,使人到了五十岁的年纪,都可以穿绸(帛)衣。故曰:"五十者可以衣帛矣。"

豚，是猪。彘，是小猪。鸡豚狗彘，是统言农家所豢养的牲畜等类。畜，养也。养鸡养猪，也都有一定的时候，故曰："无失其时。"人到七十岁，非肉不能滋补，家中既常养着鸡豚狗彘，肉类就不会短缺。故曰："七十者可以食肉矣！""百亩之田"，是古时每一农家，常规定种田百亩。"勿夺其时"，就是上段所说不违农时。如此，凡有数个人口的人家，就不至于饥饿了。百姓有的吃，有的穿了，还要"谨庠序之教，申之以孝悌之义"。庠序，就是现在的学校，把乡村里的小学，很谨慎地举办，对于百姓，再反复地说明（申）做子要孝，做弟要悌的道理。颁白，就是头发半白的老人。"负戴于道路"，是说把重大的东西，用肩挑着或用头顶着，在道路上行来。这是说举办了学校，教百姓都晓得孝悌，遇着重大的东西，要搁挑的，或头顶的，做子弟的，都能替父兄去做。故曰："颁白者，不负戴于道路矣！"到了这时候，七十的老人，能够衣帛食肉，少壮的黎民，也不忧饥寒，就是教化大行，王道成功。故曰："然而不王者，未之有也。"意思是说只要这样去做，工天下的道理，再也不会达不到。

"狗彘食人食而不知检，涂有饿莩而不知发。人死，则曰：'非我也，岁也。'是何异于刺人而杀之，曰：'非我也，兵也。'王无罪岁，斯天下之民至焉。"

检,音简。莩,音缥。

此段系孟子再接着说当时的情形。检,就是把事体检点。饿莩,是饿死的人。孟子就梁国当时的情形说道:王所养的猪狗,常给它吃人的食料,道路上却有饿死的人,王不知检点这种现状,又不肯发仓库的米谷救济百姓。故曰:"狗彘食人食而不知检,涂有饿莩而不知发。""人死,则曰'非我也,岁也'"者,是说百姓饿死了,王却说:这不是我饿死他,是因年岁灾荒而饿死的,这何异于拿了兵器把人刺死,却说:不是我杀死他,是兵器杀死他的。故曰:"是何异于刺人而杀之,曰:'非我也,兵也。'"王你只要不归罪于年荒,而承认自己的过失,那么,天下的百姓,就会归向于你,都到你的国里来了!故曰:"王无罪岁,斯天下之民至焉。"意思是劝梁惠王爱护百姓,不要贵畜贱人,看待百姓比猪狗都不如,假使天下百姓,得知梁王推行仁政,自然会来的。

(问)何谓王道?

(解)一个国里,能使百姓没有饥寒,就是王道的成绩。

梁惠王曰:"寡人愿安承教。"孟子对曰:"杀人以梃与刃,有以异乎?"曰:"无以异也。"

梃,音艇。刃,音认。

此章意思,是承上章而来,或是又一天的问答。"愿安承教"者,是梁惠王说,我情愿安心听承你的教训也。梃,木棍也。刃,刀也。孟子因梁惠王愿听教训,故问道:杀人用木棍与用刀,有没有异处?"曰:'无以异也。'"是梁惠王答道:没有异处的。

> "以刃与政,有以异乎?"曰:"无以异也。"

惠王既明白用棍打死人与用刀杀死人是无异的,所以孟子进一层说:用刀杀死人,与政治不良将人害死,有没有异处呢?王也说:没有异处的。

> 曰:"庖有肥肉,厩有肥马,民有饥色,野有饿莩,此率兽而食人也。兽相食,且人恶之。为民父母,行政,不免于率兽而食人,恶在其为民父母也?

庖,音袍。厩,音就。前恶,音怍,去声。后恶,音乌,平声。

惠王既明白用刀杀人,与政治不良将人害死是无异的,故孟子又进一层说:现在王你的厨房里,有很肥的肉,马房里,有很肥的马,但是百姓有饥饿的面色,甚至于野地上有饿死的尸首,所畜的兽常能饱食,百姓反不得饱食而饿死,这真无异率领兽类把人吃去了!故曰:"庖有肥肉,厩有肥马,民有饥色,野有饿莩,此率兽而食人也。"接下去说:禽兽吃禽兽,这种残忍行动,人尚且恶恨它,现在你既为一国君主,等于百姓的父母,所行政治,不免叫禽兽去吃人,哪里像百姓的父母呢?故曰:"兽相食,且人恶之。为民父母,行政,不免于率兽而食人,恶在其为民父母也?"

"仲尼曰:'始作俑者,其无后乎!'为其象人而用之也,如之何其使斯民饥而死也?"

俑,音勇。

仲尼,是孔子之字。孟子又引孔子之言,以告惠王也。俑者,木雕的偶像。古时人死埋葬,常用草人,算是死者的随从,后来改用木偶,口眼耳鼻很像真人,孔子以为残忍,说创造这木偶从葬的人,恐怕要没有后代。故曰:"始作俑者,其无后乎!"孟子引了孔子的话,做个比喻,自己又接着说:用木偶从葬,不过因它像个人形,孔子尚以为残忍,现在如何竟使百姓弄到饥饿而死呢?故曰:"为其象人而用之也,如之何其使斯民饥而死也?"

(问)何谓以刃与政?

(解)梁惠王希望他国的百姓都来归向,竟没想到自己所行的都是虐政,他国百姓如何能来呢?

梁惠王曰:"晋国,天下莫强焉,叟之所知也。及寡人之身,东败于齐,长子死焉;西丧地于秦七百里,南辱于楚,寡人耻之。愿比死者一洒之!如之何则可?"

长,读作掌。比,读如庇。洒,同洗。

梁国又称魏国,魏的祖先,本是晋国的大夫,后来和姓赵姓韩的两个大夫,把晋国的土地瓜分了,自立为王,故魏、赵、韩三国,又称"三晋"。晋国未被瓜分的时候,是很强的。故曰:"晋国,天下莫强焉!"莫强者,犹言当时各国,没有强过于晋国的。"叟之所知也",是说这是你老人家所知道的。梁国地方,就是现在的河南,齐是山东,秦是陕西,楚是湖北,梁既三面受敌,在惠王即位后,屡打败仗,故惠王说:到了寡人身上,东边被齐战败,大儿子死了,西边被秦战败,丧失了土地七百里,南边被楚战败而受了大辱,这都是寡人所羞耻的事情。故曰:"及寡人之身,东败于齐,长子死焉;西丧地于秦七百里,南辱于楚,寡人耻之。"比,是"为了"的意思。上面所说屡次败仗,死了许多人,所以惠王说:很愿为了一班战死的人,把这耻辱洒一洒——如衣上污渍,用水洗一洗——怎么样才可以呢?故曰"愿比死者一洒之,如之何则可"也。

孟子对曰:"地方百里而可以王。王如施仁政于民,省刑罚,薄税敛,深耕易耨,壮者以暇日修其孝悌忠信,入以事其父兄,出以事其长上,可使制梃以挞秦、楚之坚甲利兵矣!

耨,读如英文 no。挞,音踏。

"地方百里而可以王"者,是说只要有一百里地方的一个国家,就可以施行王道的。现在梁国的地方有千里,难道不可施行王道吗?所以又说:"王如施仁政于民"也。什么叫作仁政呢?就是省刑罚等等,因为战国时候的刑罚,都是非常重,非常繁的,百姓常常受很重的刑罚,所以都是怨苦连天,不肯给君上出死力,现在把刑罚减轻减少,百姓自然会感激君上的仁慈了。"薄税敛"者,税,就是现在的租税;敛,是搜括的意思,把租税减轻,不要尽量搜括,这也是百姓所感激的。"深耕易耨"者,系百姓既解除了重刑与厚税的痛苦,种田时就能努力耕土,耕得非常的深。耨,是耘苗。耕土耕得很深,耘苗也觉得容易了。壮者,是年纪强壮的人,暇日,是种田以外闲暇的日子。是说教导百姓,于耕种闲暇时,勤修其孝悌忠信的品行,如此,则这些壮年百姓,在家知道孝敬父兄,出门也能给国君尽力做事了。故曰："壮者以暇日修其孝悌忠信,入以事其父兄,出以事其长上。"梃,是木棍。挞者,用力打也。是说你王若把百姓训练到这种程度,虽叫他们执一条木棍,对着秦国、楚国强盛的兵,也能迎头痛击,无论他们有很厚的甲和很利的兵器,都可以制止的。故曰："可使制梃以挞秦、楚之坚甲利兵矣!"

"彼夺其民时,使不得耕耨以养其父母,父母冻饿,兄弟妻子离散。彼陷溺其民,王往而征之,夫谁与王敌?故曰:'仁者无敌。'王请勿疑!"

夫,音扶。

"彼夺其民时",是说他们夺了百姓种田的时候。百姓不能种田,饭没得吃,必致父母冻饿,兄弟妻子离散。陷,是把人推在土坑里,溺,是推在水里,这都是形容国君的虐待百姓。他们待百姓如此苦楚,百姓哪里还肯替他们的国君打仗?这时候,你王带了兵去征伐他,还有谁人敢与王抵敌?故曰:"彼陷溺其民,王往而征之,夫谁与王敌。""仁者无敌",是一句从前的旧话,是说仁人的兵,没有人敢抵敌的。孟子引了这句话,又告诉梁惠王道:王请勿疑心。故曰:"王请勿疑!"

(问)木棍何以能制坚甲利兵?

(解)一国虽有坚甲利兵,因为其君暴虐百姓,百姓心怀怨恨，必不肯出力。假使能爱护百姓，又教百姓以孝悌忠信之道，百姓既感怀君上，又要保卫身家，故虽持一木棍，也能出死力御敌的。

孟子见梁襄王，出，语人曰："望之不似人君，就之而不见所畏焉。卒然问曰：'天下恶乎定？'吾对曰：'定于一。'

卒，同猝。恶，此处音乌。

梁襄王，是梁惠王的儿子，惠王死后，襄王即位，孟子特地去见他，"出，语人曰"，是孟子见过梁襄王，出来告诉他人也。"望之不似人君，就之而不见所畏焉"者，意思是做人君的，要有威严不可侵犯的态度，所以臣下都敬惧他，现在这位梁襄王，远望去竟不像个人君的态度，到他面前（就之），更没有使人畏敬的地方。卒然，同忽然，襄王见了孟子，没头没脑地忽然问道：天下怎么能够平定呢？故曰："天下恶乎定？""吾对曰"者，是孟子向人说，我当时对答襄王所说也。"一"者，就是把天下统一，这时候大国有七，彼此用武力相争，必须并合为一国，然后战争会平定，故曰"定于一"也。

"'孰能一之？'对曰：'不嗜杀人者能一之。'

'孰能与之?'对曰:'天下莫不与也。王知夫苗乎?七八月之间旱,则苗槁矣。天油然作云,沛然下雨,则苗浡然兴之矣。其如是,孰能御之?今夫天下之人牧,未有不嗜杀人者也。如有不嗜杀人者,则天下之民皆引领而望之矣。诚如是也,民归之,由水之就下,沛然谁能御之?'"

嗜,音侍。夫,音扶。槁,音稿。沛,读如配。浡,音勃。由,与犹通。

"孰能一之",是梁襄王又问,哪个人能够统一呢?嗜,嗜好也。那时的国君,大半是嗜好杀人的,故孟子又对道:惟有不嗜好杀人的才能够统一。故曰:"不嗜杀人者能一之。""孰能与之",是梁襄王又问也。"与",朱子注曰:犹归也。梁襄王的意思,是说天下百姓怎能够都归向他呢?"对曰:'天下莫不与也'"者,是孟子又对道:天下的百姓,没有不来归向的。"王知夫苗乎"者,是孟子用农田的稻苗,来做譬喻。七八月之间,天时大旱,那么,苗都要枯槁了。油然,是很盛的样子,久旱之后,将要下雨,空中就满布着浓厚的云。故曰:"天油然作云。"沛然,朱注曰:雨盛貌,是说空中满布了云,就下极大的雨。故曰:"沛然下雨。"浡然,是突然起来的样子。将要枯槁的苗,已多奄奄无生气地垂着,一经着雨,那就突然复活,依旧直立起来。故曰:"则苗浡然兴之矣。""其如是,孰能御之"者,是说照这个样子,哪个人能将其阻止呢?"今夫天下之人牧"云云者,人牧,是专司教养百姓像司畜牧的人,即指当时的人君。是说当时的人君,没有不嗜好杀人的,假使有不嗜好杀人的,普天下的百姓,必定伸着颈项,盼望这个不嗜杀的人君来主持政治。故曰:"皆引领而望之矣。"意思是说:这时候天下的百姓,只盼望有个不嗜杀人的君主,正和种田人逢到七八月间大旱,伸着颈项,盼望天空降下一场大雨,是同样的急切,故接下去又说:"诚如是也,民归之,由水之就下,沛然谁能御之?"水是无不向下流的,并且没有人能抵御得住。王如不嗜杀人,则天下之民都来归王,犹如水之向下奔流一样,若照这种趋势,哪一个人可以抵御呢?

(问)何谓一之?

(解)各国君主,都嗜杀人,倘若其间有一不嗜杀人的君主,百姓一定都来归向的。

齐宣王问曰:"齐桓、晋文之事,可得闻乎?"孟子对曰:"仲尼之徒无道桓、文之事者,是以后世无传焉,臣未之闻也。无以,则王乎!"

孟子想推行儒家的王道,也学孔子周游列国,所以梁、齐等国,他都到过。齐桓公、晋文公,都是春秋时诸侯,即五霸中最著名的两个君主。齐宣王问孟子齐桓公、晋文公的事情，你可否说些给我听吗？故曰："齐桓、晋文之事，可得闻乎？""孟子对曰：'仲尼之徒，无道桓、文之事者。'"仲尼，即孔子。孟子受业子思之门人，是孟子为孔子数传以后的儒家。仲尼之徒，从来不说齐桓公、晋文公的事迹，所以儒家相传下来，直到后世，关于齐桓、晋文之事，并无人传述过。"臣未之闻也"是孟子自己说我也没有听见过，如今你齐王既来问我，我只有王道是知道的。无以，与无已同，意思是一定要我说而不容我止住，那就只有说王道了。故曰："无以，则王乎！"

曰："德何如，则可以王矣？"曰："保民而王，莫之能御也。"

齐宣王知道霸者是以力服人的，王道则须以德感人，故又发问："德何如，则可以王矣？"孟子因宣王之问，便说道：你只要能保养人民，就是王道，这是天下没有人能够抵御的。故曰："保民而王，莫之能御也。"

曰："若寡人者，可以保民乎哉？"曰："可！"曰："何由知吾可也？"

宣王听了孟子说保民的就可王,所以再问:像寡人,也可以保民的吗? 孟子又对道:可以的。"何以知吾可也",仍是宣王所问,意思是说:你初来见我,我的为人尚没有深切认识,怎么能知道我可以保民而王的呢?

曰:"臣闻之胡龁曰:王坐于堂上,有牵牛而过堂下者,王见之,曰:'牛何之?'对曰:'将以衅钟。'王曰:'舍之! 吾不忍其觳觫,若无罪而就死地。'对曰:'然则废衅钟与?'曰:'何可废也? 以羊易之。'不识有诸?"

龁,音核。衅,读作信。觳,音斛。觫,音速。与,今作欤。

此段是孟子对宣王转述胡龁的话。胡龁,是当时齐国的一个官吏。衅钟,是将牲畜的血涂在钟上。古时铸钟,必杀一牲畜,将血涂其罅隙,算是一种祭礼。觳觫,是非常恐惧可怜的状态。孟子对宣王道:"臣听得胡龁说:'有一天,王你坐在堂上,有人牵一头牛,走过堂下。王你看见了,问道:"这头牛,到何处去?"牵牛的答道:"将要去杀了衅钟。"你王道:"舍了它吧! 我不忍看见它这种非常恐惧的状态,好像它并没有犯罪,要把它牵到死的路上去。"牵牛的道:"这样说,衅钟的礼节废除了吗?"你王道:"哪里可以废除呢? 用一只羊来换了它

23

吧!"孟子把胡龁所说的转述完了,接着就问宣王道:"不晓得有这件事吗?"故曰"不识有诸"也。

曰:"有之。"曰:"是心足以王矣!百姓皆以王为爱也,臣固知王之不忍也。"

曰"有之",是宣王说这件事是有的。"是心足以王矣",是孟子又接着说:照这种心思,已足以王天下了!但是百姓都以为王是器量小而爱惜这头牛罢了,臣却晓得王的心思,实在由于仁慈而有所不忍。故曰:"百姓皆以王为爱也,臣固知王之不忍也。"

王曰:"然!诚有百姓者,齐国虽褊小,吾何爱一牛?即不忍其觳觫,若无罪而就死地,故以羊易之也。"

褊,音扁。

褊,狭也。褊小,犹言狭小。齐是大国,此言虽褊小,是宣王自谦的话。宣王听了孟子所说,又道:是的!确实有百姓说过这句话的,齐国虽然狭小,我何至于爱惜一头牛?就是不忍看见它那种非常恐惧的状态,像没有犯罪,要把它牵到死的路上去,所以用一只羊去替换了它。

曰:"王无异于百姓之以王为爱也。以小易大,彼恶知之?王若隐其无罪而就死地,则牛羊何择焉?"王笑曰:"是诚何心哉?我非爱其财而易之以羊也,宜乎百姓之谓我爱也。"

恶,音乌。

孟子又说:"王无异于百姓之以王为爱也。"意思是:你王无庸怪异百姓,都说你爱惜这头牛,你把小些的羊去替换这大些的牛,他们百姓哪里知道你王是为了不忍看见这牛的怕死状态呢?故曰:"以小易大,彼恶知之?""王若隐其无罪而就死地,则牛羊何择焉"者,是说你王痛惜(隐)它无罪而就死地,那么,牛与羊,又有什么分别(何择)呢?意思是:牛羊同是牲畜,对于牛既不忍它就死,则羊的就死,何以又不加痛惜呢?"王笑曰"者,宣王听了孟子的解释,不觉自己好笑起来,说道:这到底是什么心思呢?我并非因为牛的价钱多些,才用羊去换它的,照这样讲来,应该使百姓说我是爱惜这头牛了!故曰:"是诚何心哉?我非爱其财而易之以羊也,宜乎百姓之谓我爱也!"

曰:"无伤也,是乃仁术也,见牛未见羊也。君子之于禽兽也,见其生,不忍见其死;闻其声,不忍食其肉。是以君子远庖厨也。"

以羊易牛,宣王自己也觉得好笑,因此孟子又解释道:这对于王的本心并没有什么伤害(无伤也),实在就是王的仁心仁术(是乃仁术也)。因为你单看见牛,不看见羊啊(见牛未见羊也)。君子对于禽兽,见它活着,就不忍见它就死,听它被杀时凄惨的叫声,就不忍吃它的肉,为了这个,所以君子的住处,常和厨房离得很远,故曰"君子之于禽兽也"云云。

王说曰:"《诗》云:'他人有心,予忖度之。'夫子之谓也。夫我乃行之,反而求之,不得吾心。夫子言之,于我心有戚戚焉。此心之所以合于王者,何也?"

说,今作悦。度,读若踱。夫我之夫,音扶。

孟子把宣王所以不忍之心解释明白,当时王也欢喜起来,特引《诗经》里的句子,对孟子道:"他人有心,予忖度之。"这是《诗经·小雅·巧言》篇的两句。忖度,犹思量也,是说他人的心想,被我思量着也。夫子者,是宣王对孟子的尊称。宣王说：他人的心思，被你夫子猜着了！这两句诗，正是为夫子而说的。"夫我乃行之"云云者，是说这件事体，我这样行去，回转来自己想想（反而求之），竟会想不到这所以然的道理（不得吾心），现在被夫子说明白了（夫子言之），倒反使我的心戚戚地动起来了（于我心有戚戚焉）！戚戚，是心动的样子。但这个心所以能合于王道，又是什么道理呢（此心之所以合于王者，何也?）？

曰："有复于王者曰：'吾力足以举百钧，而不足以举一羽；明足以察秋毫之末，而不见舆薪。'则王许之乎?"曰"否!"

举者，把一件物，从下向上提起。钧，系三十斤也，百钧，即三千斤。秋毫，是秋天极细微的毫毛。舆，即车。薪，即柴。此段因宣王问不忍之心，何以合于王道，孟子又设一个譬喻，说给王听。"有复于王者曰"，是说假定有一个人，来对王说，他所说的是：我的气力伟大，足能够举起三千斤的重物，却不能举起一片鸟毛，我的目光明亮，足能够察见秋天毫毛的末梢，却不看见一车子的柴，这种说话，你王觉得他说得不错吗？如正文云云。宣王听了这譬喻，即回答："那是不对的。"（曰"否"!）意思是：世间绝没有这种人和这种事。

"今恩足以及禽兽,而功不至于百姓者,独何与?然则一羽之不举,为不用力焉;舆薪之不见,为不用明焉;百姓之不见保,为不用恩焉。故王之不王,不为也,非不能也。"

与,今作欤。

此段又是孟子说的。省去一"曰"字,是取文法上的简便,而读者自能明白的。宣王既否认世间有能举百钧,不能举一羽,能见秋毫,不能见舆薪的人,孟子于是更进一层说道:今王的恩德,足能够加到禽兽身上——即不忍牛之觳觫,而易之以羊。但王的功业,从没有加到百姓身上(今恩足以及禽兽,而功不至于百姓)。这又是为什么呢(独何与)?孟子说到这里,再把不举一羽等的道理解释出来,故接着说:然则一片鸟毛的不举起来,因为是不肯用力;一车柴薪的不看见,因为是不肯用目光;百姓的不见保爱,因为是不肯用恩德,所以像王你的不施行王道,是自己不肯去做(不为也),并不是没有力量而不能够做呀(非不能也)。

曰:"不为者与不能者之形,何以异?"曰:"挟太山以超北海,语人曰:'我不能。'是诚不能也。为长者折枝,语人曰:'我不能。'是不为也,非不能也。故王之不王,非挟太山以超北海之类也;

王之不王,是折枝之类也。

长,音掌。

宣王初听孟子说自己有不忍之心,合于王道,故非常高兴。不料孟子又加以"恩足以及禽兽,而功不加于百姓"的一句严重质问,好像当头浇了一勺冷水,没有别的可说,只得把不为与不能的情形,再问一句。故曰:"不为者,与不能者之形,何以异?"孟子因宣王之问,遂设一个极浅显的譬喻,对王道:"叫人用两只手臂挟着太山,从北海上跳过去(超即跳过去),他说:'我不能够',这是真的不能够;倘若叫人替一位尊长去折取树上的枝条,他说:'我不能够',这是他不肯去做,并不是真的不能够,所以王你的不行王道,绝不是挟了太山跳过北海一类,而是替一位尊长折取树枝的一类呀。"

"老吾老,以及人之老;幼吾幼,以及人之幼,天下可运于掌。《诗》云:'刑于寡妻,至于兄弟,以御于家邦。'言举斯心加诸彼而已!故推恩足以保四海,不推恩无以保妻子。古之人所以大过人者,无他焉,善推其所为而已矣。今恩足以及禽兽,而功不至于百姓者,独何与?

刑,今作型。御,读若迓。与,今作欤。

孟子既把挟太山与为长者折枝的譬喻,说给宣王听了,又说明:王之不王,是不为,并不是不能。此段根据上文,再把极容易可为的道理说出来。又因宣王曾引《诗经》的句子,于是也引《诗经·大雅·思齐》篇的句子,好使王容易明白。老吾老的上一个老,作奉养解,幼吾幼的上一个幼,作慈爱解,这就是实字虚用的方法。此段说的,凡是敬奉自己的长辈,再推广开去敬奉人家的长辈,慈爱自己的子女,再推广开去慈爱人家的子女,照这样子去治理天下,好像在手掌中转运(天下可运于掌),非常容易了。《诗经》上说:"刑于寡妻,至于兄弟,以御于家邦。"刑,今作型,就是典型,也称模范。寡妻,是国君自称其妻的谦词,犹国君常自称为寡人。所谓刑于寡妻,是说国君立法,先从妻室开始,再推而至于兄弟,更推及于一家一国,故曰"以御于家邦"也。御,是迎合的意思,孟子引了《诗经》句子,自己接下去说:这句话,就是把自己这个心,加在别人身上罢了!故曰:"言举斯心,加诸彼而已。"能照这样把恩德推开去,四海的民心一齐归向,那就连四海都保全了;不照这样并不把恩德推开去,结果连自己的妻子,也是保不住的,故曰:"故推恩足以保四海,不推恩无以保妻子。"至于古时的人,所以能高过人的地方,没有其他道理,不过善用这个推恩的方法罢了!故曰:"古之人所以大过人者,无他焉,善推其所为而已矣!"说到这里,再把宣王以羊易牛的事重提一遍,使他知道这些都不是空话，都是说明推恩的道理，所以又说："今恩足以及禽兽，而功不至于百姓者，独何与?"仍旧回到上文，而前后呼应。

"权然后知轻重，度然后知长短，物皆然，心为甚。王请度之!

度，音踱。

权，是秤。度，是尺。凡百事物，都是一样，而人心的感动，更为容易。王如肯推行王道，请再仔细思量，像用秤称物，就知轻重，用尺量物，就知长短。"王请度之"，犹说请你王再思量一下。

"抑王兴甲兵，危士臣，构怨于诸侯，然后快于心与?"

与，同欤。

上段劝王思量王道的推行，此段又把王心里的计划加以推测而向王问道：王是不是要兴起甲兵来和他国战争，使自己国内的士人百姓都弄到危险的地步，又与各国诸侯结了仇怨（构怨即结怨），这样，王你心里才快乐吗？即正文云云。

王曰："否！吾何快于是？将以求吾所大欲也。"曰："王之所大欲，可得闻与？"

与，同欤。

宣王听孟子说他兴甲兵的话，便说道：不是的（否）。"吾何快于是"者，是说我何尝这样做心里才痛快呢？大欲，是极大的欲望。"将以求吾所大欲也"者，是说我将求得我最大的一种欲望。孟子于是说：王你这个极大的欲望，可以讲给我听听吗？故曰："王之所大欲，可得闻与？"

王笑而不言。曰："为肥甘不足于口与？轻暖不足于体与？抑为采色不足视于目与？声音不足听于耳与？便嬖不足使令于前与？王之诸臣皆足以供之，而王岂为是哉？"曰："否！吾不为是也。"曰："然则王之所大欲可知已。欲辟土地，朝秦、楚，莅中国而抚四夷也。以若所为，求若所欲，犹缘木而求鱼也。"

与，皆同欤。便，音片阳平。嬖，音闭。辟，同。朝，音潮。莅，音利。

孟子问宣王的大欲，宣王只笑而不说。孟子又故意问他，是否为肥的肉、甜的菜,口中尚不够吃吗? 轻而又暖的衣裳,身上尚不够穿吗? 各种饰物的光彩,眼中尚不够看吗? 微妙的声音,耳中尚不够听吗? 常在身旁宠幸的人(便嬖),在面前尚不够供差使吗? 这种种嗜欲,王你的许多臣子想来都能供应的,难道王你竟为了这些吗? 王答道:不是! 我并不为这些。孟子又继续说道:那么,王你所说的大欲,我可以晓得了。你是想要开辟土地,使秦、楚各国的王都来入朝,你就居上临下(莅)对着中国,安抚四方的各民族(四夷)。不过,照这样子去做,想求到你的大欲,好像爬在极高的树木上(缘木),想求取水中的鱼,意思是说那是万万做不到的,故正文云云。

王曰:"若是其甚与?"曰:"殆有甚焉! 缘木求鱼,虽不得鱼,无后灾;以若所为求若所欲,尽心力而为之,后必有灾。"

与,同欤。

求鱼当在水边,今孟子以为宣王求取其大欲,好像爬在树木上求取水中的鱼。宣王听了,心中很以为不是。故曰:"若是其甚与?"意思说竟像这样的难到极点吗? 孟子又回答道:"殆有甚焉!"意思是:比之缘木求鱼,更要难到极点。为什么呢? 因为缘木求鱼,虽然不能得鱼,但是绝没有后来的灾祸。

照你的行事,想求取你的大欲,虽则尽心尽力地去做,后来必定有大灾祸的,故正文云云。

曰:"可得闻与?"曰:"邹人与楚人战,则王以为孰胜?"曰:"楚人胜。"曰:"然则小固不可以敌大,寡固不可以敌众,弱固不可以敌强。海内之地,方千里者九,齐集有其一;以一服八,何以异于邹敌楚哉?盖亦反其本矣!

与,同欤。邹,音走阴平。

邹,是当时的小国。楚,是大国。宣王想辟土地,朝秦、楚,故孟子问,假使邹国的人与楚国的人开战,王你以为哪一国可望战胜呢?宣王道:楚人胜。孟子遂根据宣王的话而加以说明道:然则小国固然不可以抵敌大国,人数少的固然不可以抵敌人数多的,兵力弱的固然不可以抵敌兵力强的了。王你既晓得邹国敌不过楚国,现今海以内的土地,千里见方的共有九方,齐国的土地,统共集合拢来,不过九方里头的一方。王你要用一方土地的力量,去征服其余八方,何以异于邹国抵敌楚国呢?"盖亦反其本矣",是说王你所求的大欲,必不可得,不如回复到爱民的根本政治上去做吧!

"今王发政施仁,使天下仕者皆欲立于王之朝,耕者皆欲耕于王之野,商贾皆欲藏于王之市,行旅皆欲出于王之途,天下之欲疾其君者,皆欲赴愬于王。其若是,孰能御之?"

贾,此处读如古。

孟子又道:现今王你在政治上发动,推行仁德,使天下做官的人,都要来立在你的朝廷里;耕田的人,都要来耕种你的田野;做生意的商人贾客,都要把货物藏在你的市场里;出门的旅客,都要来进出你的道路;天下百姓凡是痛恨他自己国君的,都要把苦楚来告诉你。照这个样子,还有什么人可以抵御得住呢?故正文云云。

王曰:"吾惛,不能进于是矣!愿夫子辅吾志,明以教我。我虽不敏,请尝试之。"曰:"无恒产而有恒心者,惟士为能。若民,则无恒产,因无恒心;苟无恒心,放辟邪侈,无不为已;及陷于罪,然后从而刑之,是罔民也。焉有仁人在位,罔民而可为也?

惛,同昏。辟,今作僻。侈,音尺。焉,音烟。

宣王听了孟子的譬喻，心中也明白以一服八是做不到的，所以自己承认道：我昏了（吾惛）！"不能进于是矣"，是说自己知道必不能向这条路行进的。"愿夫子辅吾志"云云者，是说：我愿夫子你帮助我的志向，明明白白地教导我。我虽不是个做事敏捷的人，愿把你教我的道理来尝试一下。

上几段孟子教宣王还是回复到爱民的根本政治上做事，宣王听了，情愿请教，故此段孟子就把民心不归向的原因，细说出来。恒者，久常也。恒产，是能永久保守的财产。恒心，是能永久不变的心志。孟子说：没有永久可守的财产而抱有永久不变心志的，只有读书明理的士人才做得到，故曰："无恒产而有恒心者，惟士为能。"一般没有知识不明事理的平常百姓，既没有永久的产业，为了生活，不得不另觅途径，因此也没有永久不变的心志了！百姓没有永久不变的心志，不免要放荡、偏僻、奸邪、奢侈，种种行为，那就无恶不作了！故曰："若民，则无恒产，因无恒心；苟无恒心，放辟邪侈，无不为已。"百姓做了种种恶事，陷入犯罪境地，然后加以刑罚，这种政治，实是欺罔百姓的举动。为什么呢？百姓犯罪，由于作恶；而之所以作恶，是因为饥寒交迫、没有恒产的缘故。做人君的，能使百姓都有恒产，百姓自然不至于作恶犯罪。现在做人君的，不知道推行仁政，使百姓增加产业，只知用刑罚禁制百姓犯罪，这就是欺罔了。所以又接着道：岂有抱有仁心的国君在位，而可以做出欺罔百姓的事情？故正文云云。

"是故明君制民之产，必使仰足以事父母，俯足以畜妻子，乐岁终身饱，凶年免于死亡，然后驱而之善。故民之从之也轻。今也制民之产，仰不足以事父母，俯不足以畜妻子，乐岁终身苦，凶年不免于死亡。此惟救死而恐不赡，奚暇治礼义哉？王欲行之，则盍反其本矣！

　　乐，音勒。赡，音善。盍，音合。

　　此段连接上文，仍为孟子所说。上文说民之作恶犯罪，由于无恒产。此段说：所以贤明的国君，制定人民财产，必使他向上（仰）足以供奉父母，对下（俯）足以养活妻子，好的年岁，可以饱食终身，就是遇着凶年，因为有剩余的粮食，也不至于饿死，人人都有饭吃，然后驱使他们去做善事，人民听从你的话，也觉得非常轻易。现今控制人民的财产，向上既不足以供奉父母，对下又不足以养活妻子，好的年岁，尚不免终身痛苦，凶的年岁，就难免饿死，如此，人民想救活自己的生命尚且不够，哪里还有闲工夫，来讲求礼节，讲求做人的道理呢？现在王你要施行仁政，何不（盍）回复到这个本原上做起呢！如正文云云。

"五亩之宅,树之以桑,五十者可以衣帛矣;鸡豚狗彘之畜,无失其时,七十者可以食肉矣;百亩之田,勿夺其时,八口之家可以无饥矣;谨庠序之教,申之以孝悌之义,颁白者不负戴于道路矣。老者衣帛食肉,黎民不饥不寒,然而不王者,未之有也!"

王,读如旺。

当时诸侯只知富国强兵,以为王道仁政是一件非常难的事,然照孟子所说,推行王道仁政,并没有什么困难。盖所谓王道仁政者,第一,使百姓人人有饭吃,有衣穿,年小者得长成,年老者得安乐,而这种种事情,无非是教百姓尽力农业方面的工作。假使为了好大喜功的战争,为了养尊处优的大兴土木,动不动把百姓拉来做苦工,或是当兵,使他们废弃农事,不能安度其生活,这就不是王道,不是仁政了。等到百姓已经安居乐业,再到各处乡村开设学校,教百姓以孝悌忠信、做人的道理,百姓既得衣食,又明理义,对于国君和父母,自然能尽忠尽孝了。那时虽有强大邻国举兵来侵夺土地,百姓既要保全自己身家,又素来受了孝悌忠信之说的感化,自然会努力拼命,和敌国抵抗,这就是推行王道仁政所收的效果。孟子对梁惠王、齐宣王所说的千言万语,归到本原,不过要使百姓人人有饭吃、有衣穿,再教以孝悌忠信等做人的道理。王道仁政的推行,虽并不繁难,无奈当时各国国君终于不悟,以至相继灭亡,这真是可叹极了!

(问)恒产与王道,有何关系?

(解)百姓之所以作恶犯罪,都由无产业而起。如果人人温饱,自然不至于作恶犯罪了。

　　庄暴见孟子,曰:"暴见于王,王语暴以好乐,暴未有以对也。"曰:"好乐何如?"孟子曰:"王之好乐甚,则齐国其庶几乎!"

　　暴,音抱。乐,皆读如悦。

　　庄暴是齐国的一个臣子,他来见孟子,对孟子说:"我进见齐王时,齐王对我说喜欢音乐,我当时并没有话对答他。""曰"者,是庄暴说完了进见齐王的情形,因为自己不知道国君喜欢音乐,有没有害处,所以再问孟子:"好乐何如?"意思是说齐王喜欢音乐,于政治上可有什么妨碍?"王之好乐甚,则齐国其庶几乎"者,是孟子答庄暴的话。庶几,是相近的意思。因为礼和乐,是王道仁政中很重要的两件事,所以孟子说:齐王果然喜欢音乐而喜欢到极点,那么,齐国就与王道仁政相近了!

他日见于王，曰："王尝语庄子以好乐，有诸？"王变乎色，曰："寡人非能好先王之乐也，直好世俗之乐耳！"

另外一天（他日），孟子去见齐王，问齐王道："你王曾对庄暴说喜欢音乐，有这句话吗？"此处孟子称庄暴为庄子，是含有尊敬的意思。"王变乎色"者，齐王实在不知音乐的意义，今见孟子说出自己从前对庄暴说过好乐，不觉羞惭起来，所以脸色改变，回答孟子道："寡人不是真能够喜欢古代圣君传下来的音乐，不过喜欢些今世极鄙俗的音乐罢了！"

曰："王之好乐甚，则齐其庶几乎！今之乐犹古之乐也。"曰："可得闻与？"曰："独乐乐，与人乐乐，孰乐？"

可得闻与之与，作欤。乐乐，上是音乐之乐，下是欢乐之乐，音勒。孰乐之乐，也音勒。下同。

孟子又对齐王道："你王喜欢音乐到极点，齐国就近于王道了！现在世俗的音乐，正相等于古时圣君的音乐呀。"王又问道："可得闻与？"是说这个道理，可以让我听听吗？孟子道："一个人独自弄着音乐的快乐（独乐乐），和别人一起弄着音乐的快乐(与人乐乐),究竟哪一种更来得快乐(孰乐)?"如正文云云。

曰:"不若与人。"曰:"与少乐乐,与众乐乐,孰乐?"曰:"不若与众。"

齐王答孟子道:不如与人家一起听的好,故曰:"不若与人。"孟子又问:"与少数人一起听音乐的快乐,与多数人一起听音乐的快乐,究竟哪一种更来得快乐?"王又道:"不如与多数人一起听的更快乐。"故正文云云。

"臣请为王言乐。今王鼓乐于此,百姓闻王钟鼓之声、管籥之音,举疾首蹙頞而相告曰:'吾王之好鼓乐,夫何使我至于此极也! 父子不相见,兄弟妻子离散。'今王田猎于此,百姓闻王车马之音,见羽旄之美,举疾首蹙頞而相告曰:'吾王之好田猎,夫何使我至于此极也! 父子不相见,兄弟妻子离散。'此无他,不与民同乐也。

籥,音月。蹙,读如促。頞,同额。夫,音扶。旄,音毛。
鼓乐,弄音乐的意思。管籥,是箫笛等的乐器。疾首蹙颁,犹言头痛而皱着眉心。举者,是大都这样的意思。羽旄,是旗帜上插的羽毛和挂的飘带。此段仍是孟子告齐王的话。"臣请为王言乐"云云者,是说:"臣请为王讲讲音乐吧!今天王你在这里作乐,百姓听得王你钟鼓的声音、箫笛的声音,都是头脑作痛,皱着眉心,大家互相告语道:'我们的王,只是喜欢音乐,却怎么使我们弄到这样极苦的地步,父子不能相见,兄弟妻子也离散了!'今天王你在这里打猎,百姓听得你王车马的声音,看见旗帜上羽毛和飘带的美丽,都是头脑作痛,皱着眉心,大家互相告语道:'我们的王,只是喜欢打猎,却怎么使我们弄到这样极苦的地步,父子不能相见,兄弟妻子也离散了!'这种情形,没有其他缘故,就是不与百姓一同欢乐,所以如此的。"

"今王鼓乐于此,百姓闻王钟鼓之声、管籥之音,举欣欣然有喜色而相告曰:'吾王庶几无疾病与,何以能鼓乐也?'今王田猎于此,百姓闻王车马之音,见羽旄之美,举欣欣然有喜色而相告曰:'吾王庶几无疾病与,何以能田猎也?'此无他,与民同乐也。今王与百姓同乐,则王矣!"

欣,音新。疾病与之与,作欤。王矣之王,读如旺。

上段言不与百姓同乐，故百姓见王作乐，都怨恨而兴悲叹！此段言能与百姓同乐，故百姓见王作乐，都很高兴(欣欣然，是形容高兴的状态)，露着欢喜的神色，大家互相告语道："我们的王，近来没有疾病吧，否则何以能欣赏音乐呢？"又见王打猎，也互相告语道："我们的王，近来没有疾病吧，否则何以能打猎呢？"这种情形，也是没有其他的缘故，就是能够与百姓一同欢乐，所以如此的。"今王与百姓同乐，则王矣"者，是说：现在王你只要能够与百姓一同欢乐，就可以王天下了！

又按上段言百姓互相告语中，有"父子不相见，兄弟妻子离散"等语，因为当时各国君主，都喜欢打仗，争夺他国的土地，所以国内的百姓弄到如此地步。倘能不贪他国土地，与百姓共同取乐，那么百姓的心都来归向，自然可以王天下了！前后两段，一正一反，详细说给王听，想将王感化，不再虐待百姓，不再和他国争夺土地，这就是本章中主要的意思。

(问)音乐与王道，有何关系？

(解)无论何事，只要能够和百姓同甘共苦，就是王天下的根本。此章不过借齐王好乐一语，劝王与百姓同乐而已！

齐宣王问曰："文王之囿方七十里，有诸？"孟子对曰："于传有之。"曰："若是其大乎？"曰："民犹以为小也。"曰："寡人之囿方四十里，民犹以为大,何也?"

囿,音右。

文王,周文王也。囿,是畜养禽兽的园。齐宣王问孟子
道:"周文王的园见方有七十里大,是确有的吗?"孟子对道:
"书本传下来有这句话的。"宣王又问道:"竟这样的大吗?"孟
子道:"百姓还以为小哩。"宣王又道:"寡人的园,见方只有四
十里,百姓还以为太大,是何道理呢?"

曰:"文王之囿方七十里,刍荛者往焉,雉兔
者往焉,与民同之,民以为小,不亦宜乎?"

刍,音除。荛,音饶。雉,音志。

宣王以为自己的园只有四十里,百姓尚嫌太大,问孟子是
何道理,孟子因将文王七十里的园百姓不以为大的缘故先行
说明。刍,草也。荛,柴也。雉兔,即野鸡和兔,是小的禽兽。
孟子回答宣王道:"文王的园,虽有七十里之大,因为割草的能
自由进去割草(刍),砍柴的能自由进去砍柴(荛),里面的雉
鸡和兔,也任凭百姓自由去捕捉,他的园,既与百姓共同享用,
百姓以为太小,岂不是应该的吗?"

"臣始至于境,问国之大禁,然后敢入。臣闻郊关之内有囿,方四十里,杀其麋鹿者,如杀人之罪。则是方四十里为阱于国中,民以为大,不亦宜乎?"

郊,音交。阱,音井。

孟子又继续说明齐宣王四十里的园,百姓尚以为太大的缘故道:"臣刚到齐国的境内,曾经问明国中最大的禁令,然后才敢进来。臣听得郊关以内的地方,有个见方四十里的园,若有人把园里的麋鹿杀掉,就犯了与杀人同样的罪名。那是方四十里把一个陷人的地坑(阱)设在国中了,百姓以为太大,岂不是应该的吗?"

(问)何以七十里的园尚以为小,四十里的园反以为大?

(解)与民同乐的园,在百姓心中,自然是愈大愈好。园中杀一麋鹿,要人抵命,百姓自然要生怨恨,虽只四十里,百姓也以为太大了。

齐宣王问曰:"交邻国有道乎?"孟子对曰:"有。惟仁者为能以大事小,是故汤事葛,文王事昆夷。惟智者为能以小事大,故大王事獯鬻,句践事吴。

大，同太。獯，音薰。鬻，音育。句，音钩。践，音见。

汤，是商代第一世的王。葛，是商汤时一个小国。文王，即周文王。昆夷，是文王时一个小国。太王，是文王之祖，那时周国的区域还很小。獯鬻，是西北一个戎狄所建的大国。句践，是春秋时越国的国王，越国就是现在绍兴的地方。吴国就是现在苏州的地方，春秋时也是个大国。此章系齐宣王问孟子道："结交邻国，也有方法的吗?"孟子对道："有的。只有具有仁心的国王，方能够以大国的地位，却去奉事邻近的小国，像古时商汤是个大国，曾经奉事过极小的葛国。周文王是个大国，也曾奉事过极小的昆夷国。只有具有智慧的国王，方能够以小国的地位去奉事邻近的大国，像古时周太王是个小国，曾经奉事极大的獯鬻国。越王勾践是个小国，也曾奉事过极大的吴国。"

"以大事小者，乐天者也;以小事大者，畏天者也。乐天者保天下，畏天者保其国。《诗》云:'畏天之威，于时保之。'"王曰:"大哉言矣! 寡人有疾，寡人好勇。"

乐，皆音勒。

乐天者，是但知合乎天理，很欢乐地过日子;畏天者，是不敢违背天理,很谨慎小心地过日子。孟子说了"以大事小"、"以小事大"的话,又把所以然的道理申说一番,他说:以大国去奉事小国,是只要大家欢乐地过日子,这叫作乐天;以小国去奉事大国,是恐怕大国来攻伐,只是谨慎小心地过日子,这叫作畏天。《诗经》里说:"畏天之威,于时保之。"于时,同于是。这是引的《周颂·我将》之篇的两句,是承小国事大国接下去说:小国之事大国,要像敬畏上天的威严,时时小心,方能保得住这个国家。"王曰:'大哉言矣'"云云者,是宣王听了孟子的议论,心中也很佩服。大哉言矣,是说这句话真是伟大极了,只是我不能照这样去做,因为寡人有一个毛病,寡人是好勇的。好勇者,意思是说我时常想用武力压服邻国,决不能像仁者之"以大事小",或智者之"以小事大"也。

对曰:"王请无好小勇。夫抚剑疾视,曰:'彼恶敢当我哉!'此匹夫之勇,敌一人者也。王请大之!《诗》云:'王赫斯怒,爰整其旅,以遏徂莒,以笃周祜,以对于天下。'此文王之勇也。文王一怒而安天下之民。

恶,音乌。赫,音褐。旅,音吕。遏,音饿。徂,音粗阳平。莒,同旅。祜,音户。

47

宣王说自己有好勇的毛病,孟子即对他说道:"王你请不要喜欢小勇。"怎么叫小勇呢? 好像"一个人按着一柄剑,恶狠狠地看着人说道:'他们哪里敢来抵挡我?'这不过是匹夫之勇,只能抵御一个人罢了。王你请把所喜欢的勇,扩大起来。"故曰:"王请无好小勇。夫抚剑疾视,曰:'彼恶敢当我哉!'此匹夫之勇,敌一人者也。王请大之。"

《诗》云者,是孟子引的《诗经·大雅·皇矣》篇的句子,都是赞叹周文王之大勇的。赫,发怒的状态。"王赫斯怒"者,是说:文王赫然发动他的怒气。爰,犹说于是。整,整顿也。旅,军队也。"爰整其旅"者,于是整顿他的军队也。遏即遏止。当文王的时候,有一个密国,屡次侵犯周国土地,文王因此发怒,带了兵去遏止密国的侵犯。徂,往也。莒,《诗经》里作旅,古时音同者多借用。"以遏徂莒",是说因密国来侵犯,特发兵前往遏止其进攻。笃,增厚也。祜,福也。"以笃周祜"者,是说增厚周国的福祚也。"以对于天下"者,言文王以此态度,对待天下的诸侯也。孟子请宣王不必好小勇,还是好大勇,故引《诗经》的句子,表出周文王当时的大勇。文王因此一怒,竟能使天下的百姓都安定了。故曰:"文王一怒而安天下之民。"

"《书》曰:'天降下民,作之君,作之师,惟曰其助上帝,宠之四方,有罪无罪惟我在,天下曷敢有越厥志？'一人衡行于天下，武王耻之，此武王之勇也。武王亦一怒而安天下之民。今王亦一怒而安天下之民，民惟恐王之不好勇也！"

衡，此处同横。

上段引《诗经》称赞文王之好勇，此段又引《书经·泰誓》篇中称赞武王之好勇。"天降下民，作之君，作之师"者，言上天降生下界的百姓，特立一个君主（作之君）使他治理百姓，更立一个师长使他教导百姓。"惟曰"者，是说上天的意思是这句话也。"其助上帝，宠之四方"者，是说上天所立的这个君，这个师，为了要他帮助上帝，所以使他居天子的位，常受上天的宠异而安抚四方的百姓也。"有罪无罪惟我在"者，是武王对人说："天下有罪的人、无罪的人，都由我在此治理"也，意思是有罪者我去诛灭他，无罪者我去安抚他也。"天下曷敢有越厥志"者，是说天下的人，哪里敢有逾越这个志向也。"一人衡行于天下，武王耻之。"衡，同横。周武王未即天子位以前，商朝的纣王横行天下，暴虐百姓，武王以为世界上有这个无道的王，是一件羞耻的事，因此带了兵，把纣诛灭，这就是武王之大勇，武王亦因一怒而使天下的百姓安定。现今王你也像文王、武王，一怒而安天下的百姓；天下的百姓，只恐王你不肯好勇哩！故曰："今王亦一怒而安天下之民，民惟恐王之不好勇也！"

（问）何谓一怒而安天下之民？

（解）朱子《集注》云："此章言人君能惩小忿，则能恤小事大，以交邻国；能养大勇，则能除暴救民，以安天下。"又采张敬夫注云："小勇者，血气之怒也；大勇者，理义之怒也。血气之怒不可有，理义之怒不可无。知此，则可见性情之正，而识天理人欲之分矣！"

齐宣王见孟子于雪宫，王曰："贤者亦有此乐乎？"孟子对曰："有。人不得，则非其上矣！

乐，音勒，下同。

雪宫，齐国宫名，是齐宣王的离宫，相当于现在的别墅。王在雪宫和孟子相见，王问孟子道："贤德的人也有在这种地方居住的乐趣吗？"孟子对道："有的。"是说贤德的人，也喜欢住在别墅这样的地方。要知道任何一个人不能得到这种地方，他们心里，必定要批评其君上而表示反对的。故曰："人不得，则非其上矣！"意思是：不得住这地方的人，心里气不过，怎么王有这种地方居住，我们没有这种地方居住，那就要批评其君上的不是，故曰，"则非其上"也。

"不得而非其上者，非也；为民上而不与民同乐者,亦非也。乐民之乐者,民亦乐其乐;忧民之忧者,民亦忧其忧。乐以天下,忧以天下,然而不王者,未之有也!

不王之王,读如旺。

此段系继续上文申明凡为君上必与民同乐的意思,是说"这班人,因不得这种地方居住,就心怀不是,而将君上批评,那是不应该的。故曰:'不得而非其上者,非也。'但是既居百姓之上的人君,只知自己欢乐,不与百姓共同欢乐,也是不应该的。故曰:'为民上而不与民同乐者,亦非也。'假使人君能重视百姓,以百姓的欢乐为欢乐,百姓自然也将君上的欢乐视同自己的欢乐了;以百姓的忧患为忧患,百姓自然也将君上的忧患,视同自己的忧患了,乐则与天下同乐,忧则与天下同忧,上下同一心思,若说再不能王天下,那是从来没有的。"故正文云云。

"昔者,齐景公问于晏子曰:'吾欲观于转附、朝儛,遵海而南,放于琅邪。吾何修而可以比于先王观也。'

朝,音潮。儛,音舞。琅,音郎。

51

齐景公是齐国上代的君主。晏子名平仲,是齐景公时的名臣。此段是孟子引齐景公对晏子的话,告诉齐宣王也。转附、朝儛,是齐国东北近海的两座山名。琅邪,是齐国东南境的地名。齐景公问晏子道:"我要看看转附、朝儛两座高山,一直沿海边(遵海)向南方,再到琅邪地方一游。我将怎么办方能与古代圣王的巡游相比呢?"古书上说前代帝王,常有周游四海的事情,所以齐景公也如此着想。

晏子对曰:'善哉问也!天子适诸侯曰巡狩,巡狩者,巡所守也;诸侯朝于天子曰述职,述职者,述所职也。无非事者。春省耕而补不足,秋省敛而助不给。夏谚曰:'吾王不游,吾何以休?吾王不豫,吾何以助?一游一豫,为诸侯度。'

巡,音旬。狩,音兽。朝,音潮。谚,音彦。豫,音预。

此段系当时晏子回答齐景公之语。因齐景公要游观南方名山,又想仿效古代圣王之巡游,所以晏子就将古代圣王游观的道理说了出来。先说:"善哉问也。"意思是:你这句话,真问得好极了!又说道:古代圣王的游观,凡是天子到诸侯的国内,叫作巡狩。怎么叫巡狩呢?就是巡察诸侯所守的地方。故曰:"天子适诸侯曰巡狩,巡狩者,巡所守也。"诸侯去朝见天子,叫述职。怎么叫述职呢？就是陈述自己职务上所办的事件。故曰："诸侯朝于天子曰述职,述职者,述所职也。""无非事者",是说从没有无事而出行的。此外,像春天去省察耕田的人,见了种子肥料有不足的,去补给他;秋天去省察收稻的人,见了谷食有不够的,也去补助他,故曰"春省耕而补不足,秋省敛而助不给"也。夏谚者,是夏朝的俗语,当时有这两句话,是:"吾王不游,吾何以休？吾王不豫,吾何以助?"意思是说：我的王不到这里来游,我们辛辛苦苦地种田,怎能得到休息呢？我的王心中不快乐(豫是快乐的意思),我们逢到不足的地方,怎能得到补助呢?"一游一豫,为诸侯度"者,度即法度,是晏子说明夏谚的意思,圣王的一游一豫,都是各国诸侯应当取法的。

"今也不然,师行而粮食,饥者弗食,劳者弗息,睊睊胥谗,民乃作慝。方命虐民,饮食若流,流连荒亡,为诸侯忧。

睊,音卷去声。胥,读如须。谗,音禅。慝,读如特。

此段仍是晏子所说。"今也不然",是晏子说现今的时候,却不是这个样子了。"师行而粮食,饥者弗食,劳者弗息",这是当时的情形,诸侯只知兴兵打仗。兵士奉令出发叫师行,粮食是军中的粮饷。国中米粮既供给军中,百姓就受饥而弗能得食了，劳动者更是得不到休息。睨睨，是侧着眼睛看人。胥谗，是都出谤恨的言语。慝，怨恶的意思。这两句是说百姓都侧着眼睛，口出谤恨的言语，心里怀着非常的怨恶。"方命虐民，饮食若流"，方，违背的意思，命，即国君的命令，是说诸侯本应奉天子的命令去安抚百姓，现在变成违背命令而虐待百姓了，而且自己只顾饮酒吃食，靡费好像水流一般去也。"流连荒亡，为诸侯忧"者，是说像这流连荒亡（四字详解见下面正文）的行动，使那些附庸的小国诸侯也是非常忧虑的。

> "'从流下而忘反谓之流，从流上而忘反谓之连，从兽无厌谓之荒，乐酒无厌谓之亡。先王无流连之乐、荒亡之行，惟君所行也。'

上段说流连荒亡四件，都是自己所属各小国诸侯很为忧虑的。此段更说明"流连荒亡"四个字的意义："从流下而忘反。"是说像行舟时从上向下滃去，忘记回来的叫作流。"从流上而忘反"，是说行舟时从倒流的水里，硬要把船撑上去的叫作连。"从兽无厌"，是说打猎不知道厌足的叫作荒。"乐酒无厌"，是说饮酒不知道厌足的叫作亡。这四件事情，是古代圣王所没有的，你做人君的，可行则行，不可行则不行，那是要自己主张的。故曰："先王无流连之乐，荒亡之行，惟君所行也。"

"景公说，大戒于国，出舍于郊。于是始兴发，补不足，召太师曰：'为我作君臣相说之乐。'盖《徵招》《角招》是也。其诗曰：'畜君何尤?'畜君者，好君也。"

　　说，今作悦。乐，均读如悦。徵，此处音止。

　　景公听了晏子的话，非常欢喜，故曰：景公说也。"大戒于国"者，是在国内大加戒备也。"出舍于郊"者，不敢安居宫内，搬到郊外去住也。"于是始兴发，补不足"者，是开了仓库，把米谷发给不足的农民也。太师，是掌管音乐的官。景公又对乐官说：给我制造些君与臣互相欢悦的音乐，后来就制定了《徵招》《角招》两种乐歌。这乐歌中有一句"畜君何尤"，畜者，阻止的意思，是说晏子能这样阻止景公的欲望，还有什么过失呢？孟子讲到这里，又补充一句说：人臣而能阻止其君上的欲望，实是表现其爱好君上的心理，故曰："畜君者，好君也。"

　　此章是孟子引晏子谏齐景公的话，转告齐宣王。自"昔者齐景公问于晏子曰"以后，都述晏子与景公之事，意思是齐宣王住在雪宫里，只顾自己欢乐，而忘了百姓，所以特引晏子谏齐景公的话，借此感悟宣王。最后说"景公出舍于郊，始兴发，补不足"，是教齐宣王须看景公的样，应该停止自己取乐，从早开出仓库，补救这些饥寒困苦的百姓。

（问）何谓流连荒亡？

（解）人君独自在宫中取乐，不知百姓的饥寒，势必造成国家祸乱，以至于灭亡。

　　齐宣王问曰："人皆谓我毁明堂，毁诸？已乎？"孟子对曰："夫明堂者，王者之堂也。王欲行王政，则勿毁之矣！"

夫，音扶。

明堂者，据汉赵岐注："泰山下明堂，本周天子东巡狩朝诸侯之处也。"此明堂在齐国境，这时候诸侯已不朝，天子也不巡狩，故齐宣王问孟子道："人家对我说，这个明堂，可毁坏它。""毁诸？已乎？"是宣王问："毁了它呢？还是不毁它而保存呢？"孟子对道："这个明堂，是大子的堂，你土如要行土政，那么，还是勿毁坏它吧！"

　　王曰："王政可得闻与？"对曰："昔者，文王之治岐也，耕者九一，仕者世禄，关市讥而不征，泽梁无禁，罪人不孥。老而无妻曰鳏，老而无夫曰寡,老而无子曰独,幼而无父曰孤。此四者,天下之穷民而无告者,文王发政施仁,必先斯四者。《诗》云:'哿矣富人,哀此茕独。'"

与,作欤。岐,音其。讥,音机。孥,音奴。鳏,音关。哿,音葛。茕,音穷。

孟子对宣王说,王要行王政,勿要毁明堂,故宣王问:"怎样叫王政,可以说给我听听吗?"孟子对道:从前(昔者)周文王治理岐山地方,使耕田的人种谷,耕田的得八分,国家取其一分。故曰:"耕者九一。"做官的人,世世有禄米可得,故曰:"仕者世禄。"讥,同稽,稽查也,对于关里市里,只稽查出入而并不征商民的税。故曰:"关市讥而不征。"泽者,有水的地方,梁者,堰水捕鱼的场所,是说有水的地方,听民养鱼捕鱼,没有禁令。故曰:"泽梁无禁。"犯罪的只惩办其本人,并不带累家小,故曰:"罪人不孥。"又说:"老而无妻的人叫鳏,老而无夫的人叫寡,老而无子的人叫独,幼而无父的人叫孤,这四种人,是天下最穷苦无靠的人,文王发出政令,施行仁德,必先拯救这四种苦人。《诗经》里说的:'哿矣富人,哀此茕独。'"这是引《诗经·小雅·正月》之篇的句子,意思是:富足的人尚可以过日子,最可悲哀的,就是这些没有依靠而孤独的人(茕是没有依靠的意思),故正文云云。

王曰:"善哉言乎!"曰:"王如善之,则何为不行?"王曰:"寡人有疾,寡人好货。"对曰:"昔者公刘好货,《诗》云:'乃积乃仓,乃裹糇粮,于橐于囊,思戢用光,弓矢斯张,干戈戚扬,爰方启行。'故居者有积仓,行者有裹粮也,然后可以爰方启行。王如好货,与百姓同之,于王何有?"

裹,音果。糇,音侯。橐,音驼。戢,音集。于王之王,读如旺。

宣王听了孟子所说的王道仁政,心中也以为不错,故称赞道:"善哉言乎!"孟子因宣王既明白这些话是善的,遂加以诘问道:"你王如果认为此话是善的,那么,为何不照着做呢?"宣王说道:"因为寡人有一个毛病,寡人是最好货财的。"于是孟子又乘间对道:"昔者,公刘好货。"公刘,是周代祖先,夏朝的一个诸侯,因为在以前,故称昔者,意思是说:像古时的公刘也是喜欢货财的。《诗经》里所说"乃积乃仓"云云,这就是歌咏公刘好货的事情。

孟子所引乃《诗经·大雅·公刘》篇的第一章。"乃积乃仓",是说把米谷堆积在仓库里面。"乃裹糇粮"者,粮,即干粮,出行的人常包裹带在身边的。"于橐于囊"者,橐与囊,都是盛粮食的袋,是说把糇粮都包裹在囊橐之中。"思戢用光"

者,是人民安集,国威发扬。"弓矢斯张,干戈戚扬,爰方启行"者,因为古时候是游牧民族,从甲地方搬到乙地方去,常要防异族或野兽的侵袭,所以要张着弓箭,带着干戈、斧钺(戚即斧,扬即钺),然后开始行路。"故居者有积仓,行者有裹粮也,然后可以爰方启行",此三句,是孟子更说明所引诗句的意义。居者,系指住在原地方的人民,他们都有积满米谷的仓库。行者,系指移居他处的人民,他们都带有干粮,带有防卫兵器,所以能拣定地方而动身出发也。接着说"王如好货,与百姓同之,于王何有"者,意思是:王你如果真好货,只要像公刘一样,把所有的货财,与百姓共同享用,就是王道仁政了,对于王天下,何尝有什么难处呢?

王曰:"寡人有疾,寡人好色。"对曰:"昔者大王好色,爱厥妃。《诗》云:'古公亶父,来朝走马,率西水浒,至于岐下。爰及姜女,聿来胥宇。'当是时也,内无怨女,外无旷夫。王如好色,与百姓同之,于王何有?"

大,作太。亶,音胆。浒,音虎。聿,音玉。

宣王听了孟子的话,知道好货是与王道无妨碍的,因此又另提一问题,对孟子说:"寡人还有一个毛病,寡人是最好女色的。"孟子又对道：以前有位太王，也是性喜女色，而非常宠爱他的王妃的。故曰："昔者，大王好色，爱厥妃。"太王，是公刘之孙，周文王之祖，那时候，周还是一个小国诸侯，故称古公。亶父，是古公的名号。孟子又引《诗经·大雅·绵》之篇中所说：古公亶父因避狄人侵犯，一日很早起来，带着自己的百姓，走马向西方沿着水滩(水浒)，停留在岐山下面，于是带了个姜姓女子，同来察看房屋(胥宇)，从此就住在这里。故曰："古公亶父，来朝走马。率西水浒，至于岐下。爰及姜女，聿来胥宇。""当是时也"下，是孟子又补充说明太王当时是怎样的一种好色。怨女，是无夫之女。旷夫，是无妇之夫。太王因为自己好色，使部下的男女各有配偶，故曰"内无怨女，外无旷夫"也。现在王你如果好色，只要推己及人，使百姓都成配偶而无怨女旷夫，那就是与民同乐，对于王天下，何尝有什么难处呢？

（问）好货好色，何以就是王道？

（解）凡为国君，无论做的何事，只要和百姓共同享受，那么，人心归向，就可以王天下了。

孟子谓齐宣王曰："王之臣，有托其妻子于其友，而之楚游者，比其反也，则冻馁其妻子，则如之何？"王曰："弃之。"

此章是孟子见齐宣王，不待宣王之问，先对宣王说道："王你的臣子，假使有把妻子托给朋友，请他照管，自己到楚国去游历，等到回来，他的妻子，衣也没得，食也没得，而受着冻饿了，对于这所托的朋友，应当怎么样呢？"王曰"弃之"者，是王说：像这种朋友，只好弃掉他，不再和他做朋友了！如正文云云。

曰："士师不能治士，则如之何？"王曰："已之。"

"曰"者，孟子又问也。士师，掌管监狱的官。宣王既说不可托的朋友，只有弃掉他，孟子又问他："假使有管狱员不能管理他的属员（治士），那又怎么样呢？"王曰"已之"者，是王说：只好把这管狱员革掉，再不要他做官了。如正文云云。

曰："四境之内不治，则如之何？"王顾左右而言他。

宣王既知不可靠的朋友只好弃掉他，不能管属员的管狱员只好罢黜他，那都是很明白道理的话。孟子听他这般回答，于是问道："王你四面国境内弄得非常的乱而不加治理，那又怎么样呢？"宣王听了这话，才知道孟子是说自己的不能治国，因此没有话可以对答，只好把头看着旁边的人，说到别的事情上去了,故曰"王顾左右而言他"也。

(问)齐王何以顾左右而言他?

(解)做人办事,都有责任。只知他人不负责,不知自己不负责,那实是一般人的通病。

孟子见齐宣王曰:"所谓故国者,非谓有乔木之谓也,有世臣之谓也。王无亲臣矣!昔者所进,今日不知其亡也。"

故国,是年代久远的国家。乔木,是高大的树木。世臣,是世代做官与国家极有关切的臣子。此章记孟子去见齐宣王,对宣王说道:"所谓年代久远的国家,不是称国中有高大树木的话,是说有世代做官与国家极有关切的臣子。现在齐王你连亲信的臣子都没有,前天所进用的臣子,今天不知道他已经避去而不在这里了!"故正文云云。

王曰:"吾何以识其不才而舍之?"曰:"国君进贤,如不得已,将使卑逾尊,疏逾戚,可不慎与?"

逾,音俞。与,作欤。

宣王听了孟子的话，反而问孟子道："我怎么能预先晓得这个臣子没有才能，把他舍弃而不任用呢？"孟子道："做国君的进用贤人，本当留心拣择。如以为不得已而姑且任用，必然弄到卑下的人跨越过尊显的人，疏远的人跨越过亲密的人，难道可以不谨慎吗？"①

　　左右皆曰"贤"，未可也；诸大夫皆曰"贤"，未可也；国人皆曰"贤"，然后察之，见贤焉，然后用之。左右皆曰"不可"，勿听；诸大夫皆曰"不可"，勿听；国人皆曰"不可"，然后察之，见不可焉，然后去之。左右皆曰"可杀"，勿听；诸大夫皆曰"可杀"，勿听；国人皆曰"可杀"，然后察之，见可杀焉，然后杀之，故曰："国人杀之也。"如此，然后可以为民父母。

　　孟子又接下去说明选用贤才的方法。左右，是在王左右的人。诸大夫，是朝中诸位职官。国人，是国内的百姓。孟子道：

----

① 此处原书语译不确。周朝崇尚亲荣，选官任人，奉行卑不逾尊、疏不间亲的原则。孟子的意思是：国君进用贤人，如果不得已，将要打破卑不逾尊、疏不间亲的原则，而这是须要谨慎处理的。这里体现的是儒家"经"与"权"的思想。——编者按

"做国君的进用臣子,当先听听自己左右的人说他怎样,假使左右的人都说某人是贤的,绝不可就用他;再听听在朝诸位职官的批评怎样,假使也说某人是贤的,还不可就用他;再听听国内百姓的批评怎样,等到国内百姓都说某人是贤的,然后再细细地考察,发现这个人果然是贤的,然后才任用他。要去掉一个臣子,但听左右的人说某人不可用,那是不可听从的;再听到诸大夫也说是不可用,但也不可就听从;要等到国人都说是不可用,然后再细细地考察,发现这个人果然不可用,然后才去掉他。至于左右的人说某人可杀,那是不可听从的;诸大夫也说某人可杀,但也不可就听从;要等到国人都说某人可杀,然后再细细地考察,发现这个人果然有可杀之罪,然后才杀他,那被杀者实在是全国百姓的公敌了,所以也可以说是国人杀他的。这样,然后可以做百姓的父母了!"即正文云云。

(问)国君任用官吏,专听左右或诸大夫的称赞,可有什么弊病?

(解)国人皆曰可用或可杀,然后加以考察而用之杀之,此即得到百姓的同意。想推行王道仁政,百姓的意旨是万不可轻视的。

齐宣王问曰:"汤放桀,武王伐纣,有诸?"孟子对曰:"于传有之。"

桀,音杰。纣,音宙。

桀,是夏朝末代的王,因暴虐百姓,被成汤举兵讨伐,把他驱逐掉,故曰:"汤放桀。"纣,是商朝末代的王,也因暴虐百姓,被周武王举兵去讨伐,将他的国家灭掉的。故曰:"武王伐纣。"有诸者,是宣王问:有这件事吗?孟子对道:从古代书籍上流传下来,是有这些事的,故曰:"于传有之。"

曰:"臣弑其君可乎?"曰:"贼仁者谓之'贼',贼义者谓之'残',残贼之人,谓之'一夫'。闻诛一夫纣矣,未闻弑君也。"

弑,音试。诛,音朱。

寻常杀人称杀,臣子杀害其君父称弑。弑的罪名,是非常重的。汤放桀,武王伐纣,在当时汤与武王都是诸侯,是臣;桀与纣都是天子,是君,故宣王问道:"像汤对于桀,武王对于纣,那是臣弑君了,这种事情,究竟可使得吗?"贼,是盗贼之贼,盗贼专以杀害他人为事,故贼字又可借做伤害的意思。"贼仁者谓之贼",是说伤害仁德的人,只可称他为贼,不再承认他的王位了。残,残忍的意思,凡有伤害天理的人,也只可称他为残,不再承认他的王位了,故曰"贼义者谓之残"也。像桀、纣虽然是国君,他既专事残贼,这种人只能称作匹夫(一夫),所以孟子说:我只听得诛杀了匹夫纣罢了,并没有听得过臣子弑其君上的,故正文云云。

(问)何谓贼仁贼义?

(解)为国君者,能使天下人心归向,然后可王天下。假使人心失去,那就生命都难保了。

孟子见齐宣王曰:"为巨室,则必使工师求大木。工师得大木,则王喜,以为能胜其任也。匠人斫而小之,则王怒,以为不胜其任矣。夫人幼而学之,壮而欲行之,王曰:'姑舍女所学而从我。'则何如?

匠,音酱。斫,音苗。夫,音扶。女,今作汝。

孟子见齐宣王说道:造一所大房屋,必定要使工程师去求得极大的木头。工程师得了极大的木头,那么,王你心里欢喜,以为这个工程师确能担任这职务的。故曰:"为巨室,则必使工师求大木;工师得大木,则王喜,以为能胜其任也。"不料工程师虽把大木找来,却被工匠把这大木刨削(斫)得太小了,于是王你必定发怒,以为这个工匠,是不能担任这职务的,故曰:"匠人斫而小之,则王怒,以为不胜其任矣。"现在有个人,年少的时候,学了推行仁义的道理,到了年纪大些(壮),总想把他所学的用于国家,王你却对他说道:且放弃你自己的学问,依照我的主张办事,这是怎么讲呢? 故曰:"夫人幼而学之,壮而欲行之,王曰:'姑舍女所学而从我。'则何如"也。

"今有璞玉于此,虽万镒,必使玉人雕琢之。至于治国家,则曰:'姑舍女所学而从我。'则何以异于教玉人雕琢玉哉?"

璞,音朴。镒,音亦。雕,音刁。琢,音苗。

上段说工师得大木则王喜,匠人斫而小之则王怒,是譬喻一个人,所学要能施之于用,此段仍用譬喻而意思与上文相同。"今有璞玉于此"云云者,是说现今有一块没有雕琢过的玉(璞)在这里,虽然值到一万镒的价钱(按一镒为二十两,万镒即二十万两),必定要使玉器匠来雕琢,然后才能制成一件玉器。至于治理国家时,王你却对人说道:"且放弃了你自己的学问,来依照我的主张来办事,这样,和硬教玉器匠依着你的主张去雕琢玉器,有什么相异呢?"

(问)何谓教玉人雕琢玉?

(解)所学非所用,所用非所学,一切政治就无从办理了。

齐人伐燕,胜之。宣王问曰:"或谓寡人勿取,或谓寡人取之。以万乘之国伐万乘之国,五

旬而举之，人力不至于此。不取，必有天殃，取之
何如？”

殃，音央。

战国时的各大国，都僭称为王，都有兵车万乘，故称“万乘
之国”。齐国在今山东省，燕国在今北平①，那时候燕国有内
乱，齐国去讨伐，竟打了胜仗。殃，即祸害。旬，十日也。齐国
伐燕得胜，宣王问孟子道：“有人叫寡人不要把燕国的土地取
来，也有人叫寡人，竟把燕国的土地取来。像齐是个万乘的国
家，燕也是个万乘的国家，用万乘国家的力量，去讨伐一个万
乘的国家，本来是势力平均的，现在只有五十日工夫就把它攻
破（举）了，这里面一定是上天帮助，光靠人的力量绝不会这样
容易。倘若不取燕国的土地，恐怕违反天意，必然有祸殃降下
来。所以我的意思，想把燕国的土地取来，你以为怎样？”如正
文云云。

孟子对曰：“取之而燕民悦，则取之。古之人
有行之者，武王是也。取之而燕民不悦，则勿取，
古之人有行之者，文王是也。以万乘之国伐万乘

---

① 今称北京。——编者按

之国，箪食壶浆，以迎王师，岂有他哉？避水火
也。如水益深，如火益热，亦运而已矣。"

箪，音丹。

宣王要取燕国的土地，问孟子可取不可取。孟子对道：
取他的土地，能使燕国百姓表示乐意的，那就取了它，古时候
的人，已经有做过这种事的，像周武王伐纣，把殷国灭掉，而取
了它土地就是。故曰："取之而燕民悦，则取之，古之人有行之
者，武王是也。"假使取它的土地，燕国百姓并不表示乐意的，
那就不要取，古时候的人，也有做过这种事的，像周文王时，天
下百姓的归向已有三分之二，并不取殷国的土地，就是个例
子。故曰："取之而燕民不悦，则勿取，古认有行之者，文王是
也。"现在齐国伐燕国，以一万乘兵车的国家，去伐一万乘兵车
的国家，燕国的百姓，用竹器（箪）盛着饭食，瓦壶盛着酒浆，来
迎接你王的军队（师），他们难道有别的心思吗？不过像避水
溺火烧的灾难罢了！故曰："以万乘之国伐万乘之国，箪食壶
浆，以迎王师，岂有他哉？避水火也。"王你如得了他的土地，
并不行王道仁政，那么，他的百姓，仍旧受着水溺火烧的苦，而
且经过燕王的苦，再吃齐王的苦，好像溺在水里，更其深陷了，
被火烧着，更其焦热了，亦不过转望（运的意思同转）他国再来
攻伐，挽救他们的生命罢了。故曰："如水益深，如火益热，亦
运而已矣！"

（问）武王于殷，何以取之？文王何以勿取？

（解）五旬而举燕国，因燕的百姓对于燕王已有了叛心，不肯再替燕王出力。齐若不行仁政，百姓仍不归心，土地终不能为齐所有也。

齐人伐燕，取之，诸侯将谋救燕。宣王曰："诸侯多谋伐寡人者，何以待之？"孟子对曰："臣闻七十里为政于天下者，汤是也，未闻以千里畏人者也。"

齐人伐燕得胜后，竟把燕国的土地取来。别国诸侯因妒忌齐国，大家谋划，想去救燕伐齐，故宣王对孟子说：用什么方法，去对待各国诸侯的兵。孟子对曰："臣闻七十里为政于天下者，汤是也。未闻以千里畏人者也。"是孟子回答说：商朝的汤王，最先只有七十里的地方，后来他的仁政普遍天下，就代替夏朝做了天子。现今齐国地方，有千里之大，却怕诸侯来攻伐，那是从来没有听见过的。

《书》曰："汤一征，自葛始，天下信之。"东面而征西夷怨，南面而征北狄怨，曰："奚为后我？民望之，若大旱之望云霓也。"归市者不止，耕者不变,诛其君而吊其民,若时雨降,民大悦。《书》曰:"徯我后,后来其苏!"

霓,音泥。徯,音西。

孟子又引《尚书·仲虺之诰》的句子,证明汤以七十里为政于天下的事实。葛,是当时的一个国家。汤王初次出兵,先伐葛国,故《尚书》说"汤一征,自葛始"也。汤征葛的时候,天下的人都相信汤是个仁君,故曰"天下信之"。当汤王带了兵向东出征的时候,西方的夷人发生怨望,向南出征的时候,北方的狄人也发生怨望,都说道:"为什么先到别处征伐,后来征伐我们呢?"故曰:"东面而征西夷怨,南面而征北狄怨,曰,奚为后我。"这时候天下人民盼望汤王带兵去征伐,像大旱时希望天空起云,早些降雨,不要现出虹霓,变成晴天。及至汤的兵到了,在市上做交易的人,并不停止他的买卖,在田间耕种的人,也照样耕种。汤把他们的暴君诛杀了,又去抚慰百姓(吊其民),好像久旱时候降下时雨一样,百姓无不大悦故曰:"民望之,若大旱之望云霓也。归市者不止,耕有不变,诛其君而吊其民,若时雨降,民大悦。"孟子又另引《尚书·仲虺之诰》的两句道:"徯我后,后来其苏!"徯,等待的意思。后作人君讲。苏者,已死而醒转的意思。《尚书》里又说:等待这个仁德的君,这个仁德的君到了,我们就像死而复活了。

"今燕虐其民，王往而征之，民以为将拯己于水火之中也，箪食壶浆，以迎王师。若杀其父兄，系累其子弟，毁其宗庙，迁其重器，如之何其可也！天下固畏齐之强也，今又倍地而不行仁政，是动天下之兵也。

拯，音整。

上段说天下的百姓，只望汤的兵早些来到，因为汤是去救百姓的。现在燕国的国君，因虐待他的百姓，王你带了兵去征伐他，那些百姓本来像溺在水里、烧在火里，知道王你的兵到了，都以为要把他们从水中火中拯救出来，所以备了箪食壶浆，来迎接王你的军队。现今若把他们的父兄都杀死（若杀其父兄），把他们的子弟都缚了（系累其子弟），又毁坏他们祖宗的祠庙（毁其宗庙），搬取他们贵重的器物（迁其重器），照这样子，怎么可以呢？天下的诸侯，本来已很怕齐国的强大，现在并吞燕国，土地又加了一倍，再不施行仁政，那么天下的诸侯必定要共同起兵来攻打齐国的，故正文云云。

"王速出令，反其旄倪，止其重器，谋于燕众，置君而后去之，则犹可及止也。"

旄,音毛。倪,音泥。

旄,同髦,老人也。倪,同儿,小儿也。孟子又告诉宣王:"王你赶快发出命令,把掳来的老人小儿放回去,停止搬取他们贵重的器物;再和燕国的大众商量(谋于燕众),替他们另外置立一个君主,然后班师而去。那么,天下诸侯还可停止军事行动,不来攻打你的齐国。"故曰:"置君而后去之,则犹可及止也。"

按:齐宣王乘燕国内乱,进兵攻燕,因之大胜,但是不听孟子的话,后来燕国重兴,使乐毅攻齐,齐国也几至灭亡,不得已用反间之计,使燕王疑心乐毅,乐毅奔赵,齐国大将田单方能将失地收复。此役为战国时一大事,和孟子当时的话很有关系,所以附记于此。

(问)齐攻燕,何以能如此胜利?

(解)齐并燕则土地加倍,势必激动各国诸侯,而宣王又不善处置,所以得而复失,几至于亡国。

邹与鲁哄,穆公问曰:"吾有司死者三十三人,而民莫之死也。诛之,则不可胜诛;不诛,则疾视其长上。之死而不救,如之何则可也?"

邹,音走阴平。哄,音讧。
邹国、鲁国都是当时的小国。哄,是发生冲突。穆公是邹国的国君。邹穆公问孟子道:"自从同鲁国开仗,我的官吏(有司)已死了三十三人,百姓却没有一个肯出力而死的。这种百姓,杀他也杀不了这许多;不杀,他们好像仇视自己的长官,任其被敌人杀死,并不去救,这种情形该怎么办呢?"故正文云云。

孟子对曰:"凶年饥岁,君之民,老弱转乎沟壑,壮者散而之四方者,几千人矣,而君之仓廪实,府库充,有司莫以告。是上慢而残下也。曾子曰:'戒之! 戒之! 出乎尔者,反乎尔者也。'夫民今而后得反之也,君无尤焉! 君行仁政,斯民亲其上,死其长矣。"

壑,音褐。廪,音凛。夫,音扶。

邹穆公因战争失败,官吏死而百姓不肯从死,不明白什么道理,特地请问孟子,孟子将百姓不肯从死的原因向穆公述说。沟,水沟也。壑,是山间低下的地方。仓廪,即谷仓。府库,即钱库。尔,对人之称,犹说你。孟子对邹穆公道:"逢了水旱凶灾闹饥荒的年岁,你那些百姓,老的弱的,辗转饿死在水沟山壑之中,强的壮的,离散到四方去谋食,有好几千人了。这时候,你的谷仓里仍是满积着米谷,钱库里仍是满积着金钱,这些官吏并不把百姓困苦的情形来告诉你,眼看百姓饿死,这是在上位的对于百姓的生命太觉轻忽(上慢),遂至杀害许多百姓(残下)。曾子曾经说过:'警戒些啊!警戒些啊!你所做出来的,结果也要加到自己身上的啊!'意思就是你怎样对待人家,人家也怎样来对待你。所以这些百姓把官吏待他们的方法,回转来也对待那些官吏。你不必去怨恨百姓,只要推行仁政,这些百姓自会亲近在上的官吏,逢到战争,必然肯拼死救取那些长官了!"如正文云云。

(问)有司死三十三人,百姓不肯出死力相救,是何原因?

(解)国库内充满钱谷,忍心把百姓饿死,实与杀害百姓无异。

滕文公问曰:"滕,小国也,间于齐、楚。事齐乎?事楚乎?"孟子对曰:"是谋非吾所能及也。无已,则有一焉:凿斯池也,筑斯城也,与民守之。效死而民弗去。则是可为也。"

滕亦当时一小国,齐、楚皆大国,滕适在齐、楚中间,事齐则楚怒,事楚则齐恨,所以滕文公想不出法子,问孟子道:"是奉事齐国呢,还是奉事楚国呢?"孟子道:"这个谋划不是我的才力所能想得周到的。实在不得已,只有一个方法:是把城池凿得很深,把城墙筑得很坚,和百姓一同守御。国君自己先尽死力,百姓必然团结而不愿散去。这样,是可以做到的。"

此段说小国夹在大国中间,无论想借哪一国的助力,总是靠不住的。只有与百姓同苦乐,百姓自然与国君同生死。如果全国的人都愿同死,邻国虽强,就不敢来侵犯了,这也是能行王道仁政应收的效果。

(问)小国事大国应如何?

(解)与民同生死,所谓万众一心,其锋锐不可当,虽介乎两大国之间,更无所用其畏惧了。

滕文公问曰:"齐人将筑薛,吾甚恐,如之何则可?"孟子对曰:"昔者,大王居邠,狄人侵之,去之岐山之下居焉。非择而取之,不得已也。苟为善,后世子孙必有王者矣!君子创业垂统,为可继也。若夫成功,则天也。君如彼何哉?强为善而已矣!"

薛,音雪阴平。大,今作太。邠,音宾。强,读作"勉强"的"强"。

薛,是当时的小国,为齐所灭。齐攻灭薛后,又在薛地筑城。文公以其逼近滕国,恐齐又来灭滕,所以甚为恐惧。邠,地名。狄，北狄也。创业者，创立事业也。垂统者，把君位相继不断，传于后世子孙也。滕文公恐齐来侵灭自己的国家，故问孟子："怎样才可以避免？"孟子对道："从前周太王居于邠地，狄人来侵犯他，自知力不能敌，只得离开邠地，住到岐山下面。这不是喜欢岐山这地方，特地拣择了去住的，因为避狄人之难，那是不得已的事情。"意思是以齐国比狄人，叫滕文公也学太王，故接下去说："为人君的，苟能为善，他的后世子孙，必有能王天下的。"此是说太王的孙子文王、曾孙武王，后来果王天下也。君子，是称有道的君主。凡是有道的君主，创立事业，把君位传给后人，为的是使后来的子孙，可以继续下去，至于能不能一定成功，那只好听天由命，自己是没把握的。现在齐国如此强盛，它若要来侵伐，你有什么法子抵抗呢？也只有自己勉力，行些善政罢了！

（问）太王何故去邠至岐？

（解）敌人势强，无力抵抗，还是避开的好。但能力行善政，民心总不会失去的。

滕文公问曰："滕，小国也，竭力以事大国，则不得免焉。如之何则可？"孟子对曰："昔者大王居邠，狄人侵之，事之以皮币，不得免焉；事之以犬马，不得免焉；事之以珠玉，不得免焉。乃属其

者老而告之曰：'狄人之所欲者，吾土地也。吾闻
之也，君子不以其所以养人者害人。二三子何患
乎无君，我将去之。'去邠，逾梁山，邑于岐山之下
居焉。邠人曰：'仁人也，不可失也。'从之者如
归市。

币，音敝。耆，音其。

此章与上章同意。文公因自己国小力弱，对孟子说："滕
是个小国，竭尽力量去奉事大国，终于不能免祸，怎样才可以
呢？"孟子仍用太王之事来回答，不过更说得详细些。他说：
"从前太王住在邠地，因狄人来侵，用皮货钱币去供奉，不能免
去相侵的祸害；再用猎狗战马去供奉，仍不能免去相侵的祸
害；再用珠玉等珍宝去供奉，仍不能免去相侵的祸害。到这地
步，太王只得告诉（属）邠地的老年人（耆老）道：'狄人所要
的，是我的土地。我听得有句话说，有道的人君，本来是爱养
人民的。今狄人来侵，我不去，反而害了人民，这是我所不能
做的。像你们这班人（二三子），何必忧虑到没有君主？（意
思是狄人来也可做你们的君主）我将避开此地了！'于是就离
开邠地，经过梁山，去在岐山下面，辟一个小都邑住着。邠地
的人民说道：'这是个仁人，我们不可失了他的。'因此，从了太
王到岐山去的人，像到市镇上做买卖一样。"故正文云云。

"或曰:'世守也,非身之所能为也。效死勿去。'君请择于斯二者。"

上段说:强敌来侵,避到别的地方去,那是一个法子。但或者说:这个国土是祖宗传下来,只能世世代代守下去,不是自己所能作主放弃的,那只好拼着一死,和敌人抵抗到底,决不离开。请你拣择这两个法子里的一个吧,故正文云云。

(问)何谓效死勿去?

(解)强敌来侵,可避则避,无处可避则死,这都是正当的办法。

鲁平公将出,嬖人臧仓者请曰:"他日君出,则必命有司所之。今乘舆已驾矣,有司未知所之,敢请。"公曰:"将见孟子。"曰:"何哉?君所为轻身以先于匹夫者。以为贤乎?礼义由贤者出,而孟子之后丧逾前丧。君无见焉!"公曰:"诺。"

嬖,音闭。臧,音赃。

鲁平公,当时小国诸侯。将出者,将出外也。嬖人者,是称人君左右极宠幸的小人。臧仓,姓臧,名仓,常在鲁平公左右而素来得到宠幸的。"请曰"者,是请问鲁平公而说道。他所请问的是:"往常的日子,国君你出外,必先传命给司事的官,说明所要到的地方。今天你那车子,已经马都驾好了,那司事的官还不晓得究竟到哪里去,我敢来请问一声。"平公道:"我将要去见孟子。"臧仓又道:"为什么呢(何哉)?"接下去说道:"像你是一国的君主,不尊重自己的身份,去见一个匹夫。难道以为他是个贤人吗? 世上所说的礼义,是从贤德的人做出来的;现在孟子后来举办的丧事,胜过前番举办的丧事,你做国君的不必去见他了!"按:所说后丧逾前丧者,是孟子先丧父,后丧母,孟子对于父的丧事,办得省减,母的丧事办得丰富,臧仓因认孟子厚于母而薄于父,不知礼义,劝阻鲁平公不要去见也。"公曰诺"者,是平公听了臧仓的话,以为不错,遂答应他不去了。

乐正子入见曰:"君奚为不见孟轲也?"曰:"或告寡人曰:'孟子之后丧逾前丧。'是以不往见也。"曰:"何哉? 君所谓逾者。前以士,后以大夫,前以三鼎,而后以五鼎与?"曰:"否。谓棺椁衣衾之美也。"曰:"非所谓逾也,贫富不同也。"

乐,读如悦。轲,音柯。棺,音官。椁,音果。衾,音钦。

与,作欤。

　　乐正子,是孟子的弟子。孟轲,即孟子,名轲也。士,谓士人,大夫,是公卿以下的官职。鼎,是丧祭所用盛食物的器皿。乐正子早就知道鲁平公要去见孟子,后来见平公忽然不去了,所以进去问平公道:"君为什么不去见孟轲呢?"平公道:"有人告我说:'孟子后来举办的丧事,胜过前回的丧事,为了这个,所以不去见他了。"乐正子又道:"为什么呢(何哉)?鲁君你所说的后丧胜前丧,这是因为孟子丧父的时候仅是个士人,后来丧母的时候,却做了大夫。前一次丧事的祭器仅有三个鼎,后来所用祭器是五个鼎,就为了这个吗?"平公道:"不是的(否),我说他用的棺木石椁、敛的衣服衾褥,都是后来所办的来得完美。"乐正子又道:"这个是不能算他对母胜于对父的,因为前后境地有贫富不同的差别啊!"故曰:"非所谓逾也,贫富不同也。"

　　乐正子见孟子曰:"克告于君,君为来见也。嬖人有臧仓者沮君,君是以不果来也。"曰:"行或使之,止或尼之,行止非人所能也。吾之不遇鲁侯,天也! 臧氏之子焉能使予不遇哉!"

　　沮,音举。尼,去声。焉,音烟。

克是乐正子的名。沮,阻住也。尼,亦是阻止的意思。鲁侯,即平公,谓鲁国的诸侯也。乐正子同平公说过话,来见孟子道:"克(乐正子自称)将你的贤能告诉过鲁君,鲁君为了相信我的话,已预备来见你了。有个嬖人叫臧仓的,忽然拦住了鲁君,鲁君所以又不来了。"孟子听了这话,便道:"我的王道学说要是能推行,就有人劝鲁君来见我;要是不能推行,就有人阻止鲁君来见我;所以或行或止,都不是个人所能为力的。现在我不能与鲁君(即鲁侯)相遇,这是天意,像这姓臧的人,难道真能使我不遇见鲁君吗?"

(问)臧仓何故说孟子后丧逾前丧?

(解)君子执政,小人必不能做坏事,所以臧仓先毁孟子,使鲁平公不与孟子相见,贤能的孟子既不见重用,像臧仓一类小人,便可肆行无忌了。

第二篇　公孙丑

公孙丑问曰:"夫子当路于齐,管仲、晏子之功,可复许乎?"孟子曰:"子诚齐人也,知管仲、晏子而已矣!

公孙丑,姓公孙,名丑,孟子弟子也。当路者,居重要地位,如在当道,系指掌握国家政权的大臣。管仲、晏子都是齐国从前的大臣,很有功劳。晏子,本名婴,因口头称惯晏子,故仍之也。公孙丑问孟子道:"像夫子你倘若身居齐国重要的地位,从前管仲、晏子的功劳,想可以再期许到的吗?""孟子曰:子诚齐人也,知管仲、晏子而已矣"者,因为公孙丑是齐国人,对于齐国的人物事迹,比较容易知道,所以孟子说:"你真正是个齐国人,只知道管仲、晏子两个人罢了!"

"或问乎曾西曰:'吾子与子路孰贤?'曾西蹴然曰:'吾先子之所畏也。'曰:'然则吾子与管仲孰贤?'曾西艴然不悦曰:'尔何曾比予于管仲!管仲得君,如彼其专也,行乎国政,如彼其久也,功烈如彼其卑也。尔何曾比予于是！'"

蹵，读如促。艴，音勃。

此段系孟子引曾西所说告公孙丑也。曾西之父名参，即《论语》中之曾子，与子路同为孔子弟子。蹵然，是很不安的样子。艴然，是变了颜色，含有不屑的神情。吾子者，对人表示亲爱尊敬的称呼，犹说你也。先子者，是对人自称已经死了的父亲，犹说先父。此段是孟子答公孙丑道："从前有人问曾西道：'你和子路比较，哪个来得贤呢？'曾西觉得很不安而对道：'子路是我先父所敬服（畏）的。'意思是我的父亲曾参尚不敢和子路比较，自己怎么好跟子路相比呢？故曰：'吾先子之所畏也。'那个人又问道：'那么，你和管仲比较，哪个来得贤呢？'曾西变了颜色，显出很不屑的神情道：'你何至于把我去比管仲呢？'故曰'尔何曾比予于管仲'也。得君者，是说得到国君的信任，行乎国政，是说施行国家的政治。功烈，即功劳也。曾西又接下去说道：管仲当时得到齐桓公的信任，像他那样的专一，施行政治，又像他那样的长久，但是他所建的功劳，只做了一些霸业，是卑卑不足道的。故曰：'功烈如彼其卑也。'曾西又对问的人道：'你何至于拿我跟他相比！'故曰'尔何曾比予于是'也。"

曰："管仲，曾西之所不为也，而子为我愿

之乎?"

此段也是孟子对公孙丑所说的,孟子说:"像管仲那样的人,曾西尚表示过不愿意做的,现在你以为我是愿意的吗?"故曰:"管仲,曾西之所不为也,而子为我愿之乎?"

曰:"管仲以其君霸,晏子以其君显,管仲、晏子,犹不足为与?"曰:"以齐王,由反手也。"

与,作软。王,读如旺。

此段又是公孙丑问也。孟子说管仲这种人,曾西尚且不愿学他,何况是我? 意思是看不起管仲。所以公孙丑又问道:"管仲做齐国的宰相,能使齐君成当时的霸主,晏子做齐国的宰相,能使齐君显名于列国,像这样的人,难道还不足取法吗?"孟子答道:"以齐王,由反手也。"意思是说齐是一个很强大的国家,只要行仁政,就可以王天下,犹(由)如把手掌反转,那是很容易的。今管仲、晏子不知推行王道,所以说他是不足学的。

曰:"若是,则弟子之惑滋甚! 且以文王之德,百年而后崩,犹未洽于天下,武王周公继之,然后大行。今言王若易然,则文王不足法与?"

滋,音之。王若之王,读如旺。易,容易之易。与,作欤。

公孙丑又道:"这样说,使弟子我的疑惑更加多(滋)了!"故曰:"若是,则弟子之惑滋甚。"接着再问道:"有了周文王那样的道德,做到百年的君主而后死(国君的死称崩),如此长时期,尚且不能使天下完全和洽,直到武王、周公接下去,然后周的王道,始得大行于天下。今夫子说王天下这样容易,那么,周文王也不足以取法吗?"意思是以文王之圣,又加以百年之久,尚未得为天子。故曰:"则文王不足法与?"

曰:"文王何可当也? 由汤至于武丁,贤圣之君六七作,天下归殷久矣,久则难变也。武丁朝诸侯,有天下,犹运之掌也。纣之去武丁未久也,其故家遗俗、流风善政,犹有存者,又有微子、微仲、王子比干、箕子、胶鬲,皆贤人也,相与辅相之,故久而后失之也。尺地莫非其有也,一民莫非其臣也,然而文王犹方百里起,是以难也。

朝,音潮。

汤是商朝开国的贤君,武丁也是殷朝(商朝传至盘庚,迁居于殷,遂改国号为殷)的贤君。微子、微仲、王子比干、箕子、胶鬲等,都是殷朝纣王时候的贤臣。公孙丑以为文王未成为天子,想来也是不足取法的,所以孟子又解释给他听道:"像文王这样的君主,哪里有人敢当呢?"故曰:"文王何可当也。"又道:"从汤王到武丁,贤圣的君主出了六七个,天下的人已经长久归心于殷朝了,归心既久,那是不容易变动的。武丁既作天子,使天下诸侯来朝,好像在手掌上运东西那么容易。纣王作天子的时候,距离武丁的时候还不远,所以天下的人心还都记念殷朝,许多武丁时候旧臣的家族、遗留的习俗,以及流传的风化、善良的政治,尚有存在的;而且纣王时候,又有微子、微仲等都是贤人,大家辅助纣王,所以纣王的天下,一时不至于失掉,经过很长时间,方才失国。在纣王作天子时,天下的土地,没有一尺不是他所有的,天下的人民,没有一个不是他的臣子。这时候的文王,还刚刚只有一百里的国土,从这百里地方起来施行王政,所以要达到王天下的地步是极难的。"

"齐人有言曰:'虽有智慧,不如乘势;虽有镃基,不如待时。'今时则易然也:夏后、殷、周之盛,地未有过千里者也,而齐有其地矣;鸡鸣狗吠相闻,而达乎四境,而齐有其民矣。地不改辟矣,民不改聚矣,行仁政而王,莫之能御也。

慧,音惠。镃,音兹。王,读如旺。

智慧,是人的才识。镃基,是种田的器具。孟子引齐国人通行的几句话道:"一个人虽有才识,不如乘着时势,容易立业;虽有种田的器具,不如等待相当的天时,容易种田。"这两句,是齐人的俗语。孟子又接下去道:"现在的时势,只要推行王道,那是极容易做到的。"故曰:"今时则易然也。"又道:"从前如夏朝的君主(夏后),以及殷朝、周朝,当他强盛的时候,土地没有到过一千里的,现在齐国已有千里的土地了;鸡鸣狗吠的声音,彼此能听见,直到四周边境的地方,可见户口不少,齐国是已经有这许多人民了。照这样讲起来,土地不必再开拓,人民也不必再增加了,只要力行仁政,就可以王天下,没有人可以抵御得住的。"故正文云云。

"且王者之不作,未有疏于此时者也!民之憔悴于虐政,未有甚于此时者也!饥者易为食,渴者易为饮。孔子曰:'德之流行,速于置邮而传命。'当今之时,万乘之国行仁政,民之悦之,犹解倒悬也。故事半古之人,功必倍之,惟此时为然。"

憔,音樵。悴,音翠。置,音志。邮,音由。

憔悴者，是说人脸黄肌瘦，形容极困苦的样子。虐政，是虐待人民的政治。置邮，犹现在设置邮局。倒悬，是将人缚着倒挂。解者，意即解除其束缚，使得复活也。此段是孟子论当时的情形。"且王者之不作"云云，是说："而且国君不起来推行仁政，没有像现今时候已很疏远的；百姓的困苦在暴虐政治下面，没有像现今时候这般厉害的。"这时候，倘若有仁君出来施行仁政，百姓的欢迎爱戴，"正像肚饥的人，得着食物，不甘美也容易觉得甘美；口渴的人，得着饮料，不解渴也容易觉得解渴的。"孟子更引孔子的话道："'德'的流行，使人家感化，比设了邮务机关传播命令还来得快。""当今的时势，有万乘兵车的国家，一旦施行仁政，百姓的欢迎，像把倒挂的人解救下来一样。所以用的气力，只消用古人的一半，而所收的效果却可加倍，只有现今的时候，是这个样子的。"

（问）何谓犹解倒悬？

（解）人民长久困苦于虐政，假使有国君能行仁政的，天下的民心，自然都归向了。所以在此时期最容易王天下，比诸周文王时，真是事半功倍了。

公孙丑问曰："夫子加齐之卿相，得行道焉，虽由此霸王，不异矣！如此，则动心否乎？"孟子曰："否。我四十不动心。"

动心者,是说担了重大责任,心中有所疑惧而不安定也。此时孟子在齐,极受齐王尊敬,假使授以政权,定是上卿或宰相,故公孙丑问道:"夫子在齐,倘齐王加你卿相的官职,使你得行素来怀抱的大道,从此造成齐国的霸业或王业,那是不足为怪的。"故曰:"虽由此霸王不异矣。"因又问道:"这样,你的责任却很重大,不知道你心里,也有所疑惧而不安定吗?"孟子曰:"否。我四十不动心。"是孟子说:"不会的。我在四十岁的时候,做事已无所疑惧,心中再没有不安定。"

曰:"若是,则夫子过孟贲远矣!"曰:"是不难,告子先我不动心。"

孟贲,是古时候的勇士,他的生平,从没有什么怕惧,故公孙丑以为孟子对于重大责任,无所疑惧,那是胜过孟贲了。孟子又告诉他道:"这是不难的,像告子这个人,在四十岁以前早已不动心了。"故曰:"告子先我不动心。"

曰:"不动心有道乎?"曰:"有。北宫黝之养勇也,不肤挠,不目逃,思以一毫挫于人,若挞之于市朝。不受于褐宽博,亦不受于万乘之君,视刺万乘之君,若刺褐夫。无严诸侯。恶声至,必反之。

朝，音潮。褐，音曷。

北宫，是姓。黝，是名。据高诱《淮南子》注：他也是齐国人。养勇者，是养成一种勇敢不怕的精神。"不肤挠"者，是有人刺他的肌肤，他也不缩做一团。"不目逃"者，是有人刺他的眼睛，他也不逃避。"思以一毫挫于人，若挞之于市朝"者，是说若有人拔他一根毫毛，他好像在朝廷上、市场里被人殴打的羞耻。"褐宽博"者，穿宽大布衣的穷人，犹说下等社会的人。"万乘之君"是称大国的诸侯。"不受于褐宽博"云云，意思是：无论一个平常的穷人，或大国的国君把他羞辱时，他都不愿意承受的，并且他对于刺一万乘之君，和一个穿布衣的平民一样。严，畏惧的意思。说他对于诸侯更没有什么畏惧的心理，假使有人将恶骂的声气对他，他也必定将恶骂的声气回答的，故曰："恶声至，必反之。"此段说的是北宫黝的养勇，他有这样勇敢的精神，所以遇事绝无疑惧，心中从没有不安定。

"孟施舍之所养勇也，曰：'视不胜，犹胜也。量敌而后进，虑胜而后会，是畏三军者也。'舍岂能为必胜哉？能无惧而已矣！

上段说北宫黝的养勇，此段说孟施舍的养勇也。孟施舍常说："和人打仗，明知不能取胜，也当作必能取胜的。假如先估量敌人的力量才去进攻，先考虑能否取胜才去交锋，这种人若遇到强大的敌军一定会害怕的。"以上引的是孟施舍所说，孟子又加以说明道："孟施舍哪能一定打胜仗呢？不过能够不惧怕罢了！"

"孟施舍似曾子，北宫黝似子夏。夫二子之勇，未知其孰贤，然而孟施舍守约也。

夫，音扶。

约，要紧的所在。守约者，能守住要紧的所在也。孟子又说："孟施舍这个人，很像曾子（即孔子弟子曾参）；北宫黝这个人，很像子夏（即孔子弟子卜商）。这两个人的勇，虽不能认定哪一个更胜一筹，只是孟施舍却能守住要紧的所在。"

"昔者，曾子谓子襄曰：'子好勇乎？吾尝闻大勇于夫子矣！自反而不缩，虽褐宽博，吾不惴焉；自反而缩，虽千万人，吾往矣！'"

惴，音坠。

此段系孟子述曾子之言也。子襄,曾子的弟子。缩,作
"直"字解。惴,怕惧也。从前曾子对他的弟子子襄道:"你喜
欢勇气吗?我在孔子(夫子)那里曾经听见过大勇的道理,只
要自己想想(自反),道理是不直的,虽然有个穿短布衣的平民
责备我,我也不能不惧怕他。自己想想,道理是直的,虽有千
万人,我也不怕,要挺身出去抵抗。"如正文云云。

"孟施舍之守气,又不如曾子之守约也。"

此段仍是孟子所说。"孟施舍之守气,又不如曾子之守
约",是说孟施舍之遇敌,不问胜败曲直,一味鼓着勇气,是他
所能守的,不过一身之气,究竟还不如曾子所守的理,尤其来
得扼要。

曰:"敢问夫子之不动心,与告子之不动心,
可得闻与?""告子曰:'不得于言,勿求于心;不得
于心,勿求于气。'不得于心,勿求于气,可;不得
于言,勿求于心,不可。夫志,气之帅也,气,体之
充也;夫志至焉,气次焉。故曰:'持其志,无暴
其气。'"

与,作欤。

上文孟子说过告子的不动心,较自己更先,故公孙丑又问道:"我敢请问夫子的不动心,和告子之不动心,这里面的道理,可以讲给我听听吗?"孟子就引告子的话回答公孙丑。告子说:"不得于言,勿求于心;不得于心,勿求于气。"所谓不得于言,勿求于心,意思是不合于道理的话,不必再用心思去想它,所谓不得于心,勿求于气,意思是这道理既于心有不安,不必更动气与人争论了。孟子再用自己的意思批评告子所说:不得于心,勿求于气,是不错的(可)。至于不得于言,勿求于心,是错的(不可)。孟子的意思,以为言语而不合于道理,正应该用心思去想,使它合于道理,既知道不合于道理,就不再用心去想它,那道理将终于不能明白了。

孟子既批评告子之说,又自己申说这个道理,故又接以"夫志,气之帅也"云云。意思是说:一个人心里想着去做的叫作志,一个人充满身体的是气,气对于志,正像兵士之跟随将帅,将帅出令,兵士不得不从,志要做事,气也不得不从,故曰:"夫志,气之帅也。气,体之充也。"气不过充满在身体,只得听从志的命令,所以做一切事情,能守志才算到了极点,养气尚在其次,故曰:"夫志至焉,气次焉。"故曰"持其志,无暴其气"者,是孟子再说明用志用气的道理,所以另加"故曰"二字,意思是一个人要把志向拿稳(持),不可乱动而随便表现其气力。

"既曰'志至焉，气次焉'，又曰'持其志，无暴其气'者，何也？"曰："志壹则动气，气壹则动志也。今夫蹶者、趋者，是气也，而反动其心。"

蹶，音厥。

"既曰"者，是公孙丑又问也。公孙丑道："既然说守志是到了极点，而养气尚在其次，何以又说拿稳志向，不可随便表显其气呢？"孟子再告以"志壹"云云者，壹，专一也，是说一个人志向专一，去做一件事，气必随之而动，故曰："志壹则动气。"假使人在勇气专一的时候，志也会随之而动的，故曰："气壹则动志也。"蹶，是倾跌。趋，是向前急走。是说一个人逢到倾跌趋走，都是气的作用，然而因此就将心震动，这便是气壹则动志的一个实例，故曰："今夫蹶者、趋者，是气也，而反动其心。"

"敢问夫子恶乎长？"曰："我知言，我善养吾浩然之气。"

恶，音乌。

公孙丑听了上面所说，又问孟子道："我敢问问你夫子有什么长处？"意思是说：你既批评告子，总有胜过于告子的地方，故曰："敢问夫子恶乎长？"孟子道："我对于他人的话能明了其意思所在，又善于蓄养我极大的一股勇气。"故曰："我知言，我善养吾浩然之气。"

"敢问何谓浩然之气？"曰："难言也。其为气也，至大至刚，以直养而无害，则塞于天地之间。其为气也，配义与道，无是，馁也。"

馁，音内上声。

公孙丑又问："什么叫作浩然之气？"孟子道："这是很难说明的。"故曰："难言也。""因为这一种气是极大而没有限量，极强而不受屈折，但能依据直道好好地蓄养它，能够塞满在天地的中间。这一种气，能合乎（配）人心所宜（义）以及自然的天理（道），那就决不会不充满身体，像受饥饿（馁）一样的。"①故正文云云。

"是集义所生者，非义袭而取之也。行有不慊于心，则馁矣。我故曰：'告子未尝知义。'以其

---

① 此处所译不确。孟子意谓，浩然之气是以义与道为内容的，如果没有义与道的支撑，就气馁了。——编者按

外之也。

慊，读如怯。

"集义"者，朱子注曰："犹言积善。"因为义是应该做的事，如韩愈说"行而宜之之谓义"是也。把这种种的义，都聚集于一处叫"集义"，意思是浩然之气，是聚集了种种道义而自然发生的。"非义袭而取之也"者，袭的意思，朱子说"如齐侯袭莒之袭"，就是不明显地取得，意思是说并不是所做的事偶然合乎人心所宜，就能袭取而得到这个浩然之气的。"行有不慊于心，则馁矣"者，慊，朱子注："快也，足也。"是说一个人行事，自己觉得有所不足，那就心中惧怯，像受着饥饿了。孟子把浩然之气讲明后，又道："告子实未尝晓得这个意义，因为他的能不动心，尚是外面的力量，硬把这颗心止住的。"故曰："以其外之也。"

"必有事焉而勿正，心勿忘，勿助长也。无若宋人然。宋人有闵其苗之不长而揠之者，芒芒然归，谓其人曰：'今日病矣！予助苗长矣。'其子趋而往视之，苗则槁矣。天下之不助苗长者寡矣！以为无益而舍之者，不耘苗者也；助之长者，揠苗者也。非徒无益，而又害之。"

闵,今作悯。揠,音亚。

此段朱子注曰:"此言养气者,必以集义为事,而勿预期其效。其或未充,则但当勿忘其所有事,而不可作为以助其长,乃集义养气之节度也。"此说甚精。孟子说:养浩然之气,必须如上述的以集义为事,故曰"必有事焉而勿正"也。"勿正"者,即朱子所说"未充"。"心勿忘"者,是一心想着集义的养气,不可忘却也。"勿助长也"者,是说养气功夫未到纯熟,不可硬做而助其长大也。下接"无若宋人然"者,是说不要像宋国某一个人的样子也。"宋人有闵其苗之不长而揠之者",闵,今作悯,忧虑也。揠,拔取也。是说宋国有一个人,忧虑自己所种的稻苗还没有长成,却把那苗茎拔高一些。芒芒,是急迫的样子。宋人把苗拔高后,很急忙地回到家里,对人说道:"我今日用力用得疲困(病)了!我已经帮助这苗茎长起来了。"故曰:"今日病矣!予助苗长矣。"他的儿子急走到田中去观看,那苗已枯死了,故曰:"其子趋而往视之,苗则槁矣。"

上面说宋人揠苗,是比喻养气未成,硬把此心止住,正是同一样子。"天下之不助苗长者"以下,是孟子批评一般学者,能不像宋人揠苗以为苗长者,实在很少的。"以为无益而舍之者,不耘苗者也",是说一般学者以为养气是无益,因而放弃的,那就等于种田而不去耘苗,也是得不到效果的。"助之长者,揠苗者也",是说假使养气未成,硬要止住此心不动,正等于揠苗助长的一类。像这种种,都是非但没有益处,反而有害处的,故曰"非徒无益,而又害之"也。

"何谓知言?"曰:"诐辞知其所蔽,淫辞知其所陷,邪辞知其所离,遁辞知其所穷。生于其心,害于其政;发于其政,害于其事。圣人复起,必从吾言矣!"

诐,音避。

上面公孙丑问"夫子恶乎长",孟子曰:"我知言,我善养吾浩然之气。"前段所说,单是"养吾浩然之气",故此段公孙丑又问"何谓知言"也。孟子遂答以"诐辞知其所蔽"各句。诐,朱子注曰:"偏陂也。"偏陂,即不平正。蔽,是遮掩。"诐辞知其所蔽",是有人用不平正的话来对我说,我知道他是把真情遮掩的。淫,朱子注曰:"淫,放荡也。"陷,朱子注曰:"陷,沉溺也。""淫辞知其所陷",是有人用放荡的话对我说,我知道他已经沉溺在什么地方了。邪,是邪僻。离,是离叛。有人用邪僻的话对我说,我知道他已离叛了正道了。遁,是逃避。有人用勉强而像逃避的话对我说,我知道他已说不出道理而非常困穷了。人的言语,都从心中发出,故曰:"生于其心。"意思是凡说上面四种话的人,都是他心里发出来的。这种话,倘若施行到政治上,那就有害于一切的事了。故曰:"发于其政,害于其事。"这个道理,虽然再有圣人起来,必然也照我这些话说的。故曰:"圣人复起,必从吾言矣!"

"宰我、子贡,善为说辞。冉牛、闵子、颜渊,善言德行。孔子兼之,曰:'我于辞命,则不能也。'然则夫子既圣矣乎?"

此段据朱子注:"林氏以为皆公孙丑之问,是也。"公孙丑听孟子说:"我知言,我善养吾浩然之气。"这是圣贤的才德,一身兼备了,所以问道:"像孔子的弟子,宰我、子贡,善于说话。冉牛、闵子、颜渊,是善讲德行。他们各有一长,只有孔子能兼具这许多长处。"故曰:"孔子兼之。"但孔子自己说:"我于辞命不能也。"辞命,是应对他人的言语。孔子尚且不能辞命,现今夫子(称孟子)才德兼备,那么,已经成了圣人了吗?故曰:"然则夫子既圣矣乎?"

曰:"恶!是何言也!昔者子贡问于孔子曰:'夫子圣矣乎?'孔子曰:'圣则吾不能,我学不厌而教不倦也。'子贡曰:'学不厌,智也;教不倦,仁也。仁且智,夫子既圣矣!'夫圣,孔子不居,是何言也!"

恶,音乌。

此段是孟子回答的话。公孙丑以为孟子已经是个圣人了,所以孟子道:唉! 这是什么话呢?"恶! 是何言也!"又道:"从前子贡问孔子道:'夫子成了圣人了吗?' 孔子道:'圣人,那是我尚不能做到。我不过对于学问,不怕厌烦;教训弟子,不怕疲倦罢了。'子贡道:'学问不怕厌烦,就是智慧;教训不怕疲倦,就是仁德。既有仁德,且有智慧,夫子已经是个圣人了!'"孟子引子贡与孔子的一段谈话后,又道:"这个'圣'字,孔子尚且不敢自居这地位,如今你说我是个圣人,是什么话呢!"

"昔者窃闻之:子夏、子游、子张,皆有圣人之一体。冉牛、闵子、颜渊,则具体而微,敢问所安?"曰:"姑舍是。"

此段又是公孙丑所问。因为孟子既不敢自比于孔子,再把孔子弟子的为人,提出来请教。"昔者窃闻之",是说:"从前我私下里听人说过,子夏、子游、子张,都有圣人一部分的长处,冉牛、闵子、颜渊,虽有圣人全部分的长处了,不过比起圣人,毕竟没有那么博大精深。敢于请教夫子你,夫子你自处(所安),是做哪一个呢?"如正文"子夏、子游"等云云。曰"姑舍是"者,孟子答道:且抛开这些话吧!

曰："伯夷、伊尹何如？"曰："不同道。非其君不事，非其民不使，治则进，乱则退，伯夷也。何事非君？何使非民？治亦进，乱亦进，伊尹也。可以仕则仕，可以止则止，可以久则久，可以速则速，孔子也。皆古圣人也。吾未能有行焉，乃所愿，则学孔子也。"

此段仍是公孙丑问的话，他问的是："像古时伯夷同伊尹怎样呢？"伯夷，系殷末孤竹君的长子，周武王伐纣，得了天下，伯夷情愿在首阳山饿死，不食周朝的粟米。伊尹，夏末时人，他尝助汤伐桀，后来做了商朝的宰相。公孙丑问伯夷、伊尹二人怎样？孟子答道："这二人也是不同道的。不是贤明的君主，不去事他，不是应该使用的百姓，不去使他，天下治的时候，进去做官，天下乱的时候，退出来不做官，这是伯夷的为人。随便怎样的君主，都可事他，随便怎样的百姓，都可使他，天下治的时候，进去做官，天下乱的时候，也进去做官，这是伊尹的为人。"孟子说明了二人的不同道，接下去说到孔子的为人。仕，是做官。止，是不做官。可以做官就做官，可以不做官就不做官，可以做得长久就做得长久，可以立刻（速）脱离就立刻脱离，这是孔子的为人。这三个都是古时的圣人，我还没有能力可以做到。至于我的愿望,那是要学孔子的,故正文云云。

"伯夷、伊尹于孔子,若是班乎?"曰:"否。自有生民以来,未有孔子也!"

公孙丑又问:伯夷、伊尹对于孔子,是相等(班)的吗?孟子道:"并不相等(否)!自从天地间产生了人民以来,没有一个能及得孔子的!"故正文云云。

曰:"然则有同与?"曰:"有。得百里之地而君之,皆能以朝诸侯,有天下。行一不义,杀一不辜,而得天下,皆不为也!是则同。"

与,作欤。朝,音潮。辜,音孤。

公孙丑问:"这三个人,亦有相同的地方吗?"孟子道:"有的。这三个人假使得到百里的地方,做个君主,都能使诸侯服从,一齐来上朝,因而取得天下。""行一不义"者,是行一件不应做的事体。"杀一不辜"者,是杀一个无罪(不辜)的人。要照这样取得天下,这三个人又都是不肯做的,这就是他们相同的地方。故曰:"行一不义,杀一不辜,而得天下,皆不为也!是则同。"

曰:"敢问其所以异?"曰:"宰我、子贡、有若,智足以知圣人,污不至阿其所好。

污,音乌。

公孙丑又问:"我想问问三个人的不同之处在哪里?"宰我、子贡、有若,都是孔子的弟子。污,据焦循《正义》本作洿,是夸大之"夸"的借用。阿者,是私心爱好的意思。孟子说:"像宰我、子贡、有若的才智,都能知道怎样才是个圣人(智足以知圣人),即使说话夸大一点,也不至于偏于私心的爱好(污不至阿其所好)。"意思是宰我、子贡、有若,绝不至于为了自己所爱好的人而过于恭维他也。

"宰我曰:'以予观于夫子,贤于尧、舜远矣。'子贡曰:'见其礼而知其政,闻其乐而知其德,由百世之后,等百世之王。莫之能违也!自生民以来,未有夫子也!'有若曰:'岂惟民哉?麒麟之于走兽,凤凰之于飞鸟,泰山之于丘垤,河海之于行潦,类也。圣人之于民,亦类也,出于其类,拔乎其萃。自生民以来,未有盛于孔子也。'"

垤,音迭。潦,音老。

公孙丑问三个人之异点，其实孟子早就说过，如非其君不事，何事非君，及可以仕则仕等，这就是三个人的相异处。现在公孙丑还要问三个人的"所以异"，孟子只得把宰我、子贡、有若称赞孔子的话，述说一遍，意思是把三个人比较，伯夷、伊尹都不及孔子，这就是所谓"异"了。

上段先将宰我、子贡、有若三人智足以知圣人的话说明，此段再引三人称赞孔子的话，说给公孙丑听。宰我说："在我看来，孔子（夫子）的贤能远胜于尧、舜。"故曰："以予观于夫子，贤于尧、舜远矣。"子贡曰云云者，是古时最重视礼，只要事事遵礼而行，政治就上了轨道，故曰"见其礼而知其政"也。又古时大功告成，然后作乐，所以听到乐声，就能晓得他的德化怎样，故曰"闻其乐而知其德"也。这两句，因为孔子尝制定先王的礼乐，子贡知道孔子得了国土，一定有极好的政治和德化，所以下面接着说："从孔子以后，虽传到百世，将百世的君主分别等级，无论怎样，终不能违反孔子的政治与德化。自从天地间产生了人民以来，没有及得上孔子（夫子）的。"

麒麟，是走兽中最尊的兽。凤凰，是飞鸟中最尊贵的鸟。泰山，是最高的山。丘垤，是一堆土石，或小山。行潦，是沟中之水。有若说："孔子的为人岂独一班百姓所不能与他比较？"故曰："岂唯民哉？"至于将孔子比寻常的百姓，正像麒麟之于其他走兽，凤凰之于其他飞鸟，泰山之于很小的土石，大河大海之于沟中之水，确乎都是同类的东西。圣人之于百姓，本也是同类的人，只是圣人在同类的人群中，能高出一层（出乎其类），又像在一丛乱草中，挺生出一株特别的草（拔乎其萃）。自从天地间有了人民以来，道德、学问从没有盛过于孔子的，如正文云云。

此章字数有一千一百余之多，就大段落分析，自"公孙丑问曰夫子加齐之卿相"至"不如曾子之守约"为第一段。"曰敢问夫子之不动心，与告子之不动心"至"而反动其心"为第二段。"敢问夫子恶乎长"至"而又害之"为第三段。"何谓知言"至"必从吾言矣"为第四段。"宰我、子贡善为说辞"至"是何言也"为第五段。"昔者窃闻之"至"姑舍是"为第六段。"曰伯夷、伊尹何如"至"是则同"为第七段。"曰敢问其所以异"至"未有盛于孔子也"为第八段。中间反复论辩，皆出于"不动心"三字，文章一气贯串，为其他子书所无，古代文学家如唐韩愈、宋苏洵，所以都采取其方法也。

（问）何谓不动心？

（解）必集义深至，浩然之气，始得养成。至此而"不动心"始为脚踏实地。否则见异思迁，所谓"杀身成仁"、"舍生取义"，不过口头说说而已，于学养皆无裨益也。

孟子曰："以力假仁者霸，霸必有大国；以德行仁者王，王不待大。汤以七十里，文王以百里。以力服人者，非心服也，力不赡也；以德服人者，中心悦而诚服也,如七十子之服孔子也。《诗》云:'自西自东,自南自北,无思不服。'此之谓也。"

此章系记孟子平日的言论,说明"王"与"霸"的所由分别。因为书仿《论语》,《论语》尝有"孔子曰"云云,故此称"孟子曰"也。

力,兵力也。是说一个国家,以兵力压服他国,表面上假托救世安民等仁政,那是霸业;创造霸业,必须是个大国才做得到,故曰"霸必有大国"也。德者,道德也。以道德感化人民,人民自然信服,那就是王业了,故曰"以德行仁者王"也。推行仁政,不必定要大国,如商汤只有七十里,文王只有一百里,后来都能王天下也。

孟子又加以申说道:"用兵力屈服他人,凡是服从的,并非出于本心,不过因力量不足,不得已罢了。用道德感化他人,那才是心中愉快而诚心服从的,好像七十个弟子服从孔子一样。《诗经·大雅·文王有声》之篇里说:'从西边到东边,从南边到北边,没有一个人的心思是不服从的。'那就是这句话了!"故正文云云。

(问)以力服人与以德服人,有何分别?

(解)即以社会间人对人而言,也是以力服人,他人总是勉强忍受;以德服人,方能使人心悦诚服。

孟子曰:"仁则荣,不仁则辱。今恶辱而居不仁,是犹恶湿而居下也。如恶之,莫如贵德而尊士。贤者在位,能者在职,国家闲暇,及是时明其政刑,虽大国,必畏之矣!

恶,音污。

此章是孟子论国君施行仁政的效果。"仁则荣"者,国君以仁政待人,人们都感服他,自然能显荣了。"不仁则辱"者,国君暴虐百姓,百姓都恶恨他,一遇祸患,百姓不肯相救,必至身败名裂,自然是耻辱了。"今恶辱而居不仁,是犹恶湿而居下也"者,是说:"现今做国君的,也知道厌恶耻辱,认为是不好的,但仍甘心处在(居)不仁的地位,好像是恶恨地方潮湿,却特地去住在低下的地方,那怎么会干燥呢?""如恶之"云云者,是说如果厌恶耻辱,莫如崇尚道德,尊敬具有道德的人士,使贤德的人,在位做官,有才能的人,在职办事,在国家没有事做(闲暇),趁这时候,把政治刑罚都加以整治(明),这样,虽有别的大国,也必定怕它了。

"《诗》云:'迨天之未阴雨,彻彼桑土,绸缪牖户,今此下民,或敢侮予。'孔子曰:'为此诗者,其知道乎! 能治其国家,谁敢侮之?'

迨，音待。绸，音愁。缪，音谋。牖，音酉。

此段又引《诗经·豳风·鸱鸮》篇句，用以证明上文"国家闲暇，及是时，明其政刑"的意思。开首三句，是诗人假托鸟的口气而说的。迨，及也。彻，取也。桑土，桑树的皮和泥土也。绸缪，是固结不解的意思，用以形容修理的完善。牖，窗洞也。户，门户也。是说："现今正及晴天，没有到阴雨天，取了桑树的皮和泥土，把鸟窠透气的窗洞，进出的门户，先来修理修理。"下接以"今此下民，或敢侮予"，是诗人再代在位的君主说，意思是：这只鸟，尚且知道在未阴雨前先把它的窠修好，人君看了鸟的样子，在没有祸患时，也须先把国家治好。这样，现今在我国中的这些小百姓①，也许没有人敢来欺侮我了。孔子说："作这首诗的人，真可以算得知道道理的了！做人君的能修治他的国家，哪个人敢欺侮他呢？"

　　"今国家闲暇，及是时般乐怠敖，是自求祸也，祸福无不自己求之者！《诗》云：'永言配命，自求多福。'太甲曰：'天作孽，犹可违；自作孽，不可活。'②此之谓也。"

---

① 此处所译不确。如以国君口吻，"下民"应为天下的诸侯。——编者按
② 此句《尚书·太甲》作"不可逭"。逭，逃避，与上句"违"字相对。然"不可活"已成习语，故仍之不改。——编者按

般,此处读盘。乐,音勒。怠,音待。敖,即傲。孽,音聂。

此段仍是孟子的议论。般,赵岐注曰:"大也。"怠,懒惰也。敖,骄傲也。上文说国家当闲暇之时,应先修治其政刑。此段说现今的国家,在闲暇时候,国君只知道大大地取乐,政刑的修治,既非常懒惰,又常以骄傲的态度待人,这是自己去求取祸害了。一个人的祸害或幸福,没有不是自己求得的。孟子又引《诗经·大雅·文王》篇的句子,用以证明祸福自求的道理。"永言配命"者,古时天子,都称受天之命而即位的。永,长久也。配,合也。是说长久受上天的命,而能合乎天理,这就是自己求取多量的幸福。太甲,是商朝的一位贤君。孽,即罪孽,太甲说:"上天把祸害加在你身上,还可以避免的(犹可违);自己作了罪孽,是再不可活的了。"孟子引了《诗》句和太甲的话后,再补足一句道:那就是这句话了,故曰:"此之谓也。"

(问)何谓"天作孽"与"自作孽"?

(解)此章是说国家当承平无事时,应先修明政治,后来有了敌国外患,亦所不惧。若在无事时,只知行乐、懒惰、骄傲,一遇外患,不免要受莫大的耻辱。

孟子曰:"尊贤使能,俊杰在位,则天下之士皆悦,而愿立于其朝矣。市廛而不征,法而不廛,则天下之商皆悦,而愿藏于其市矣。关讥而不征，则天下之旅皆悦，而愿出于其路矣。耕者助而不税，则天下之农皆悦，而愿耕于其野矣。廛无夫里之布，则天下之民皆悦，而愿为之氓矣。

朝，音潮。廛，音缠，平声。

此章亦孟子言为政之道也。有道德的人称贤，有才干的人称能，才智胜过千人者称俊，胜过万人者称杰。廛，是市场上的房屋。征，是征税，犹今房捐也。"法而不廛"之法，是当时征收地税的一种法令。讥，犹言稽察。助，是古代井田制度借民力助耕公田的一种方法。"廛无夫里之布"句，赵岐注曰："里，居也。布，钱也。夫，一夫也。"孟子论为政之道，说："尊重有道德的人，使用有才干的人，使国中的俊杰都在位办事，那么，天下的士人都很快意，而情愿立在他的朝廷上，助他办理政事了。市场上的房屋不征收房捐，只照征收地税的法令纳税，那么，天下的商人都很快意，而情愿到他的市场里来做生意，把货物藏在他的市场里了。设立关卡，只稽察进出的人有无匪类，并不征收捐税，那么，天下的旅客都很快意，而情愿出进他的道路了。耕田的只照助法收取其十分之一的税，那么，天下的农夫都很快意，而情愿来耕他的田土了。市上没有职业的百姓，不再捐他的钱，那么，天下的人民都很快意，而情愿来做他的百姓了。"

"信能行此五者，则邻国之民仰之若父母矣。率其子弟，攻其父母，自生民以来，未有能济者也。如此，则无敌于天下。无敌于天下者，天吏也，然而不王者，未之有也。"

此段直接上文说道："国君确实能推行这五件事，那么，邻国的百姓都仰望着，好像是他的父母了。别国的君主来攻打时，竟是带领人家子弟，使攻打他的父母，这是自从有了人民以来，没有能做得成功（能济）的。照这样子，这个国家竟是遍天下无人可抵敌了。无敌于天下的国，那就像奉行天命的官吏一般，到这地步，还不能王天下，那是未尝有过的。"

（问）所谓"行此五者"，是哪五件事？

（解）天下人民，都爱戴如父母，虽有强暴之君拟用兵力相加，其人民亦必不肯从也。

孟子曰："人皆有不忍人之心。先王有不忍人之心，斯有不忍人之政矣。以不忍人之心行不忍人之政，治天下可运之掌上。"

此章系孟子说明政治原理，亦即孟子的基本哲学也。社会与政治，虽千端万绪，然其本原，则无不发生于人心。所以孟子说："每个人都有怜恤别人的心。先王因为有怜恤别人的心，这才有怜恤别人的政治。以怜恤别人的心来实施怜恤别人的政治，治理天下可以像在掌心里玩弄小物件一样的容易。"

"凡有四端于我者，知皆扩而充之矣，若火之始然、泉之始达。苟能充之，足以保四海；苟不充之，不足以事父母。"

扩，音廓。

扩，是推广。充，是满足。火烧着叫然（燃），泉流到叫达。本章以不忍人之心，论不忍人之政，上段说到人都有这四种善良的德性，此段又说凡做人君的，在自己方面有这四种德性，知道把它扩张充实起来，那就像火的刚烧着、泉的刚流到一样。苟能把它充满到极点，连四海的地方，足能保守得住。假使不把它扩张充满，就是自己的父母，也不足以去奉事了。因为只知利己，哪里还顾得到父母，故曰"苟不充之，不足以事父母"也。

（问）不忍人之心，何以能保四海？

（解）凡事都有一个起头，只要起头好，跟着做去，自然成了好事，而且像仁义礼智的四种起端，本来是人人所有的德性，因为不知扩充，后来弄到逐渐渐灭，这是最可痛惜的事情。

孟子因论仁政，特地从根本上不忍人之心说起，这是孟子的特识，王阳明良知的学说，就出于孟子此章。

孟子曰："矢人岂不仁于函人哉？矢人惟恐不伤人，函人惟恐伤人。巫、匠亦然。故术不可不慎也。

函，音含。

矢人，是造弓箭的人。函人，是造铠甲的人。造弓箭的人，唯恐所造的弓箭不能伤害被射的人，造铠甲的人，惟恐所造的铠甲，被箭射透以至伤害披甲的人，同是造兵器，难道造弓箭的人是不仁，造铠甲的人是仁。故曰："矢人岂不仁于函人哉？"巫，是代人祈祷疾病、利人之生的，匠即梓匠，是代人制造棺木、利人之死的，这两种人，与矢人函人正相同。故曰："巫、匠亦然。""故术不可不慎也"，是说当人学习一种技术，也是不可不审慎而加以拣择的。

"孔子曰：'里仁为美，择不处仁，焉得智？'夫仁，天之尊爵也，人之安宅也。莫之御而不仁，是不智也。

焉,音烟。夫,音扶。

上段说矢人、函人和巫、匠,都是一个比方。孟子的意思,实在是说究竟做仁人,或者做不仁人,都要自己拣择的。此段先引孔子说过的话,"里仁为美,择不处仁,焉得智?"这是载在《论语》里的。里,是古时二十五家聚居的所在。在这个"里"里,住的多是仁人,那是极好的地方,可以搬进去住的。假使拣那没有仁人的里中去住,这个人哪里算得聪明呢?

孟子引了孔子所说住家要住仁人所居的里中,接着又申说仁的重要。"天之尊爵"者,是说仁德是上天所认为最尊重的爵位。故曰:"夫仁,天之尊爵也。"一个人有了仁德,做事合乎天理,没有人欲方面的危险,正像住在一所安稳的房屋里。故曰:"人之安宅也。""莫之御而不仁,是不智也",这个"御"字,是抵制的意思。意思是一个人有了仁德,既像得到天爵,又像住在安宅里,那是再没有(莫)人可抵制的,有这样好处而仍不肯做仁人,这是不聪明极了!

"不仁不智,无礼无义,人役也。人役而耻为役,由弓人而耻为弓,矢人而耻为矢也。

此段虽以仁、智、礼、义并说,然着重的在乎仁。因为仁就是做人,做人而不仁,就不能算是人,也就是不智,因此而礼也无了,义也无了。人役,是受人使用的人,犹称奴才,假使不仁不智，无礼无义，那只好受人使用而做奴才了。倘若做了奴才而自己觉得是羞耻的，犹之（由）造弓矢的人，以为造弓造矢的职业是可耻的。

"如耻之，莫如为仁。仁者如射。射者正己而后发，发而不中，不怨胜己者。反求诸己而已矣！"

人既以人役为可耻，不如去求做一个仁人，故曰"如耻之，莫如为仁"也。"仁者如射"云云者，是将射箭的道理比方仁德的求取。射箭的人，必先立正身体，然后把箭发射出去，发箭不中，不应怨恨别人的技能高过于自己，只可回转身来推求自己的所以不中，再用工夫去练习，意思是为仁也是如此。我自己已经算所做的事合乎仁了，假使仍旧有不仁的事，只要回转身来再把仁德讲求，那就好了！

此章分四大段，反复说明为仁之重要。第一段说矢人、函人和巫、匠，同是一种技术，然一则利人之生，一则利人之死，可见要做仁人与否，都由于自择。第二段引孔子所说住家要拣有仁的地方，做人岂可以不仁。第三段说不为仁人，那都出于自己的不愿。第四段说只要自己情愿为仁，绝没有做不到的。

（问）矢人、函人与巫、匠，有何分别？

（自省）我耻为人役否？

孟子曰："子路，人告之以有过则喜。禹闻善言则拜。大舜有大焉，善与人同，舍己从人，乐取于人以为善；自耕稼陶渔以至为帝，无非取诸人者。取诸人以为善，是与人为善者也，故君子莫大乎与人为善。"

乐，音勒。

此章系孟子说子路、禹、舜三人的美德。"子路，人告之以有过则喜"者，子路是孔子的弟子，他做错了事，人家告诉他这事做错了，他听了非常欢喜。换一个人，说他做错了事，或者要动怒，今子路乐闻自己的过失，这是一种美德。禹，即夏禹王。《尚书》里有"禹拜昌言"一句话。昌言，善言也，即有益于自己道德方面的好话。禹听了人家所说有益道德的好话，能立刻拜受的，故曰："禹闻善言则拜。"大舜，是三代（夏、商、周）以前的圣君。像大舜的为人，更有很大的道德了，故曰："大舜有大焉。""善与人同"者，是说自己的善，犹人家的善，人家的善，犹自己的善，意思是：以天下之善，公之天下，而不分彼此也。"舍己从人，乐取于人以为善"者，是说自己有不善的地方，就把这不善舍掉，很快意地去从人家的善。"自耕稼

117

陶渔"云云者,大舜在未即位前,尝亲身种田(耕稼),后来又制造过瓦器(陶),又捕过鱼(渔),一直到做了天子,无非是采取人家的善,并无一毫私意。故曰:"无非取诸人者。"常常采取人家的善,等于劝化人努力为善,这就是"与人为善"了。君子的为善,更没有大过于这样的,故曰"君子莫大乎与人为善"也。

(问)子路、禹、大舜三人的美德,以谁为最大?

(自省)我若有过,人来告我,我将何如?我闻善言,能拜受否?我能与人为善否?

孟子曰:"伯夷,非其君不事,非其友不友,不立于恶人之朝,不与恶人言。立于恶人之朝,与恶人言,如以朝衣朝冠坐于涂炭。推恶恶之心,思与乡人立,其冠不正,望望然去之,若将浼焉。是故诸侯虽有善其辞命而至者,不受也。不受也者,是亦不屑就已。

恶恶二字,上音污,下为善恶之恶。朝,音潮。浼,音每。

此章亦说古人之美德也。伯夷是古时的圣人。"非其君不事,非其友不友"者,是说不是自己认为善的人君,不去事他;不是自己认为善的朋友,不去和他相交。恶人,犹言作恶的人。人君是个恶人，伯夷决不去做官而立在他的朝廷之上；碰见恶人，决不和他讲话，故曰"不立于恶人之朝，不与恶人言"也。涂炭者，途路上的泥土和灰炭也。伯夷对于立在恶人的朝廷上，或是同恶人讲话，好像叫他穿了上朝的衣，戴了上朝的冠，去坐在泥土灰炭上面，意思是心里总觉得坐立不安也。恶恶，是厌恶恶人。推，是推广。再把这种厌恶恶人的心思推广地说，无论和恶人不肯亲近，就是心里想同一个乡间寻常的人并立着，只要看见那乡人的冠戴得不正，就以为他不是正人，含着很惭愧的样子而走开了（望望然去之），好像他的污秽（浼，污也）要沾染到自己身上一样，故曰："思与乡人立，其冠不正，望望然去之，若将浼焉。"所以那时的诸侯，虽然有差遣使官用极好的说话（辞命）到他那里去聘请他，他总是不接受。他之所以不接受，是因为凡是来聘请他的，他都认为不洁而不愿屈就。故曰："是故诸侯虽有善其辞命而至者，不受也。不受也者，是亦不屑就已。"

"柳下惠，不羞污君，不卑小官，进不隐贤，必以其道。遗佚而不怨，阨穷而不悯。故曰：'尔为尔，我为我，虽袒裼裸裎于我侧，尔焉能浼我哉？'故由由然与之偕，而不自失焉。援而止之而止。援而止之而止者，是亦不屑去已！"

佚，音逸。阨，音厄。袒，音坦。裼，音锡。裎，音呈。焉，音烟。

柳下惠，也是古时圣人，他的品性，与伯夷相反。"不羞污君"者，是对于一个行为极龌龊的人君，柳下惠也肯去事他，不以为羞的。"不卑小官"，意思是一个极小的官职，柳下惠也肯去做的。"进不隐贤，必以其道"者，是既然进身去做官，决不把自己的贤能隐藏，以为必然可以施行自己所怀抱的大道。"遗佚而不怨，阨穷而不悯"者，是国君虽把他放弃（遗佚），他也决不怨恨，即使因之而穷困（阨穷），也从不哀伤（悯）。"故曰"者，是柳下惠所说也。尔，你也。袒裼，即露臂。裸裎，即露体。柳下惠虽同恶人在一处，他总说："你是你，我是我，你虽赤身露体在我身边，你又怎么能沾染到我身上呢?"故曰："尔为尔，我为我，虽袒裼裸裎于我侧，尔焉能浼我哉?""由由然与之偕而不自失焉"者，是说虽与恶人同在一处，还是很自得的样子（由由然），同他们在一处，并不觉得自己有什么损失。"援而止之"云者，是有人拉住（援）他，叫他停留，他就停留住了。他之所以听凭人拉住而停留，是以为停留不能算被人沾染而不洁，所以留下便留下吧。故曰："援而止之而止。援而止之而止者，是亦不屑去已!"

孟子曰："伯夷隘，柳下惠不恭。隘与不恭，君子不由也。"

隘，音爱。

此段与上文本衔接，因中间说伯夷、柳下惠两个人，说了一大段，恐读者不清楚，所以再加"孟子曰"三字，那就是孟子对于两人所下的评语了。隘，旧注："狭窄也。"是孟子说伯夷的心地太觉狭窄了。不恭，过于随便，不以为意的样子，是说柳下惠的做人又太觉随便了。君子，是孟子暗指自己。太狭窄和太随便，都非中庸之道，君子做事，必不从（不由）他们这些路径上行进的。故曰："隘与不恭，君子不由也。"

（问）伯夷、柳下惠二人，品性孰是？

（自省）我赞同哪一个？还是都不以为然。

孟子曰："天时不如地利，地利不如人和。三里之城，七里之郭，环而攻之而不胜。夫环而攻之，必有得天时者矣，然而不胜者，是天时不如地利也。城非不高也，池非不深也，兵革非不坚利也，米粟非不多也。委而去之，是地利不如人和也。

此章言好战争之国，与施行王道之国，结果不同。天时者，古时预备战争，都先用占卜方法，选定一出兵的吉日。地利，是驻兵的所在，必须险阻或有坚固的城池。人和，是人民与国君上下一心也。郭，外城也。池，即城外的护城河。委，放弃也。此段是孟子说战争之事，单靠天时，究竟不及地利，单讲地利，究竟又不及人和。攻伐他国时，把它那周围三里的城、周围七里的郭，四面包围着（环）攻击，结果竟不能得胜。当环攻的时候，必然拣取吉日，以为得到天时，然而仍旧不胜，那就可见自己拣的吉日，究竟不及人家的城池坚固。至于被人攻伐的国家，城墙不能算不高，护城河不能算不深，所用的兵器铠甲，并非不坚利，所积的米谷，不能算不多，结果竟不能守御，仍旧把这地方放弃，那就可见自己所有坚固的城和极深的池，究竟不及人家的上下一心。

"故曰：域民不以封疆之界，固国不以山溪之险，威天下不以兵革之利。得道者多助，失道者寡助。寡助之至，亲戚畔之；多助之至，天下顺之。以天下之所顺，攻亲戚之所畔，故君子有不战，战必胜矣！"

畔，通叛。

此段系申述上文人和的可贵。"故曰"者，即根据上文申明其所以然的道理。"域民"者，国内的百姓也。"不以封疆之界"者，不以所封的疆土为界限也。是说凡是国家，所得百姓，并不限定封疆界线以内的。"固国不以山溪之险"者，是说要坚固国家，不在于有高山深溪的险地。"威天下不以兵革之利"者，是说要威震天下，也并不专靠兵甲的锐利。这三句的意思，就是只要人和，所封的疆土虽小，国内虽无山溪之险和兵革之利，那都不成问题。"得道"者云云，系承上文再说明其缘故。意思是能得人和之道的，自有多数人来助他，失了人和之道的，助他的人就少（寡）了。助他的人少到极点，恐怕连他自己的亲戚也要背叛他了，助他的人多到极点，那是天下的人都来顺从他了。以天下的人都顺从的国家，去攻这个连亲戚都背叛的国家，所以具有仁德的君子，不打仗便罢，打起仗来是必然胜利的。

（问）何谓天时地利人和？

（解）失人和者如桀、纣，得人和者如汤、武。

孟子将朝王。王使人来曰："寡人如就见者也。有寒疾，不可以风。朝将视朝，不识可使寡人得见乎？"对曰："不幸而有疾，不能造朝。"

朝将之朝，音昭。余皆音潮。

此记孟子在齐国时的事情。孟子将要去朝见齐王，齐王差一个人来传他的话道："寡人本来想到（如）你的客馆里来见你的，因为发了畏寒的疾病，不可被风吹着。明日早晨（朝）

将要朝见群臣,不晓得你可肯到朝里来,使寡人能和你相见?"
孟子听了这话,便回答齐王的使者道:"我也不幸而生了病,不
能到(造)朝里来见王了。"

　　明日,出吊于东郭氏。公孙丑曰:"昔者辞以
病,今日吊,或者不可乎?"曰:"昔者疾,今日愈,
如之何不吊?"

　　明日,第二日也。东郭氏,是齐国的大夫,他家有丧事,故
孟子前去吊丧。公孙丑问道:"昨天(昔者)你夫子辞谢齐王,
称说有病,今天却出去吊丧,或许不可以吧?"孟子道:"昨天有
病,今日好了,为什么不去吊丧呢?"

　　王使人问疾,医来。孟仲子对曰:"昔者有王
命,有采薪之忧,不能造朝。今病小愈,趋造于
朝,我不识能至否乎?"使数人要于路曰:"请必无
归而造于朝。"

　　齐王得知孟子有病,特地差人探问,又叫医生来诊治。孟
仲子,据赵岐所注,是孟子从弟,在孟子身边就学的。这时候,
齐王使人同医生到了,孟子已往东郭氏去吊丧,所以由孟仲子

答复齐王的使者道:"昔者有王命。"就是说:昨天王你有命令来召孟子入朝也。采薪者,是说有了小病,不能樵柴,这是自谦的话,意思是昨天有些小病,不能遵命来上朝。今天病已略好些(小愈),已经急急地赶到(趋)朝里来了,但我不知现在已经到了那里没有?故曰:"昔者有王命,有采薪之忧,不能造朝。今病小愈,趋造于朝,我不识能至否乎?"孟仲子对使者说了,就派几个人到路上去邀住孟子,叫他们对孟子说:请必定不要归来,而去上朝。故曰"使数人要(邀住)于路曰:'请必无归而造于朝'"也。

不得已,而之景丑氏宿焉。景子曰:"内则父子,外则君臣,人之大伦也。父子主恩,君臣主敬。丑见王之敬子也,未见所以敬王也。"曰:"恶!是何言也!齐人无以仁义与王言者,岂以仁义为不美也?其心曰'是何足与言仁义也'云尔,则不敬莫大乎是!我非尧、舜之道,不敢以陈于王前,故齐人莫如我敬王也。"

恶,音乌。

景子,名丑,亦齐大夫。孟子刚从东郭氏吊丧回来,被孟仲子所派的人拦住,要孟子去朝见齐王,孟子不愿去朝,不得已到景丑氏家里去宿夜。景子知道了这件情事，便问孟子道："一个人在家（内）有父子，出外有君臣，这是人生最大的伦理。父子间以有恩为主，君臣间以能敬为主。现在我只见齐王敬重你（子），没见过你有什么（所以）敬齐王的。"此是说王使人问疾、医来，皆齐王敬孟子之事，而孟子故意避而不见，实在是不敬齐王也。"孟子曰'恶！是何言也'"者，是孟子听了景丑的话，叹了一声，说道：这是什么话呢？又道："齐国的人，从没有把仁义的道理对王说过，难道以为仁义是个不好的东西吗？他们的心里，不过说'像齐王这种人，岂足以同他讲仁义'罢了！那么，不敬齐王，没有比这个最大了。至于我呢，不是尧、舜的王道，不敢到齐王面前去陈说的，所以齐国的人，没有比我更敬重齐王的了。"意思是齐人未尝不知仁义是美德，不过以为这个齐王是不配和他说仁义，这是看不起齐王，也就是不敬齐王。我当齐王是个可以行仁政的国君，常把尧、舜之道去和他说，这就是敬重齐王。

景子曰："否！非此之谓也。《礼》曰：'父召无诺。君命召，不俟驾。'固将朝也，闻王命而遂不果，宜与夫礼若不相似然！"

诺，音懦。朝，音潮。

景子讥孟子不敬齐王，孟子答以齐国人的敬王，皆不及自己。景子听了道："不对的，我不是说这个。"诺，是答应的声气。《礼》，即《礼经》。"父召无诺"者，是说父亲招儿子，做儿子的应该立刻走上去，不能慢慢答应，然后到父亲面前。"君命召不俟驾"者，是说国君有命令来招，应该立刻动身，不能慢慢地等到车马配好，然后再去。这两句是古时《礼经》上的文句，景子引了这两句，接下去说道：你本来要去上朝，听得齐王的命令招你，反倒不去，这与《礼经》上的意思，似乎不大相像吧。故曰："固将朝也，闻王命而遂不果，宜与夫《礼》若不相似然。"

曰："岂谓是与？曾子曰：'晋、楚之富，不可及也。彼以其富，我以吾仁；彼以其爵，我以吾义。吾何慊乎哉！'夫岂不义而曾子言之，是或一道也。天下有达尊三：爵一，齿一，德一。朝廷莫如爵，乡党莫如齿，辅世长民莫如德。恶得有其一以慢其二哉！

与，今作欤。慊，音遣。夫，音扶。长，读如掌。恶，音乌。

景子责孟子有君命而反不朝，与《礼经》所说的不合。孟子因对道："岂谓是与？"意思是：你说我不敬齐王，岂为的是这个吗？遂引曾子的话道："曾子说：'像晋、楚两国的财富是

任何人所比不上的,不过他有他的财富,我有我的仁德,他有
他高贵的爵位,我有我极大的义理,我又为什么心中不足而觉
得怨恨(慊)呢?'"孟子引了曾子的话,接下去说道:这句话,
难道不合道理? 而曾子就是这样说的,要知这里面也许别有
一种道理。故曰:"夫岂不义而曾子言之,是或一道也。"又道:
"天下所通行(达)最需尊敬的有三种人:爵位高是一种,年龄
高(齿,即年龄)是一种,道德高是一种。这三种人,在朝廷上,
没有比得过爵位的尊贵,在乡里间,没有比得过年龄的尊贵,
至于辅助世道的改善,保护百姓的生长(辅世长民),那就以具
有道德的人最为尊贵而没有比得过他的。现今齐王不过爵位
高些,哪里能够只有一种可尊的资格,就急慢其他的两种(齿、
德)资格呢?"故正文云云。

"故将大有为之君,必有所不召之臣,欲有谋
焉则就之。其尊德乐道,不如是,不足与有为也。
故汤之于伊尹,学焉而后臣之,故不劳而王。桓
公之于管仲,学焉而后臣之,故不劳而霸。今天
下地丑德齐,莫能相尚,无他,好臣其所教,而不
好臣其所受教。汤之于伊尹,桓公之于管仲,则
不敢召,管仲且犹不可召,而况不为管仲者乎?"

乐,音勒。

大有为者,即大有作为,就是能做大事业的意思。不召,是不敢用对待臣子的规矩去把他招来。谋,即商量,就是自己到他那里的意思。汤,即商汤。伊尹,是商朝的贤相。桓公,即齐桓公。管仲,是齐桓公时的宰相。霸,是用强力屈服诸侯的事业。"学焉而后臣",是先到他那里去请教,然后再任用他做官。丑,类也。齐,相等也。"地丑德齐",是说天下诸侯的地方,大致相类,所有的道德,又大致相等。"相尚",是加过的意思。"无他",是说没有其他的缘故。"好臣其所教,而不好臣其所受教"者,是只喜欢臣子来告诉我,不喜欢我向臣子去请教。管仲仅能帮助齐桓公造成霸业,是孟子所看不起的,所以用管仲的事来比喻。此段是孟子再对景丑说:"所以将要成大事业的国君,必定有个不敢轻易去传唤的大臣。有事情要和他商量,只有国君自己到他那里去请教。国君应当尊重德行,乐于闻道,不做到这样,那就不足以为这位国君做事。所以像商汤的待遇伊尹,先去请教他,后来再任他官职,故能不费劳力而成了王业。又像齐桓公的待遇管仲,也是先去请教他,后来再任他官职,故能不费劳力而成了霸业。现在天下诸侯的国土,既大致相类,所有的德业,又大致相等,彼此都不能加过于人而造成王业或霸业,实在没有其他的缘故,不过是喜欢臣子来告诉我,不喜欢自己去请教臣子。像商汤对于伊尹,齐桓公对于管仲,都不敢轻易地去传唤,管仲尚且不可传唤,况且我连管仲都不愿做,反可以传唤吗?"此章反复曲折,无非说齐王召见孟子,已失去尊敬之道,所以孟子绝不愿去朝见。

(问)孟子本要朝王,因召而反不去,是何意义?

(解)能成大事业的人君,必须尊敬有才德的大臣,不可轻易地传唤,如汉末徐庶荐诸葛亮于刘备,刘备道:"君可与之俱来。"徐庶对道:"此人可求见,不可屈致也。"刘备因此三顾草庐,求见诸葛亮,谋划大计,竟在蜀中成了帝业,这就是必有所不召之臣也。读古人书,最好引历史作比喻,方能亲切有味。

陈臻问曰:"前日于齐,王馈兼金一百而不受。于宋,馈七十镒而受。于薛,馈五十镒而受。前日之不受是,则今日之受非也;今日之受是,则前日之不受非也:夫子必居一于此矣。"孟子曰:"皆是也。当在宋也,予将有远行,行者必以赆,辞曰'馈赆',予何为不受?当在薛也,予有戒心,辞曰'闻戒',故为兵馈之,予何为不受?若于齐,则未有处也。无处而馈之,是货之也。焉有君子而可以货取乎?"

臻,音真。馈,音匮。镒,音逸。薛,音雪阴平。赆,音进。焉,音烟。

陈臻，孟子弟子。馈，赠送也。金，指社会上通用的银子，古时金、银、铜都称金，如称千金，即一千两银子，兼金者，最好的银子，犹后世所称的足色纹银。镒，古时衡名，一镒，等于现今的二十四两。陈臻问孟子道："从前（前日）我们在齐国，齐王赠送夫子极好的纹银一百镒，夫子并不收受。后来到宋国，宋君赠送你七十镒，竟收受了。到薛国，薛君赠送你五十镒，也收受了。"把从前和后来比较，对于国君的赠送，一不受一受，显然有两种作用，陈臻不明白这个道理，所以接着问道："假使说从前的不受，道理是对的，那么后来（今日）的收受，道理就不对（非）了；后来的收受，道理是对的，那么从前的不收受，道理就不对了！这两件事，你夫子总有一件是不对的吧。"孟子回答道："两件事都对的。"故曰："皆是也。"辞，即送礼时表明所以赠送此礼金的措辞。赆，是对于行人赠送的礼。戒心，是说有戒备的心，据旧注：孟子在薛国时，有人要来害孟子，所以常用些兵卒守卫，薛君听得孟子添设卫兵，特送银子给孟子，作为设兵戒备的补助费。"货取"者，是用金钱买取的意思。孟子说了"皆是也"一句，接下去说道："当我在宋国的时候，我将要出发到远方去，行远路必须川资，宋君赠我银子，他的措辞是赠送远行者的礼金，我为什么不收受？在薛国的时候，我刚有戒备的计划，薛君赠我银子，他的措辞是听得我有所戒备（闻戒），特送些补助费来，我为什么不收受？若在齐国，我正没有什么要用钱的事，没有要用钱的事而无端赠送我银子，那就等于用金钱来买我了，岂有君子而可以被人买取的吗?"故正文云云。

（问）何谓货取?

（自省）有人无端赠我财物，我可以随便接受吗?

（解）此章是说君子之于财物，取之必以义。非义之财，虽以王者之尊，赠我以兼金百镒之多，我亦不受也。

孟子之平陆，谓其大夫曰："子之持戟之士，一日而三失伍，则去之否乎?"曰："不待三。""然则子之失伍也亦多矣! 凶年饥岁，子之民老羸转于沟壑，壮者散而之四方者，几千人矣。"曰："此非距心之所得为也。"

羸，音雷。

之，到也。平陆，齐国的地名。大夫，地方官也。持戟之士，执兵器的兵士也。失伍：明郝敬云："伍，班次也。失伍，不在班也。"此处应作失职解。距心，姓孔，是平陆的地方官。孟子到了平陆的地方，对那地方官（大夫）道："你（子）手下执着兵器的兵士，一日中三次失职，这种兵士，你革掉他还是不革掉呢（则去之否乎）?""曰'不待三'"者，那地方官对道："这是不等到他三次的。"意思是失职一次，应该就要革掉的。

"然则子之失职也亦多矣",这又是孟子质问的话,意思是:
"照这样讲:你自己失职的地方也很多了:凶年饥岁,你那些
百姓,老的或有病而体弱(羸)的,因受饥饿都在沟壑之中辗转
而死;强壮的,离开本乡,飘流到四方去的,有好几千人了。"那
地方官听了这话,呼着自己的名字,回答孟子道:这个,不是
我孔距心的力量能使他们不弄到这种地步的。故曰:"此非距
心之所得为也。"意思是:这种大事,总要凭国君的主意,像我
一个地方官,要使百姓不死亡,不离开本乡,哪里做得到呢!

曰:"今有受人之牛羊而为之牧之者,则必为
之求牧与刍矣。求牧与刍而不得,则反诸其人
乎?抑亦立而视其死与?"曰:"此则距心之
罪也。"

刍,音除。与,作欤。

孔距心把百姓的死亡,说成不是自己的责任,故孟子设一
个譬喻,再对孔距心道:"现今有个人受了人家的牛羊,替他饲
养。这个受牛羊的人,必然要先替他寻求一片牧场,以及给牛
羊吃的草料(刍,草也)。假使求不到牧场与草料,那么,把这
牛羊还(反)了这个人呢,还是站着看那些牛羊都饿死呢?"意
思是:你的百姓,死亡离散有几千人之多,你若没有方法去救

他们，只有辞了官不做，把地方还了国君，不应该做了官而不负救护百姓的责任。曰者，是孔距心所说，他听了孟子这话，知道确是自己的不是，只得认罪，故曰："此则距心之罪也。"

他日见于王曰："王之为都者，臣知五人焉，知其罪者，惟孔距心。"为王诵之。王曰："此则寡人之罪也。"

为都，是做地方官而治理一个地方的意思。齐国当时有五个大都会，各设一个大夫治理，孔距心就是五个中的一个。他日，是又一日，孟子去见齐王，说道："王你的国内，在大都会做地方官的，我(臣)晓得有五个人，这五个人里头，能晓得自己有罪的，只有一个孔距心。"孟子就把孔距心承认过失的情形，在齐王面前讲述一遍，故曰："为王诵之。"意思是要齐王感悟，将来任用大夫，要都像孔距心的为人，那才有救护百姓、推行王道的希望。"王曰：'此则寡人之罪也。'"是齐王听了孟子的话，也知道自己用人不当，常使百姓受苦，所以也只好自己认罪了。

（问）何谓知其罪？

（解）做官的只知升官发财，不顾百姓的死活，所谓笑骂由人笑骂，好官我自为之。自古至今之为官者，能像孔距心的自承过失，那真是不多见的。

孟子为蚔鼃曰："子之辞灵丘而请士师，似也，为其可以言也。今既数月矣，未可以言与？"

　　蚔，音池。鼃，音蛙。与，作欤。

　　蚔鼃，人名，齐国的官。灵丘，齐国的地名。士师，官名，古有两种官，都称士师，一种是管狱员，如《论语》"柳下惠为士师"是也；一种是谏官，等于汉朝的谏议大夫，清朝的御史之类。此章所说的士师，是谏官。蚔鼃初做灵丘的地方官，后来辞掉了，自己请求改做士师官，所以孟子对他道："你的辞掉灵丘的地方官而请求改做士师官，很像对的（似也）。你之所以请求改做士师官，无非为了接近齐王，可以说话，现今已有数月了，还不可说话吗？"

　　蚔鼃谏于王而不用，致为臣而去。齐人曰："所以为蚔鼃，则善矣，所以自为，则吾不知也。"

　　蚔鼃听了孟子的话，果然去谏齐王。齐王不用他的话，蚔鼃就把官职辞掉（致为臣）竟自去了。齐国的人批评孟子道："把这法子叫蚔鼃去做，那是很不错的（则善矣）；但是他自己能不能这样做，那却连我们也不知道了。"意思是说，孟子教蚔鼃去谏齐王,齐王不听,蚔鼃就弃了官不做,这从蚔鼃方面设想,确乎不错的。但孟子你自己也尝劝谏齐王,齐王从没有用你的话,你又为什么不去呢?

公都子以告。曰:"吾闻之也,有官守者,不得其职则去,有言责者,不得其言则去,我无官守,我无言责也,则吾进退,岂不绰绰然有余裕哉?"

绰,音辍。

公都子,孟子弟子。以告者,把齐人说的话,来告诉孟子也。"曰"者,孟子对公都子说也。做地方官的守住自己的职务,叫官守。做谏官的在国君前能代百姓讲话,叫言责。绰绰,是很宽的样子。余是有余多的意思。裕,也是宽的意思。孟子听了公都子的述说,便说道:"我听见过:有官守的人,不能照他的职务做事,那只好辞官而去,有言责的人,不能用他的话,也只好辞官而去,我是没有官守也没有言责的,所以都可听我的便,我要在这里(进),或不在这里(退),岂不是很宽的尽有余地的吗?"

(问)何谓官守?何谓言责?

(自省)若我处蚔鼃的地位,将怎样?

孟子为卿于齐，出吊于滕，王使盖大夫王骧为辅行。王骧朝暮见，反齐滕之路，未尝与之言行事也。公孙丑曰："齐卿之位，不为小矣；齐滕之路，不为近矣；反之而未尝与言行事，何也？"曰："夫既或治之，予何言哉？"

盖，音葛。骧，音欢。

卿，是客卿，当时的一种官名，位在大夫之上，但没有一定的职务与责任，犹现今所聘用外国人担任的顾问官。孟子在齐国担任客卿的职务，齐王叫孟子出国去吊滕国的丧事，故曰"孟子为卿于齐，出吊于滕"也。盖，是齐国的地名。王骧，是盖地方的官。孟子既奉命去吊滕国的丧，齐王又使盖地方的大夫王同去。辅行，犹副使也。"王骧每日朝晨晚间，常和孟子相见，从齐国出发到滕国，再从滕国回来，一路上孟子没有同王骧说过一句话，只是单独行事。"故正文云云。公孙丑见了这种情形，禁不住怀疑，因问孟子道："你做齐国的客卿，职位也不算小了，齐国到滕国的路，也不算近了，从出发一直到回来，没有同王骧说过一句话而行事，有什么缘故呢？"孟子此时不便直说，只得道："他做副使的既已自己在那里做事，我又何必同他再说呢？"意思是他也不同我商量，我怎么反去同他相商呢？

（问）孟子何故不与王驩说话？

（解）王驩是小人，但为齐王所信任，孟子对于这种人，当然厌恶而不愿同他讲话。公孙丑之问，孟子只答以"夫既或治之，予何言哉"，终究不肯明白地说，因为徒与小人结怨，也没有什么价值。

孟子自齐葬于鲁，反于齐，止于嬴。充虞请曰："前日不知虞之不肖，使虞敦匠事，严，虞不敢请。今愿窃有请也，木若以美然！"曰："古者棺椁无度，中古棺七寸，椁称之。自天子达于庶人，非直为观美也，然后尽于人心。不得，不可以为悦，无财，不可以为悦，得之为有财，古之人皆用之，吾何为独不然？且比化者，无使土亲肤，于人心独无恔乎？吾闻之也，君子不以天下俭其亲。"

嬴，音盈。恔，音效。

孟子在齐国做客卿，他的母亲死了，赶到鲁国去办葬事，葬事完了，仍旧回到齐国来，一天在嬴的地方住宿。充虞，孟子弟子，他到孟子前请教道"前日不知虞之不肖"者，充虞自己谦虚的话。不肖，犹说不贤，意思是我虽不贤，夫子你却不当我不贤而仍相信我也。"使虞敦匠事"者，是使我监督制造棺材的事也。严者，急也。那时候葬事很急迫，没有向孟子请教的机会，所以说"严，虞不敢请。""今愿窃有请也，木若以美然"者，是说现今空闲了，敢来请问一声，那做棺材的木，似乎用得太好了！"曰"，孟子答也。"古者棺椁无度"者，是说古时棺木和石椁，本没有一定的尺寸。"中古棺七寸"者，是到了中古时候——所称中古，大概指周朝初年，才定了棺的厚须七寸。"椁称之"者，是加在棺木外的石椁，当与棺材的尺寸相称。自天子以下一直到小百姓，对于葬父母的棺椁，用较好的木材，并不是为了外表上的美观，不过尽了人子的心罢了，故曰："自天子达于庶人，非直为观美也，然后尽于人心。"不能求得较好的木材，心中是不能安慰的，或是财力上不够，心中也不能安慰（此处悦字，当作安慰解）。现在既然求得极好的木材，财力上又做得到，那是古时候的人都要这样做的，我为什么独不能这样做呢？故曰："不得，不可以为悦，无财，不可以为悦，得之为有财，古之人皆用之，吾何为独不然。""且比化者"，据朱子《集注》曰："比，犹为也。化者，死者也。恔，快也。"是说为了使已死者的尸体不被泥土黏在皮肤上，这在人子的心里，难道不是很快慰的吗？故曰："且比化者，无使土亲肤，于人心独无恔乎？""吾闻之也，君子不以天下俭其亲。"是说：我常听人说，君子对于亲人的丧葬，决不肯爱惜天下的财力而主张从俭的。

（问）何谓不以天下俭其亲？

（解）上古无棺椁，人死裹以树叶，弃之于野。后来圣人制礼，使人子重视其亲，故有棺椁的制度。

沈同以其私问曰："燕可伐与？"孟子曰："可。子哙不得与人燕，子之不得受燕于子哙。有仕于此，而子悦之，不告于王，而私与之吾子之禄爵，夫士也，亦无王命而私受之于子，则可乎？何以异于是？"

伐与之与，作欤。哙，音快。

沈同，齐国的官。他以私人的身份问孟子道："燕国可伐吗？"孟子答道："可伐的。"燕国为什么可伐？因为这时燕国的国君名叫子哙，他误听了尧、舜禅位是美德，把自己的君位让与子之，子之也就接受而做了燕王。所以孟子又解说燕国可伐的缘故道："子哙不得与人燕，子之不得受燕于子哙。"意思是子哙把君位让给子之，子之接受子哙的君位，都不合道理，那是决不能这样做的。因再做一个比喻道："假使有人在这里做官，你喜欢他，不去告知国君，私下把自己的俸禄、爵位，都赠送与他，他也没有王命，竟私下受了你所给的俸禄与爵位，难道可以吗？燕王的私自传授王位，同这个有什么两样呢？"

齐人伐燕,或问曰:"劝齐伐燕,有诸?"曰:"未也。沈同问'燕可伐与?'吾应之曰'可',彼然而伐之也。彼如曰:'孰可以伐之?'则将应之曰:'为天吏,则可以伐之。'今有杀人者,或问之曰:'人可杀与*?'则将应之曰:'可。'彼如曰:'孰可以杀之?'则将应之曰:'为士师,则可以杀之。'今以燕伐燕,何为劝之哉?"

与,都作欤。

天吏者,是王者即位,系受天命,仿佛是上天所派的官吏。士师,是审理讼狱的官,能判定人罪而将人杀戮。燕伐燕者,是说燕国固然无道,齐国也是无道,同一无道,那就等于燕国攻伐燕国了。齐人因燕国自子之即位后,人心不服,遂出兵去伐燕。"或问"者,是有个人来问也。有个人问孟子道:"你劝齐国去伐燕国,有这件事吗?"孟子答道:"没有这件事的。不过沈同问我:'燕可伐吗?'我答应他道:'可以的。'他们听见这话以为很对,那就去伐燕的。假使沈同再问我:'要什么人可以伐燕呢?'那我就要回答他:'要受有天命的天吏,才可以伐他。'譬如现在有一个杀人犯,有人问道:'这个人可杀吗?'我当然要答应他:'可以的。'他如果再问:'要什么人才可以杀他呢?'那我就要答应他:'要做了判罪的士师官,才可以杀人.' 现在齐的伐燕,彼此都是无道,相等于以燕伐燕,我为什么要劝他们伐燕呢?"

(问)齐人为什么伐燕?

(解)以无道伐无道,必无好结果。后来燕用乐毅攻齐,齐几至亡国,孟子之言验矣!

燕人畔,王曰:"吾甚惭于孟子。"陈贾曰:"王无患焉。王自以为与周公,孰仁且智?"王曰:"恶!是何言也!"曰:"周公使管叔监殷,管叔以殷畔。知而使之,是不仁也,不知而使之,是不智也。仁智,周公未之尽也,而况于王乎?贾请见而解之。"

畔,同叛。惭,音残。恶,音乌。

齐国伐燕,五旬而举之,齐王问孟子,孟子告以置君而返,事已见上篇。本章所述的是燕人果然反叛,所以齐王想到自己当时不听孟子的话,以至于失败,心中很觉惭愧,故曰"吾甚惭于孟子"也。陈贾,是齐国的官。"周公使管叔监殷",是周武王灭纣后,将殷朝后代仍封在殷的地方做个诸侯。管叔,是武王弟,周公兄,当时因恐殷朝的后代反叛,所以周公使管叔去做个监督,监视殷人的举动,不料武王死后,管叔反助了殷

人反叛。陈贾听了齐王说"甚惭于孟子"的话,便对齐王道:
"王无患焉。"意思是劝齐王不必忧虑愧对孟子的话,接着问齐
王道:"王你自以为与周公比较,哪个来得仁,哪个来得智呢?"
"王曰:'恶!是何言也'"者,是齐王知道自己万不及周公,所
以发出一种惊叹的声音道:"呀!这是什么话呢?"陈贾说道:
"周公帮武王得了天下,曾经使管叔去监视殷人的举动,后来
管叔反助了殷人而反叛。倘若周公当时料到管叔要反叛而使
他去监殷,那就是故意叫管叔犯罪而把他杀掉,不仁极了。"故
曰:"知而使之,是不仁也。""假使周公没有料到管叔将来要
反叛,那就是无见识了。"故曰:"不知而使之,是不智也。""仁
和智,连周公这样的圣人都不能尽有,何况你齐王呢?现在让
我陈贾去见孟子,把这件事来解释解释吧!"故正文云云。

见孟子问曰:"周公何人也?"曰:"古圣人
也?"曰:"使管叔监殷,管叔以殷畔也,有诸?"曰:
"然。"曰:"周公知其将畔而使之与?"曰:"不知
也。""然则圣人且有过与?"曰:"周公弟也,管叔
兄也,周公之过,不亦宜乎?

与,作欤。
陈贾对齐王说,愿自己去见孟子,为王解释,因此去见孟

子,问道:"周公,是个怎样的人呢?"孟子答道:"是古时的圣人。"陈贾又道:"周公使管叔监殷,管叔就助了殷人反叛,有这事吗?"孟子道:"是有的。"陈贾道:"周公料得到管叔将来要反叛而使他的吗?"孟子道:"这是不能料到的。"陈贾又道:"这样说,圣人尚且有过处吗?"孟子道:"周公是弟,管叔是兄,做弟的,怎能预先料到兄的反叛,周公的过处,岂不是应该有的吗?"

"且古之君子,过则改之;今之君子,过则顺之。古之君子,其过也,如日月之食,民皆见之;及其更也,民皆仰之。今之君子,岂徒顺之,又从为之辞。"

食,同蚀。

孟子又对陈贾说道:"况且古时的君子,有了过失,就把它改了,现在的所谓君子,有了过失,仍照着过失去做,再也不肯改的。古时的君子,他的过失好像日蚀月蚀,使人民都能看见,及至把过改了,人民仍旧仰望着他,现在的所谓君子,有了过失,非但顺着去做,还要加上些说辞,说自己是不错的。"故曰"又从为之辞"也。

(问)齐王何以甚惭于孟子?

（解）此章要和上卷齐人伐燕、胜之取之两章参看，自然能明白其原因结果。

孟子致为臣而归，王就见孟子曰："前日愿见而不可得，得侍同朝甚喜。今又弃寡人而归，不识可以继此而得见乎？"对曰："不敢请耳，固所愿也！"他日，王谓时子曰："我欲中国而授孟子室，养弟子以万钟，使诸大夫国人皆有所矜式，子盍为我言之。"

朝，音潮。

孟子在齐国做客卿，因齐王不能听孟子的话推行王道，所以孟子觉得无望，就辞了官，想脱离齐国而他去。故曰："孟子致为臣而归。"齐王因孟子辞归，就到孟子那里，见了孟子说道："从前你在别处，我极愿和你见面而不能得到；后来你来齐国，我能随时到你那里请教（得侍），同在朝廷上做事，我极其乐意。现今你又弃寡人而归去，不知道今后还能相见吗？"孟子对道："那是我所要请求而又不敢请求的，你说仍要和我再见，本来是我所情愿的。"时子，也是齐国的官。陈子，即孟子的弟子陈臻。钟，古时量名，一钟为六斛四斗。他日者，是以后另外一天，齐王对时子道："我要在全国中央地方，筑一所房屋给孟子,再用一万钟俸米,供养孟子的弟子,使国中所有的大夫和全国的人民,都知道尊敬孟子,而学他的样子(矜式)。你何不(盍)先替我对孟子去说呢!"故正文云云。

时子因陈子而以告孟子,陈子以时子之言告孟子,孟子曰:"然。夫时子恶知其不可也。如使予欲富,辞十万而受万,是为欲富乎?"

恶,音乌。

时子受了齐王的嘱托,去见孟子的弟子陈臻,把齐王的意思说了。陈臻再把时子的话,转告诉孟子。孟子道:"是的。但时子哪里晓得这件事是不可以做的呢?假使我为了个人求取富有,我既辞去了做客卿时十万钟的俸禄,来拿这一万钟的俸禄,难道这反而是求取富有吗?"

"季孙曰:'异哉,子叔疑!使己为政,不用,则亦已矣,又使其子弟为卿。人亦孰不欲富贵,而独于富贵之中,有私龙断焉。'古之为市者,以其所有,易其所无者,有司者治之耳。有贱丈夫焉,必求龙断而登之,以左右望而罔市利,人皆以为贱,故从而征之。征商,自此贱丈夫始矣!"

龙,同垄,音陇。

季孙与子叔疑,都是人名,何时何国的人,现已无从考知。"季孙曰"至"有私龙断焉",是孟子引季孙的话。为政,就是做官。异,是奇怪的意思。子叔疑想自己做官,因为没有人用他,于是又使自己的子弟做了卿。季孙说:奇怪极了!子叔疑这个人,想自己做官,没人用他,那就罢了,他却再使自己的子弟去做官,故曰:"异哉,子叔疑!使己为政,不用,则亦已矣,又使其子弟为卿。"季孙还接下去说道:"哪个人不要富贵呢?不过子叔疑在富贵里面专心营求,像有一种私自龙断似的。"

什么叫作龙断呢?龙同垄,亦作陇,是田中高起的土山。断,是四面断绝的意思。一个人暗地里(私)登在土山上面,左望右望,看见市场上有哪一种货物可以赚钱,就用贱价把这货物买来。等到市场上这种货物少了,价钱贵起来,他就把这货物出卖掉,犹如现在做的抛盘生意。丈夫,即男人。上面说的人,因为只知贪财,不知义理,人家看不起他,所以称他"贱丈夫",犹说是个下贱的男人。孟子引了季孙批评子叔疑的话,申明自己不做官,则竟不做,何必辞了这个,又就那个,像子叔疑所做的事情,无异是贱丈夫龙断一切的手段。又恐"龙断"二字的意义后人不明白,于是又解说道:"古时的市场,是把自己所有的货物,去换取自己所没有的货物。那时候的官,不过治理交易货物时价值不公平而起的争端罢了。自从有个贪财的贱丈夫出来，必定登在断绝而很高的土山上，去左望望右望望，对于某一种货物有利，他像张着网（罔，古与网通），想取得全市场的利益，人家都以为这个人贪财不知义理，觉得非常下贱，所以有司就从这个上征取他的捐税。征取商人的税，就是从这个贱丈夫开始的。"故正文云云。

（问）何谓龙断？何谓贱丈夫？

（解）齐王未尝不敬重孟子，不过不肯听孟子的话，施行仁政与王道。孟子因自己所怀抱的道不能推行，就辞了客卿的职位，决计不做。像子叔疑的自己不用，再使子弟为卿，他的目的无非升官发财，正是孟子所深恶的：此君子与小人之所以不同也。

孟子去齐，宿于昼。有欲为王留行者，坐而言，不应，隐几而卧。客不悦曰："弟子齐宿而后敢言，夫子卧而不听，请勿复敢见矣！"曰："坐！我明语子：昔者鲁缪公无人乎子思之侧，则不能安子思；泄柳、申详无人乎缪公之侧，则不能安其身。子为长者虑，而不及子思。子绝长者乎？长者绝子乎？"

齐宿之齐，音斋。缪，同穆。长，读如掌。

昼,地名。齐,同斋,即斋戒,是竭诚恭敬的意思。孟子离开齐国,寄宿在昼的地方,有人尚想替齐王留住孟子,请孟子不要走。这人坐下说话,孟子不应他,伏(隐)在桌(几)上卧着。这人(客)见了觉得很不高兴,便对孟子道:"我弟子用着竭诚的恭敬,隔了一夜,然后敢来见你说话。夫子你卧而不听,请从此分别,不敢再来见你了!"鲁缪公,是鲁国的国君。子思,是孔子的孙。泄柳、申详,都是鲁缪公手下的臣。据旧注(注、疏《集注》):都说:"子思以道不行欲去,缪公常使贤人往留,以诚意达于子思,故子思乃安而留之。泄柳、申详,亦是贤人,惟缪公尊之不如子思。然二子义不苟容,非有贤者在缪公之侧,亦不能自安其身。"孟子此说,是一正一反。子思之所以留鲁,为缪公所用,固由缪公常使人以诚意达于子思,时时在子思之身旁,说缪公信任子思的话。至于泄柳、申详,虽都是贤人,究竟缪公尚不能十分信任,必须有缪公所信任的人常在缪公身旁,时时赞美泄柳、申详的好处,方能安身做官,否则缪公对此二人必不能长久任用。孟子以子思自比,意思是,只要国君以诚意留我,我也可像子思留而不行的。所以孟子回答那人道:"请你坐一坐!我明明白白地告诉你吧:从前鲁缪公若没有人在子思的身旁,时时宣达缪公用子思的真心诚意,就不能使子思安心,而常在鲁国办事。至于泄柳、申详,若没有人在缪公身旁,时时说好话,缪公就不能任用,二人就不能安身了。"长者,是孟子对人的自称,犹说老年人。孟子说了这话，又接着道："现在你对待我老年人，既非奉了王命，只是自己来留我，这就是你代我谋划，远不及鲁缪公挽留子思的诚意了。这样，是你来和我老年人绝交，还是我老年人来和你绝交呢？"

（问）孟子不理会留行的人，有何意义？

（自省）因道不行而自动去职，学子思好呢，还是学孟子好呢？

孟子去齐，尹士语人曰："不识王之不可以为汤、武，则是不明也；识其不可，然且至，则是干泽也。千里而见王，不遇故去。三宿而后出昼，是何濡滞也？士则兹不悦。"

濡，音儒。滞，读如治。

尹士，是当时齐国的人。汤武，指商朝的汤王，与周朝的武王。干，求取也。泽，恩泽也。干泽，即求取恩泽也。濡滞者，是形容人的停留而不肯就走的样子。孟子去齐之后，尹士对人说道："孟子这个人，不知道齐王的为人，决不能做汤、武的事业，偏要劝他推行王道，这就是他眼力不足（不明）了。假使料定齐王不能做汤、武，然而仍旧到齐国来，那是他自己想求取齐王的恩泽。既然不顾千里之遥来见齐王，不能得到齐王任用他的机会(不遇),当然只好去了,却又在昼的地方,故意留宿了三夜然后再走,何以这样的停留而不肯就走呢？这种行为,使我尹士看了实在不乐意。"意思是说孟子留恋不去,总望齐王请他回来,实在不肯脱离,所以自己对于孟子就很不满意了!

　　高子以告。曰:"夫尹士恶知予哉! 千里而见王,是予所欲也;不遇故去,岂予所欲哉? 予不得已也! 予三宿而出昼,于予心犹以为速,王庶几改之。王如改诸,则必反予。夫出昼而王不予追也,予然后浩然有归志。予虽然,岂舍王哉? 王由足用为善;王如用予,则岂徒齐民安,天下之民举安。王庶几改之,予日望之! 予岂若是小丈夫然哉? 谏于其君而不受,则怒,悻悻然见于其面,去则穷日之力而后宿哉?"尹士闻之曰:"士诚小人也!"

　　夫,音扶。恶,音乌。悻,音幸。
　　高子,据旧注,亦齐人,系孟子弟子。以告者,是高子把尹士所说的话,告诉孟子也。"曰"者,孟子答高子也。"夫尹士恶知予哉"云云,是孟子说,这尹士怎么能知道我呢? 我不顾千里远路来见齐王,以为从此可推行王道,那是我心里实在愿意的。至于见了齐王得不到推行王道的机会,只好离去,这岂是我心里所愿意的呢?那实在是我的不得已呀!我又停留三夜然后离开昼的地方,在我的心里还觉得太快哩!"王庶几改之"者,这里面当有一件事故,虽没有叙明,下文有"谏于其君而不受,则怒"一语,想来齐王当时必有违反王道的政事,孟子极力谏阻,齐王不听,所以孟子不愿做官而去齐。庶几,是将近的意思,孟子说:我以为齐王的过失,将近要感悟而改变的,齐王如果改了,必定来请我回去。后来我出了昼的地方,齐王并不来请我回去,那我就像流水般不再停留(浩然),有了归去的志向。我虽然这样,但我的心里,难道就把齐王舍弃了吗?像齐王的为人,究竟还可以希望他改善的。齐王假使能用我,那么,非但齐国的百姓安乐,就是天下的百姓,也都能安乐了!齐王能慢慢地将近改过,我还是日日希望他哩!故曰"王庶几改之,予日望之"也。悻悻,是恨恨地生气的样子。"穷日之力",是说竭尽一日的气力。"小丈夫",指称没有学问涵养的小人。孟子又接下去说道:"我岂像没有学问涵养的小人一样呢?去劝谏国君而国君不听受我的言语,就禁不住发怒,恨恨地生气都露在面上。去国的时候,更是急急地竭尽一日之力然后才住,我又岂像这个样子的呢?"尹士听了孟子的话,知道孟子迟迟不去的道理,就自己认错道:"像我尹士,真是个小人了!"意思是说没有知道贤人的用意,反而批评贤人，自己实在是个小人了！

（问）何谓岂徒齐民安，天下之民举安？

（解）同人办事，一言不合，就生气辞去，以孟子之说例之，亦当目之为小丈夫。

　　孟子去齐，充虞路问曰："夫子若有不豫色然。前日虞闻诸夫子曰：'君子不怨天，不尤人。'"曰："彼一时，此一时也。五百年必有王者兴，其间必有名世者。由周而来，七百有余岁矣，以其数则过矣，以其时考之，则可矣。夫天未欲平治天下也，如欲平治天下，当今之世，舍我其谁也？吾何为不豫哉！"

　　夫天之夫，音扶。

　　充虞，是孟子弟子。路问者，在路上问孟子也。不豫色，是不愉快的面色。"君子不怨天，不尤人"，本是孔子的话，孟子时常引用，意思是：一个人只要自己做人不错，即有困难，不必恨天，也不必抱怨他人。孟子离开齐国的时候，充虞在路上问孟子道："我见夫子像有不愉快面色似的，从前我听得夫子说，'君子是不怨天，不尤人的。'"意思是孟子要离开齐国，见齐王并不挽留，未免有些怨恨，故以此为问。"曰"者，孟子

153

答也。"彼一时,此一时也",是说那时候是一种情形,现在又是一种情形,不必相同也。从夏禹以后,不过五百年,就有商汤,商汤以后,不过五百年,就有周文王、周武王;这都是王天下的圣君,在这五百年中间,必有个德业声名,为世所称道的人,故曰:"五百年必有王者兴,其间必有名世者。"但从周文王、武王到现在(孟子的时候),差不多有七百多年了,比以前五百年的数目,已经过头了,把时候推算起来,正可以出来做一番救世安民的事业了。故曰:"由周而来,七百有余岁矣,以其数则过矣。以其时考之,则可矣。"又道:这是天意不要使天下平定、国家治理罢了,假使天意要使天下平定而国家治理,在现今的世上,除掉我,还有哪一个承担这救世安民的事业呢? 我既明白这完全是天意,还有什么不愉快呢? 故曰:"夫天未欲平治天下也;如欲平治天下,当今之世,舍我其谁也? 吾何为不豫哉?"

(问)何谓舍我其谁?

(解)孟子怀抱王道,本思拯救人民。时王不能用他,他的不豫,无非为悯惜人民,至于个人的富贵穷通,那是丝毫不在意的。

孟子去齐,居休。公孙丑问曰:"仕而不受禄,古之道乎?"曰:"非也。于崇,吾得见王,退而有去志,不欲变,故不受也。继而有师命,不可以请，久于齐，非我志也。"

　　休、崇，皆地名。"仕而不受禄"者，孟子在齐做的是客卿，并不受齐王的俸禄，故公孙丑以为问也。孟子离开齐国后，住在休的地方，公孙丑问道："做官而不受俸禄，是古时也有这道理吗?"孟子道："不是的。我在崇的地方，得能遇见齐王，及至退下来，早已有了求去的意思。（知齐王不能行王道也。）去志既抱定，不想改变，所以虽在齐国做客卿而不愿受他的俸禄。（因不行其道，不愿无功受禄也）后来就碰到齐国和他国有战事，常有军事上的政令（此指齐人伐燕），这时候，当然不可提到辞去的话。讲到长久留住在齐国，那实在不是我的志愿。"

　　（问）为卿而不受禄，有何意义?

　　（自省）身处孟子地位，国家有俸禄给我，该接受还是不接受呢?

第三篇　滕文公

　　滕文公为世子,将之楚,过宋而见孟子。孟子道性善,言必称尧、舜。

　　滕,是孟子时一个小国。天子之子称太子,诸侯之子称世子。"滕文公为世子"者,是滕文公在未接君位、做世子的时候也。这时滕文公将到楚国去,路过宋国。孟子刚在宋国,故滕文公来见孟子也。"孟子道性善,言必称尧、舜"者,孟子说:人的性质,都是善的(如上篇见孺子将入于井,人皆有恻隐之心是也)。尧、舜是古时候的圣人,因为人性皆善,人人皆可以学尧、舜,所以孟子又常常称尧、舜的德业,意思是劝滕文公须讲求尧、舜之道,将来也做一个仁义的国君。

　　世子自楚反,复见孟子。孟子曰:"世子疑吾言乎?夫道,一而已矣!"

　　滕文公因在做世子的时候,所以此处径称他世子。世子自楚国回来,又来见孟子,孟子对他说道:"你世子疑惑我先前所讲的话吗？讲到道理，本来只有一个罢了！"孟子所说，即孔子所倡的道，就是讲做人的道。做人的道，都是一样的。故曰："夫道，一而已矣！"

"成覰谓齐景公曰：'彼丈夫也，我丈夫也，吾何畏彼哉？'颜渊曰：'舜何人也，予何人也，有为者亦若是！'公明仪曰：'文王我师也，周公岂欺我哉！'"

覰，音涧。

成覰、颜渊、公明仪，都是古时的贤人。丈夫，是称有所作为的男子。孟子引了成等三人的话，告世子道："成覰对齐景公说：'他是个大丈夫，我也是个大丈夫，我有什么怕他呢！'颜渊说：'舜是什么人，我是什么人，只要有所作为，我也可以做到这样的！'公明仪说：'周公学文王，成了圣人。我也学文王，也可成为圣人。'所以周公说：文王我师也。我也说，'文王我师也'。周公这句话，岂会欺骗我吗？"孟子引这三人的话，是说明上文言必称尧、舜的道理，教世子只要自己上进，也可以做到像尧、舜一样的圣人。

"今滕，绝长补短，将五十里也，犹可以为善国。《书》曰：'若药不瞑眩，厥疾不瘳。'"

瞑，读如面。眩，音炫。瘳，音抽。

"绝长补短"，是用有余的长处，去补不足的短处。孟子又说：现在滕国截取（绝同截）有余以补不足，只有五十里的地方，然而地方虽小，还可以造成一个好好的国家也。《书》，是《尚书》。瞑，是闭眼睛。眩，是头眩。吃了麻醉药，人受了麻醉，就头昏眼花而失了知觉，但有一种病，是必须用麻醉药的。不用麻醉药，不使他头目昏乱，那病反而不能治愈（瘳）。意思是：滕虽小国，如病人一般，要用极强的药力，方可以挽救他这个病体，现在要救滕国，也只有发愤自雄，施行圣王的仁政，那才有挽救的希望。

（问）何谓若药不瞑眩？

（解）孟子以为人性皆善，只要自己立志，要做圣贤，即尧、舜、文王，都能做到的。

滕定公薨，世子谓然友曰："昔者，孟子尝与我言于宋，于心终不忘。今也不幸，至于大故，吾欲使子问于孟子，然后行事。"然友之邹，问于孟子。孟子曰："不亦善乎！亲丧，固所自尽也。曾子曰：'生，事之以礼；死，葬之以礼，祭之以礼，可谓孝矣。'诸侯之礼，吾未之学也。虽然，吾尝闻之矣：三年之丧，齐疏之服，飦粥之食，自天子达于庶人，三代共之。"

薨，音烘。齐，此处音咨。疏，读如苏。飦，读如沾。粥，音祝。

滕定公是滕文公父。"薨"者，古时天子死曰崩，诸侯死曰薨。然友，人名。世子对然友道："从前孟子尝和我在宋的地方讲过许多话，我心里终于不忘记。现在很不幸遭逢到极大的事故（大故即父母的死丧），我要差你去请问孟子，然后再办丧事。"故正文云云。这时候，孟子已回邹国，所以然友就到邹国去问孟子。"孟子曰：'不亦善乎！亲丧，固所自尽也'"者，是孟子赞美世子能郑重丧礼，意思是："世子能这样，岂不是好极了吗？父母的丧事，做人子的本应该竭尽自己的孝心的。"接着又引曾子的话："父母在生的时候，伺候要能尽礼。父母死了，安葬要尽礼，祭祀要尽礼。这样，可说是个孝子了！"接下去又说："至于诸侯丧父母的礼，我却从没有学过。虽然，我也曾经听人讲过，三年之丧（即父母之丧），应穿下端缝边（齐）的粗布（疏）衣服（齐疏，粗布也），吃些稀烂粥（飦），这是从天子起一直到小百姓，三代以来都共同遵行的。"意思是：父母三年之丧，自天子至庶人皆一律，诸侯自然不能例外，所以劝世子照行三年之丧也。

然友反命，定为三年之丧，父兄百官皆不欲，曰："吾宗国鲁先君莫之行，吾先君亦莫之行也，至于子之身而反之，不可！且志曰：'丧祭从先祖。'"曰："吾有所受之也。"

"然友反命"者，然友回到滕国，把孟子的话转告世子也。"定为三年之丧"者，世子遵从孟子之说，决定举行三年之丧也。父兄，是世子的长辈。百官，是国中所有的官。"吾宗国鲁先君"者，滕与鲁本同宗之国，是说鲁国前代的国君。"吾先君"者，是说滕国前代的国君。反，复也。三代盛时，虽行三年之丧，到孟子时，三年之丧久已废除，再行三年之丧，即回复到古时的丧礼。世子虽听了然友转告孟子的话，决定举行三年之丧，世子的长辈及大小百官，却一齐反对，故曰"父兄百官皆不欲"也。他们所反对的理由是："三年之丧，我们同宗的鲁国，前代从没行过，我滕国的前代也没有行过，到了世子你身上，要复行古时的三年丧礼，那是必不可的。"志者，是古代遗留的传记。那些父兄百官又说：传记上有一句话，叫"丧祭从先祖"，意思是丧礼祭礼，只要依照祖宗所行的就好了！"曰"者，是父兄百官引了传记上的话，再加以申说也。传记上既有这话，那么我们依照祖宗的方法，正是有所传授的。故曰："吾有所受之也。"意思是说不应违反祖宗的定礼。

谓然友曰："吾他日未尝学问，好驰马试剑。今也父兄百官，不我足也，恐其不能尽于大事，子为我问孟子。"然友复之邹问孟子。孟子曰："然。不可以他求者也。孔子曰：'君薨，听于冢宰，歠粥，面深墨，即位而哭。百官有司，莫敢不哀，先之也。上有好者，下必有甚焉者矣。君子之德，风也，小人之德，草也，草尚之风，必偃。'是在世子。"

歠，音啜。尚，音上。

因为世子的父兄百官，都反对三年之丧，世子没有方法对付，向然友说道："我在从前没有讲求过学问，只喜跑马射箭。现今父兄百官对我都不满意（不我足也），恐怕他们不能尽心地助我办这件丧葬大事，你替我再去问问孟子。"故曰"谓然友曰"云云。然友奉了世子的命，再到邹国去问孟子，孟子道："确乎为难的（然），但是不可以求他人的。孔子说过：'国君死了，一切政事都听宰相（冢宰）去办。嗣位的新君，只可吃口粥（歠粥），脸也不洗，好像深深地涂了黑墨一样（面深墨）。当即位的时候，只顾哀哀哭泣。那些大小百官见了，自然会感动,而不敢不举哀了！这是要人主先行起来做一个表率。在上的人主,能这样好礼,在下的臣子,必定更加好礼了。本来君子的道德,好像是风,小人的道德,好像是草;风吹在草上面,草必定跟着风,倒来倒去的。'"孟子引了孔子的话,接着说道:"这总在乎世子能自己尽心罢了。"意思是教世子自己竭尽孝道,很郑重地举哀,那些父兄百官虽然反对,终究会感动的。

　　然友反命,世子曰:"然！是诚在我。"五月居庐,未有命戒,百官族人,可谓曰知。及至葬,四方来观之,颜色之戚,哭泣之哀,吊者大悦。

　　然友回国后,再把孟子的话对世子说了。世子道:"不错！确乎在我自己身上的。"因此五个月住在丧庐中不出来(居庐),也没有发布命令或告戒。百官和同族的人,都说他是知礼的。到了安葬的时候,四方来参观的人,看见世子神色的悲戚、哭泣的哀恸,都称赞世子真是个孝子;来凭吊的人,都非常满意。故曰:"吊者大悦。"

　　(问)何谓"父兄百官皆不欲"?

　　(解)儒家重以身作则,世子此时已为人君,听了孟子的话,竭尽悲哀,所以百官族人,都说他知礼也。那就可见只要自己尽礼,自会感动他人,先前反对的,结果还是心悦诚服,

"草尚之风必偃"，实在是很确切的比喻啊！

　　滕文公问为国。孟子曰："民事不可缓也。《诗》云：'昼尔于茅，宵尔索绹，亟其乘屋，其始播百谷。'民之为道也，有恒产者有恒心，无恒产者无恒心；苟无恒心，放辟邪侈，无不为已。及陷乎罪，然后从而刑之，是罔民也。焉有仁人在位，罔民而可为也？

　　绹，音陶。亟，读如急。辟，今作僻。侈，音齿。罔，今作网。焉，音烟。

　　孟子到了滕国，滕文公问他：当怎样治理国家？故曰："滕文公问为国。"孟子答道"民事不可缓也"者，是说治国之道，先要讲求百姓的事，不可迟缓。《诗经》里说"昼尔于茅"云云，茅，茅草也。"索绹"者，用草绞成绳索也。意思是说：日间（昼）你去割茅草，夜间（宵）你去绞绳索，急急地升到屋顶上去修理好、整治好（亟其乘屋的乘，作升字解），然后再开始播种百谷。因为住的房屋没有修好，无处安居，何心种田？故治国之道，先要从教养百姓入手。

　　上面所引的是《诗经·豳风·七月》篇的诗句，孟子再说明其理，"民之为道也"者，是说大凡做百姓的道理，有一定的

163

产业，才有一定的心思去治理产业，若没有一定的产业，也就没有一定的心思了。故曰"有恒产者有恒心，无恒产者无恒心。"放，放荡也。辟，今作僻，偏僻也。邪，奸邪也。侈，行动出乎范围也。百姓苟无一定的产业，必至放荡、偏僻、奸邪、奢侈，以至无所不为。故曰："苟无恒心，放辟邪侈，无不为已。"百姓做了放辟邪侈的事，那就要犯罪了，等他犯了罪，然后把刑罚施在他身上，这像张了一个网（罔今作网），把百姓都驱进网去。故曰："及陷乎罪，然后从而刑之，是罔民也。"岂有仁德的人，处在国君的地位，对于张着网陷害百姓的事，可以做出来的吗？故曰："焉有仁人在位，罔民而可为也？"

"是故贤君必恭俭礼下，取于民有制。阳虎曰：'为富不仁矣！为仁不富矣！'

恭，是恭敬。俭，是俭省。"礼下"，是待臣以礼。"取于民有制"，是征取赋税，有一定的制度，不额外加增，这都是贤德君主为国应有的政事。阳虎，是孔子时的坏人，他说：做国君的，为着要钱财富足，就不能顾到仁心爱民；为着仁心爱民，就不能顾到财富。故曰："为富不仁矣！为仁不富矣！"意思是阳虎单主张为富，所以顾不到仁，现在滕文公你要为仁，也就顾不到富的，虽然引用阳虎之言，意思却正与阳虎相反。

"夏后氏五十而贡，殷人七十而助，周人百亩而彻，其实皆什一也。彻者，彻也。助者，借也。

此段讲述三代取民之制。夏后氏，即夏朝。当时每一个农夫给田五十亩，按年收他五亩所出的税，名叫作贡。殷人，即殷朝。始改井田的制度，是以六百三十亩田，划作九方，命八家耕种。中央一方为公田，使旁边八家共同耕种，公田的出产，统归国家所有，即作为八家所缴纳的赋税，名叫作助。周朝又改为每一农夫给田一百亩，取其十分之一的赋税，名叫作彻。其实大都是十分取一的方法。彻，是通行又是平均的意思。助和借，都是借的意思。殷人征取赋税，系九分取一，借百姓的气力，来种公田，实在并不是收赋，故与周朝微有不同。

"龙子曰：'治地莫善于助，莫不善于贡。贡者，校数岁之中以为常，乐岁粒米狼戾，多取之而不为虐，则寡取之。凶年粪其田而不足，则必取盈焉。为民父母，使民盻盻然，将终岁勤动，不得以养其父母；又称贷而益之，使老稚转乎沟壑，恶在其为民父母也！'

乐，音勒。戾，音厉。盻，音细。恶，音乌。

龙子,古时的贤人。治地,就是整理土地。"莫善于助,莫不善于贡"者,是龙子以殷人之助法为完善,夏人之贡法为不完善也。他说贡法之所以不完善,是因为每一农夫由国家给了他五十亩田,把数年间的收入,比较(即校)出一个平均数目,从此每年向耕田的人征收若干米谷——此与现今田主所收的田租,不论丰年凶年总是收租米若干,正是同样的。岂知丰盛的年岁,农民米谷多了,往往不甚珍惜,甚至狼藉(狼戾)不顾,像这种收成,即使多取他些,也不算暴虐,但是因为有一定的数目,并不多取他。至于逢到凶年,农民连施用肥料(粪其田)的本钱也不够(不足),却必定要依照所定的数目而收取足数的,于是百姓无不怨恨了。既做了民之父母,使那些百姓恨恨地看着(盻盻然),他们终年辛苦勤劳,连养活父母都不能,纳税尚嫌不够,又不得不向人去借了钱(称贷)来补足(益之),那时必然弄到老的弱的辗转在沟壑之间而饿死了,这样的为政,岂可更居君上的地位,而算是民之父母呢?故正文云云。

"夫世禄,滕固行之矣。《诗》云:'雨我公田,遂及我私。'惟助为有公田,由此观之,虽周亦助也。

夫,音扶。

第一篇中孟子尝说文王治岐，"耕者九一，仕者世禄"。孟子因说：讲到世禄，滕国本已实行了，意思是只要再行九分取一的助法，那就好了。《诗》云："雨我公田，遂及我私。"是《诗经·小雅·大雨》篇中歌咏井田之法的诗句，就是说天上的雨，希望他先降在公田里，然后再降到我们的私田里。孟子引了《诗经》的句，又说只有助法，中央有一方公田，从这些上面看来，周朝虽说是取十分之一，但仍旧是井田的制度，故曰："虽周亦助也。"

"设为庠序学校以教之：庠者，养也。校者，教也。序者，射也。夏曰校，殷曰序，周曰庠，学则三代共之，皆所以明人伦也。人伦明于上，小民亲于下，有王者起，必来取法，是为王者师也。《诗》云：'周虽旧邦，其命维新。'文王之谓也。子力行之，亦以新子之国。"

此又是孟子对滕文公说为国之道也。庠、序、校，都是当时乡校的名称，学是国立的学校，庠以养老为重，校以教人为重，序以习练射箭为重，现在但举其所重，故曰"庠者，养也"云云。至于国立学校，三代的名称是相同的，设学的宗旨不过讲明人所应知的如君臣、父子、夫妇、长幼、朋友等各种伦常罢了。人类的伦常,既由在上者详细讲明,那些小百姓就都懂得互敬互爱了。故曰:"人伦明于上,小民亲于下。"为国之道,虽千头万绪,举其重要者,不过如井田学校等事,这种种事体,滕国如能推行,有王天下的人出来,必定要来采用这方法,那滕文公你就成了王者的师长了,故曰:"有王者起,必来取法,是为王者师也。"接着再引《诗经·大雅·文王》篇中的两句道:"周虽旧邦,其命维新。"意思是周朝虽然是前代传下来的一个旧邦国,到了文王发政施仁,就受了天命,而造成一个新的国家。"子力行之,亦以新子之国"者,是孟子对滕文公说:你(子)只要能尽力施行起来,也可以使你的国家焕然一新的。

　　使毕战问井地。孟子曰:"子之君将行仁政,选择而使子,子必勉之! 夫仁政必自经界始。经界不正,井地不均,谷禄不平,是故暴君污吏,必慢其经界。经界既正,分田制禄,可坐而定也。

　　夫,音扶。
　　毕战,是滕文公手下的臣。孟子对滕文公说过井田、学校的制度,滕文公因使毕战到孟子前请问井田土地究竟采用怎样的办法。孟子道:你(子)那国君,将要推行仁政,假使选用到你,命你去办这件事,你必定要勉力去做。讲到这个仁政,必须先把土地的界限规划清楚,故曰:"夫仁政,必自经界始。"经界不能整理清楚,井田就不能均匀;井田不能均匀,官吏所得的米谷俸禄,也必定有多有少,不能平均了。所以暴虐的君主,以及贪官污吏,对于土地的界限,必不肯注意改正,以便从中舞弊。若是经界一正,分配田亩,制定俸禄,只要坐着就可规定的,故正文云云。

"夫滕,壤地褊小,将为君子焉,将为野人焉。无君子,莫治野人;无野人,莫养君子。请野九一而助,国中什一使自赋。卿以下,必有圭田。圭田五十亩,余夫二十五亩,死徒无出乡。乡田同井,出入相友,守望相助,疾病相扶持,则百姓亲睦。方里而井,井九百亩,其中为公田;八家皆私百亩,同养公田。公事毕,然后敢治私事,所以别野人也。此其大略也,若夫润泽之,则在君与子矣。"

此段是孟子告诉毕战施行井田制度的效用也。壤,即土地,是说滕国的土地褊狭而小也。滕国的土地虽小,有出来做官的君子,有在乡野耕田的小人。没有做官的君子,不能管治乡野的人,没有乡野的人,不能耕种田地,养活君子。如今请把国都以外四郊的地方,行九分之一的助法,其余国内的地方,用十分之一的贡法,叫百姓自己来缴纳赋税。故曰:"请野九一而助,国中什一使自赋。"圭田者,圭,洁也。做官所得俸禄,用以供虔洁的祭祀,故称圭田,这就是上面所说的世禄,凡卿以下的官,必给田五十亩,作为奉养祭祀的费用。余夫者,据朱子《集注》采程子注曰:"一夫上父母,下妻子,以五口八口为率,受田百亩。如有弟,是余夫也,年十六,别受田二十五亩,俟其壮而有室,然后更受百亩之田。"故曰"余夫二十五亩"也。百姓死亡的安葬、生存的迁居,都不会远离此乡。一乡的田,既照井田制度,八家共守一处,那些农民出来耕田,回到家里休息,常常作伴,彼此就非常友善,保守田产,看望有无外来的盗贼,也能大家相助了。有了疾病,大家就互相伺候,或代做工作,照这样,那么百姓自然亲近而和睦了,故曰"死徙无出乡"云云。"方里而井"者,是说把一里见方的地画成井形,而成为九方,每一井形的地,共田九百亩,中央一方为公田,旁边八方为八家私人的田,叫这八家农民共同耕种中央的公田,要等公田的农事完毕,然后去做各家私田上的农事,采用这种方法,所以使在野的小人与在朝的君子有所分别也。上面所说,就是推行井田之法的大略情形,至于要如何增添(润泽),使百姓得到益处,那是全在乎你那国君和你(子)自己去努力进行了!故正文云云。

(问)施行仁政王道,以何事为最重要?

(解)世界上无论如何深奥的学理，无不从极浅显的生活上面发生。观孟子此章，所谓仁政王道，不过教养百姓而已，并非新奇特异之理论也。

有为神农之言者许行，自楚之滕，踵门而告文公曰："远方之人，闻君行仁政，愿受一廛而为氓。"文公与之处。其徒数十人，皆衣褐捆屦织席以为食。

廛，音缠。衣，此处音亦。褐，音赫。屦，音句。

中国思想学说，莫盛于战国，有才识的人都创一种学说，以为照此施行，可使天下太平，或国家富强。但因为自己所创的新说，人多不肯信从，于是把古代有声名的人奉为偶像，说我的学说是古代某圣人传下来的，好借此引起一般人的信仰。即如孟子言必称尧、舜，就是说自己的学说，原是根据尧、舜时治国的方法。此外如墨子，则称说大禹，老庄则称说黄帝，都是一样的用意。现今许行是个创立农家学说的，他所称说的是古代神农，故曰"有为神农之言者许行"也。

许行的学说，称为农家（《汉书·艺文志·诸子略》有农家一部分），亦如孔子、孟子的学说称儒家，老子、庄子的学说称道家一样。墨子的学说，本有侠家的意义，后来被世主所嫉视，游侠一派因而中绝，所以墨子只称墨家，而无其他名称。

　　许行因创立了一种农家的学说，也是收徒讲学的。这时候，听得滕文公要施行仁政，他就特地从楚国到滕国，亲自登门（踵门）告滕文公道："远地方的人，听得你（君）要行仁政，很愿接受你一所房屋，住在这里做你的百姓。"文公听了，就给他个住处。他的徒弟数十人，都穿着粗布衣服（褐），扎缚很紧的麻鞋（捆屦），做织席的工作，用以代换食物而维持其生活，故正文云云。

　　陈良之徒陈相，与其弟辛，负耒耜而自宋之滕，曰："闻君行圣人之政，是亦圣人也，愿为圣人氓。"

　　耒，音磊。耜，音似。
　　陈良，是当时归向儒家的学者。他的徒弟陈相，同了他的弟弟陈辛，捎了种田的器具，也从宋国来到了滕国，对滕文公说："听得你（君）要行圣人的政治，你也是圣人了，我情愿来做圣人的百姓。"如正文云云。

　　陈相见许行而大悦，尽弃其学而学焉。陈相见孟子，道许行之言曰："滕君则诚贤君也，虽然，

未闻道也。贤者与民并耕而食,饔飧而治。今也
滕有仓廪府库,则是厉民而以自养也,恶得贤?"

饔,音雍。飧,音孙。恶,音乌。

陈相见了许行,非常悦服,把从前所遵信的学说都弃掉
了,去学许行的学说。故曰:"陈相见许行而大悦,尽弃所学而
学焉。"陈相又来见孟子,转述许行的话道:滕国的国君,确是
个贤德的君主,虽然,他还没有听见过道理。故曰:"陈相见孟
子,道许行之言曰:'滕君,则诚贤君也;虽然,未闻道也。'"朝
饭叫饔,夜饭叫飧,积米谷的房屋叫仓廪,藏银钱的房屋叫府
库。陈相又引许行的话道:"贤德的君主,常和百姓一同到田
里去耕种,朝饭夜饭,也是自己烧煮的。现在滕国有积满米谷
的食廪,有积满钱财的府库,那就是虐民(厉民)的政策,只顾
自己奉养,哪里算得贤呢?"

孟子曰:"许子必种粟而后食乎?"曰"然"!

孟子听了陈相的话,便问道:"许子(即许行,称子,含有尊
敬的意思)必定自己耕种,然后吃饭吗?"陈相道:"是的。"

"许子必织布而后衣乎?"曰:"否,许子

衣褐。"

此段首句,仍是孟子所问。孟子问道:"许子必定自己织了布,然后才穿衣服吗?"陈相道:"不是的,许子穿的都是毛布,不是普通所织的布。"

"许子冠乎?"曰:"冠。"

孟子又问:"许子戴帽吗?"陈相道:"戴帽的。"

曰:"奚冠?"曰:"冠素。"

此段仍是孟子先问,恐人看不清楚,所以特加一"曰"字。孟子又问:"戴什么帽呢?"陈相道:"戴白色生绢制成的帽。"

曰:"自织之与?"曰:"否,以粟易之。"

与,作欤。

孟子问道:"他那毛布衣服和白色生绢的帽,都是自己织的吗?"陈相道:"不是的,他用田中的米去换来的。"

曰:"许子奚为不自织?"曰:"害于耕。"

孟子又道:"许子穿的衣服和戴的帽,为什么不自己织呢?"陈相道:"恐于耕田有妨害。"意思是把工夫用来织布织绢,那就不能耕田了。

曰:"许子以釜甑爨,以铁耕乎?"曰:"然。"

釜,音斧。甑,音曾。爨,音窜。

釜,是铁制的烹饪器具,即今镬或锅。甑,即瓦灶。爨,用柴在灶中燃烧也。孟子又问:"许子用釜甑等煮饭吗? 用铁制的农器耕田吗?"陈相道:"是的。"

"自为之与?"曰:"否,以粟易之。"

与,作欤。

此段首句,又是孟子所问而省一"曰"字,使文气紧接。孟子又问:"许子煮食的釜甑和耕田的农器,是自己制成的吗?"陈相道:"不是,是用米去换来的。"

"以粟易械器者,不为厉陶冶;陶冶亦以其械器易粟者,岂为厉农夫哉? 且许子何不为陶冶,舍皆取诸其宫中而用之? 何为纷纷然与百工交易? 何许子之不惮烦?"曰:"百工之事,固不可耕且为也。"

此段是孟子驳许子的行为不合理也。陶,即制造瓦器。冶,即制造铁器。械器,指釜甑耒耜等物。舍,止也。不惮烦,犹说不怕厌烦。孟子因对陈相驳许子的行为道:"你既以为用米去换陶冶所制的械器,并不会妨害陶冶的;假使陶冶的人,也用他所制的械器来换米谷,又岂会妨害农夫呢? 并且许子何不自己去兼做陶冶的工作? 不单是米谷,那些械器只要(舍)从自己住的屋里(宫中)取出来用,为什么纷纷不绝地去和百工交换呢? 为什么许子是这样的不怕厌烦呢?"陈相听了孟子的话,说道:百工的事,本来不能又耕田,又做工的,故曰:"百工之事,固不可耕且为也。"

"然则治天下独可耕且为与? 有大人之事,有小人之事。且一人之身,而百工之所为备。如必自为而后用之,是率天下而路也。故曰:'或劳心,或劳力。'劳心者治人,劳力者治于人。治于人者食人,治人者食于人,天下之通义也。

与,作欤。食,此处读如寺。

因陈相说不兼做百工的事,是恐怕于耕田有妨害,所以孟子又反驳他,治天下与耕田也是两无妨害的。照许子的意思,是要人主和农夫一同耕田,那就只有耕田的人,没有治天下的人了。许子所用一切械器,既可以用米去换来,那么,治天下的人难道不好用治天下的心思精力去换米谷吗?此段即说明这个道理。孟子说:那么治天下的人,独可以又耕田,又治天下的吗?社会的组织,有一种人管理政治,叫作大人;有一种人专做农工,叫作小人。大家都有专做的事。而且一个人的身上,百工所制的东西件件需要,不能不完备的。假使必定要自己制造然后供自己应用,那好像把天下的人都当做路上的行人①,分不出什么大人和小人了。所以有人说:"或者劳动心思,或者劳动气力。"劳动心思的,是管治人家的人。劳动气力的,是受人家管治的人。受人家管治的人,只会耕田,应得把米谷供给他人吃用。管治人家的人,再没有工夫耕田,应得受人家供给而吃用。这本是天下所通行的道理。

"当尧之时,天下犹未平,洪水横流,泛滥于天下。草木畅茂,禽兽繁殖,五谷不登,禽兽偪

---

① 此处所译不确。"率天下而路",路,古通露,败也。此句意为,如果什么都要自己制造才肯使用,那就是率领天下走向衰败了。——编者按

人，兽蹄鸟迹之道，交于中国；尧独忧之，举舜而敷治焉。舜使益掌火，益烈山泽而焚之，禽兽逃匿。禹疏九河，瀹济漯而注诸海；决汝汉，排淮泗而注之江。然后中国可得而食也。当是时也，禹八年于外，三过其门而不入，虽欲耕得乎？

泛，音汎。滥，音烂。偪，同逼。瀹，音月。漯，读如踏。

此段仍是孟子驳许子并耕之说的不合理。在尧的时候，大（洪）水横流，满溢蔓延（泛滥），到处都是（于天下），而且草木很长（畅），又非常茂盛，禽兽的生殖也非常的多，许多地方被草木禽兽占去，五谷就不能成熟（不登），而且禽兽还迫害人民，道路上都印着禽兽的蹄迹，所以帝尧以为这是极可忧虑的，遂推举了虞舜出来，叫他协助自己一同治理（敷治）。舜于是使益主管（掌）用火，益就到山冈湖泽草木最盛的地方，用猛烈的火烧了起来。那些禽兽逃走的逃走，避匿的避匿，不再来逼害人民了。至于大水呢，又有个大禹出来，把九条大川都疏掘通了，再把济河、漯河开通（瀹），使下流都注入海中，把汝水、汉水的淤塞除去，把淮水、泗水的淤塞掘通，都使它们流入长江，这样一来，中国就可以耕田得食了。在这个时候，大禹为了治水，八年中只在外面奔走，三次经过自己家门口，从不进去一望。像他这样忙碌，就算要耕田，能够有耕田的时间吗？意思是说：尧、舜、益、禹这班人，担任了治天下的重责，决没有时间和农民共同种田的。

　　"后稷教民稼穑，树艺五谷，五谷熟而民人育。人之有道也，饱食暖衣，逸居而无教，则近于禽兽。圣人有忧之，使契为司徒，教以人伦：父子有亲，君臣有义，夫妇有别，长幼有序，朋友有信。放勋曰：'劳之来之，匡之直之，辅之翼之，使自得之，又从而振德之。'圣人之忧民如此，而暇耕乎？

　　稑，音色。"圣人有忧之"之有，通又。契，此处读如屑。长，此处读如掌。

　　后稷，是管种田的官，犹清代的户部①。司徒，是管理教育的官，犹清代的礼部，现今的教育部。那时候做农官的名弃，做司徒官的名契。放勋，是尧帝的名。孟子说：益驱了禽兽，禹平了水灾后，虞舜才命弃做了农官，教导百姓种植稻麦等五谷。故曰"后稷教民稼穑，树艺五谷。"树艺，即种植也。"五谷熟而民人育"者，五谷既已成熟，人民得食而养活（育）其生

---

①　此处所释不确。后稷本为人名，是周朝的先祖，因为精通谷物种植，被虞舜任命为农官，于是后来"后稷"便成了农官的专称。此处的"后稷"指的是后稷本人，而非官职名。——编者按

命。但人民的生计虽然解决,没有知道做人的道理,还是不对的。讲到一般人所有的性质(人之有道),肚里吃饱,身上穿暖,只知安乐,不去教导他做人的道理,那就和禽兽差不多了(近于禽兽)。于是在上的圣人又忧虑起来,遂命契做司徒官,专教百姓以人伦之道:父子间要亲爱,君臣间要有义气,夫妇间要分别内外,长辈和幼辈要有次序,朋友间要有信用,这五件,就是人伦的大道。这时候,尧帝放勋将施行教化的方法对那些官吏讲述。"劳之来之"云云者,是说百姓能努力于事务的,当加以慰劳;百姓自愿来归附的,当加以奖励,招他们到来。人民若有邪念,就教导他,使他们改善(匡),使他们矫正(直)。又帮助(辅)人民,使他们安居乐业,像鸟张着两翼(翼),去保护这些人民。到此地步,使人民都能自得其乐,再加以提挈(振),施以恩惠(德)。故曰:"使自得之,又从而振德之。"圣人的教民要这样周密,哪里还有工夫和百姓去并耕呢?故曰:"圣人之忧民如此,而暇耕乎?"

"尧以不得舜为己忧,舜以不得禹、皋陶为己忧。夫以百亩之不易为己忧者,农夫也。分人以财谓之惠,教人以善谓之忠,为天下得人者谓之仁。是故以天下与人易,为天下得人难。

皋，音高。陶，此处读如遥。

孟子又说：在那时候，尧把不能得到舜当成自己所忧虑的事情，舜既助尧治天下，又把不能得到禹和皋陶一班人当成自己所忧虑的事情，把那一百亩的田没有耕治（"不易"之易作治理解）作为自己所忧虑的事情，这不过是农夫的心理罢了。

孟子说明了在上位的圣人，不必自己去耕田，又把尧以天下让舜的事带说明白，接下去说道："把钱财分给人的，叫作恩惠，把善事教导人的，叫作忠心，为了救济天下，求得相当人才来担任的，叫作仁爱，所以把这个天下让给他人，是很容易的事情，为了救济天下而求得相当的人才，那才是很难的。"故正文云云。

"孔子曰：'大哉！尧之为君！惟天为大，惟尧则之。荡荡乎，民无能名焉！君哉，舜也！巍巍乎，有天下而不与焉！'尧、舜之治天下，岂无所用其心哉？亦不用于耕耳。

孟子再引孔子的话，证明人君不必与民并耕的道理。"孔子曰：'大哉！尧之为君！惟天为大，惟尧则之'"者，是孔子称赞尧的人格，是伟大极了！本来天是最大了，尧的为人,却能取法乎天,只觉得他浩浩荡荡的伟大人格,百姓竟没有名目来称他。故曰:"荡荡乎,民无能名焉。"孔子又说"君哉,舜也"者,是说真能尽人君之道的,那是舜了,他的人格也是非常高大(巍巍乎),虽然得了天下,他却像没有做天子一般,意思是说:舜只以救民为心,并不以天子的地位为自足也。

孟子引了孔子赞美尧、舜的话,又接着下断语道:"像尧、舜这样的治天下,难道真没有用什么心思吗? 只是心思不用在耕田上罢了。"如正文云云。

"吾闻用夏变夷者,未闻变于夷者也。陈良,楚产也。悦周公、仲尼之道,北学于中国;北方之学者,未能或之先也。彼所谓豪杰之士也。子之兄弟事之数十年,师死而遂倍之。

倍,同背。

此段以下,系孟子责陈相反背陈良师说而去学许行也。夏者,因夏禹王有功德于民,遂相沿称中国人曰夏。夷者,蛮夷,犹今言野蛮民族也。夏,是文明的民族,文明民族应该用文化去启导野蛮民族,使之也变成文明。故曰:"吾闻用夏变夷者。"孟子说:我只听见用夏的文明,去变化野蛮的夷人,不听见文明民族，反去变成野蛮的，故曰："未闻变于夷者也。"产，生也。孟子又说："陈良，是生长于楚国的人，他因喜欢周公、孔子（仲尼）的道理，特地到中国来就学（那时候，楚国称荆蛮，尚无文化），北方的学人，没有一个赶得上他（未能或之先也），像他这样的人，真可称作豪杰的士人了。现在你（子）兄弟二人，奉事陈良为师，已有数十年之久，师长死后，就背叛了他。"故正文云云。

"昔者，孔子没，三年之外，门人治任将归，入揖于子贡，相向而哭，皆失声，然后归。子贡反，筑室于场，独居三年，然后归。他日，子夏、子张、子游以有若似圣人，欲以所事孔子事之，强曾子。曾子曰：'不可！江、汉以濯之，秋阳以暴之，皜皜乎不可尚已！'

濯，音浊。暴，音瀑。皜，音浩。尚，同上。

此段说弟子事师之道也。"从前孔子死后，过了三年，孔子的门人，都整治行李（治任，朱子注曰：任，担也，是说肩上担着行李），将各回家乡，进去向主办孔子丧事的子贡作揖告辞，大家想起孔子，又相对哭了一回，都是放声大哭的，然后才各自回去。子贡送别了众人回来，就在孔子讲学的场所造了一所房屋,独自一人再住了三年,然后回去。"故正文云云。他日者,是说后来有一天,子夏、子张、子游三个人,以为有若的举止态度极像孔子(圣人),要用从前奉事孔子的规矩去奉事有若。大家要曾子勉强赞成,曾子说:"那是不可以的!""江、汉以濯之,秋阳以暴之"者,是说孔子的人格道德,像长江、汉水的清洁,人若被江、汉之水洗过身体,不能再用别的水来洗。又如秋天太阳的光明,人被秋天的太阳晒过,不能再用别的亮光来照。皜皜,是干净洁白的意思,是说孔子的干净洁白,是没有人可以超过他的,故曰:"皜皜乎,不可尚已!"此段意思,是曾子因师事过孔子,子夏等要他去共事有若,曾子尚且不肯,现在陈相兄弟因陈良死了,就背了师道,去事许行,那是大大不该的。

"今也南蛮𫛞舌之人,非先王之道,子倍子之师而学之,亦异于曾子矣。吾闻出于幽谷,迁于乔木者;未闻下乔木而入于幽谷者。《鲁颂》曰:'戎狄是膺,荆舒是惩。'周公方且膺之,子是之学,亦为不善变矣!"

𫛞,音决。膺,音鹰。惩,音承。
𫛞,是一种小鸟。"𫛞舌之人",谓口音特别,讲话像鸟叫的人，意思是说：现在这许行，不过是南方野蛮地方口音特别的人，故曰："今也，南蛮鴃舌之人。"他所懂得的，并不是古代先王圣人的道理，你背叛你自己的师说去学他，这就有异于曾子之事孔子了，故曰："子倍子之师而学之，亦异于曾子矣！"幽谷，即很深的山谷，是指黑暗低下的地方。乔木，即高大的树木，是指光明高大的地方。孟子又说："我只听见《诗经》上讲鸟的做巢，常从幽谷迁移到乔木上去，从没有听见从乔木上反而迁移到幽谷里去的。"意思是说：一个人本在低处的，总是望着高处走，没有本在高处，反而向低处去的。"颂"，是《诗经》里的一种体式，《鲁颂》是鲁国兼有舞容的一种乐章。膺，攻击也。惩，是责罚的意思。戎狄，指当时的野蛮民族。荆舒，是当时野蛮民族的国家。《鲁颂·閟宫》篇说："攻击戎秋，痛惩荆舒。"意思是说像这种野蛮民族，鲁国的周公常要去攻击它、责罚它的。现在你不能把他们的野蛮变成文明，反而抛掉文明去学野蛮，也可算变得太不好了！故曰："周公方且膺之，子是之学，亦为不善变矣！"

"从许子之道，则市贾不贰，国中无伪。虽使五尺之童适市，莫之或欺。布帛长短同，则贾相若；麻缕丝絮轻重同，则贾相若；五谷多寡同，则贾相若；屦大小同，则贾相若。"

贾,同价。贰,同二。

以前九段,是孟子对陈相驳许子的话。此段是陈相称赞许子之道答复孟子也。许子所倡的学说,现今已不可得见,陈相此处所说,不过是说许子农家学说所收的各种效果。他以为推行许子学说,能使市价(贾)划一不贰,国中的人都不敢作伪,虽使五尺长的童子到市上去买东西,决没有人会欺骗他,故曰:"从许子之道,则市贾不贰,国中无伪,虽使五尺童子适市,莫之或欺。""布帛长短同,则贾相若"云云者,是说许子的学说施行后,对于货物只问量的多寡,而不管质的好坏,譬如布与绸(帛)长短相同,它的价钱就一样,织布的麻线(麻缕)与织绸的丝茧(丝絮)轻重相同,它的价钱就一样,连五谷也不问它是米是麦,只要容量的多少相同,价钱也是一样,至于所穿的鞋(屦),更不问大小,价钱也是一样,故正文云云。陈相的意思,以为许子之说能将物价平均,那些欺诈手段可因此消灭了。

曰:"夫物之不齐,物之情也。或相倍蓰,或相什伯,或相千万。子比而同之,是乱天下也。巨屦小屦同贾,人岂为之哉? 从许子之道,相率而为伪者也,恶能治国家?"

恶,音乌。

此又孟子驳陈相称赞许子之说的不当。"夫物之不齐,物之情也",是说货物的不能划一,那正是货物的一种自然情形,所以在价值方面,有相差一倍的,有相差五倍(蓰)的,更有十倍(什)百倍(伯)的,千倍万倍的,现在许子要把它划成同一的价钱,是反使天下扰乱了。即如使大的鞋与小的鞋,卖同一价钱,那制鞋的人一定为省些材料,专制小鞋,更没有人制大鞋了,岂不反是扰乱天下吗?所以照许子的道理,一旦实行起来,大家只肯做本钱小、材料省的货物去骗人了。故曰:"相率而为伪者也。"这样,哪里能够治国家呢?

(问)儒家与农家之异点何在?

(解)许子学说仅见此片段文字,后世不能得见其详细。不过并耕之说,孟子一再痛驳,以为治人者有治人的职责,受治者有受治的职责,是亦今世所谓分工合作制度,不可不知也。

墨者夷之,因徐辟而求见孟子。孟子曰:"吾固愿见。今吾尚病,病愈,我且往见;夷子不来!"他日,又求见孟子,孟子曰:"吾今则可以见矣。不直,则道不见;我且直之。吾闻夷子墨者,墨之治丧也,以薄为其道也。夷子思以易天下,岂以

为非是而不贵也？然而夷子葬其亲厚，则是以所
贱事亲也。”

墨者，是专讲墨子学说的一派人。夷之，是姓夷名之，当
时的一位墨家。夷子，即夷之，古时对人称子，是含有尊敬的
意思。徐辟，是孟子的弟子。此章记的是：有个讲墨子学说
的人叫夷之，因徐辟的介绍，来求见孟子。孟子说：“我本来极
愿意和他相见，但今天我尚有病，病好（愈）了，我也将要（且）
去见他，你请夷子还是不必来（不来）吧！”又一日（他日），夷
之又来求见孟子，孟子说：“我今天倒可以见他了！我的意思
不直捷地说（不直），我们儒家的道理就无从表现了（则道不
见），我还是直接地先说吧（我且直之）！”接着又说：“我素来
晓得夷子是一位墨家，墨家对于办理丧事，最主张俭省，以薄
葬为根本的办法。”那是墨子的意思，以为人既死了，无论怎样
厚葬，无非耗费钱财，实在是无意思的举动，所以讲墨学一派
的人，根据墨子之说，大都主张薄葬。故曰：“吾闻夷子墨者，
墨之治丧也，以薄为其道也。”现今夷子却不然，他葬其亲厚，
并不遵墨家的薄葬，而从儒家的厚葬，这与墨子之道相反了。
“岂以为非是而不贵也”者，是孟子对徐子所说，作诘问夷子的
口气：你既想用墨子之道来改变天下的风俗，岂有将墨子薄
葬的道理认为不是，而不以为贵的？然而夷子葬他的亲人又
是从厚葬的，那么照墨家所说，却是以贱事亲了！故曰：“然而

夷子葬其亲厚，则是以所贱事亲也。"意思是：夷子信仰墨子之道，要尊贵其亲，自应遵从墨家的薄葬，今不遵墨家之薄葬，而从儒家之厚葬，就墨家一方面讲，那正是贱亲而不是贵亲了。

徐子以告夷子，夷子曰："儒者之道，古之人'若保赤子'，此言何谓也？之则以为爱无差等，施由亲始。"徐子以告孟子，孟子曰："夫夷子信以为人之亲其兄之子，为若亲其邻之赤子乎？彼有取尔也。赤子匍匐将入井，非赤子之罪也。且天之生物也，使之一本，而夷子二本故也。

匍，音蒲。匐，音伏。

徐子把孟子的话，转告夷子。夷子说道："你们儒家的道理，古时圣人常有'若保赤子'这么一句话（若保赤子者，是说王者爱民，如父母爱其初生的婴儿。因初生婴儿皮肤色红，故曰赤子）。这句话，是怎样讲的呢？之（夷子自称）以为这就是爱人本没有等级差别，不过由近而推之于远，所以要从自己最亲近的父母爱起。"故曰："儒者之道，古之人'若保赤子'，此言何谓也？之则以为爱无差等，施由亲始。"夷子的意思，以为儒家既称"若保赤子"，本和墨家的兼爱主义相同。至于自己的厚葬其亲,也是为了爱人当先从爱亲做起,其实对人对己,不过略有先后,并不分什么等级也。徐子又把夷子的话转告孟子。孟子道:"这个夷子,他果真以为一个人亲爱他兄长的儿子,能像亲爱他邻舍人家的儿子吗? 古人'若保赤子'一句话,是他用作另外的一种譬喻的。"故曰:"夫夷子信以为人之亲其兄之子,为若亲其邻之赤子乎? 彼有取尔也。"孟子的意思,是古人虽有"若保赤子"一句话,但兄之子与邻人之子,究有亲疏之分,所施的爱当然也有厚薄。古人所谓"若保赤子",是譬喻小百姓因缺乏知识而犯罪,正像初生的婴孩匍匐入井一样,应当保护他。匍匐者,是在地上趴着,假使婴儿在地上趴着,将要跌入井中,这决不能认为是婴孩自己的罪过,因为他是无知识的,所以无论何人见了,总要把这婴孩救起,故曰:"赤子匍匐将入井,非赤子之罪也。"

"且天之生物也,使之一本,而夷子二本故也"者,是孟子又说:并且上天对于人物的产生,必使有父母做他的根本,父母是只有一个的(一本)。现今夷子学墨家之道,对待他父母既和普通人一样,对待普通人又和父母一样,但是所施的爱却又先从父母爱起,这是他既把众人做根本,又把父母做根本,明明成为两个根本了(二本)。

"盖上世尝有不葬其亲者,其亲死,则举而委之于壑。他日过之,狐狸食之,蝇蚋姑嘬之,其颡有泚,睨而不视。夫泚也,非为人泚,中心达于面目。盖归,反蔂梩而掩之。掩之诚是也;则孝子仁人之掩其亲,亦必有道矣。"徐子以告夷子,夷子怃然,为间,曰:"命之矣!"

蚋,音瑞。嘬,音踹。颡,音嗓。泚,音此。睨,音昵。蔂,音雷。梩,音梨。怃,音武。

此段是说明一本之意。上世者,最前的时代,即太古也。委,抛弃也。壑,山洞有水之处。蝇,苍蝇。蚋,小虫名,蚊的一类。姑古通蛄,也是一种小虫。嘬,聚在一处同吃也。颡,人的前额。泚,出汗的样子。睨者,斜着眼看也。蔂,泥土堆也。梩,掘泥土的器械。掩,遮盖也。怃然,失意而说不出话的样子。为间,略为停顿的意思。命,犹教也。孟子说:"在太古时候,尝有不知葬亲之事。他们的亲人死了,便把尸体抛弃在山沟里。后来从这地方经过,看见狐狸在吃他亲人尸体的肉,苍蝇和蚊蚋蝼蛄等小虫,也攒聚在一处,吃他亲人尸体的皮肤。为人子的见了这种样子,心里悲痛,不知不觉额上就流出冷汗,只得把头掉开,不忍用正眼去看。这种冷汗,不是为他人所见而发出来的,这是心中发生了极度的悲痛,自然而然达到面部上来的。因此回去后,又再赶到抛弃亲人尸体的地方,用掘泥土的器械,掘起泥土,把亲人尸体遮掩,这泥土遂成了一个土堆。——这就是后世造坟的创始。他们把亲人尸体遮掩,那实在是很对的,那么,后世孝子仁人葬埋其亲人的尸体,也必定有道理,决不能随意薄葬了。"故正文云云。徐子又把这话转告夷子。夷子听了,不觉露出失意的样子,停了一会儿,然后说道:孟子虽没有亲见,已经教训我了。故曰:"夷子怃然,为间,曰:'命之矣!'"

(问)儒家与墨家之异点何在?

(解)人之言行,须出于一本。如夷子遵墨者之道,而为儒者之行,是出于二本,故虽能厚葬其亲,亦为君子所不取。

陈代曰:"不见诸侯,宜若小然。今一见之,大则以王,小则以霸。且志曰:'枉尺而直寻',宜若可为也。"孟子曰:"昔齐景公田,招虞人以旌,不至,将杀之。'志士不忘在沟壑,勇士不忘丧其元',孔子奚取焉?取非其招不往也,如不待其招而往,何哉?"且夫枉尺而直寻者,以利言也。如以利,则枉寻直尺而利,亦可为与?

与,今作欤。

陈代,孟子弟子。他认为孟子家居讲学,不如去见诸侯,可以行道也。"宜若小然",是说孟子不肯轻身去见诸侯,虽说是个人的志向和操守,但是只为自己一身计算,范围似乎很小的,接下去说:"现今你肯去见一见诸侯,诸侯用了你的政策,大的可以王天下,小些也可造成一个霸国。""志"者,是古人传下来的记载。枉,委屈的意思。直,伸展的意思。尺,一尺也。寻,十丈也。"枉尺直寻",是说委屈的仅不过一尺而伸展的可以到十丈,意思是你能往见诸侯,成就王霸大业,所受委屈很小,所成事业极大,正同枉尺直寻一般,似乎也可以做的。故曰:"宜若可为也。"

齐景公,是齐国从前的君主。虞人,是专管山泽苑囿的小官。旌,是一种小旗。按古礼:国君招大夫用旌,招虞人用皮冠,齐景公招虞人用旌,那是失礼的。所以孟子道:"从前齐景公打猎,用旌去招虞人,虞人因守礼而不肯至,景公以为违抗命令,将要杀他。""志士不忘在沟壑"者,是有志向的士人,有人用非礼对待他,虽把他杀死,丢在沟壑间,他也不顾的。"勇士不忘丧其元"者,元,头也,是说勇敢的士人,有人用非礼对待他,就把他的头杀掉,他也不顾的。不忘者,是不忘这种道理也,这两句,是孔子当时赞美虞人的话。"奚取焉"者,是孔子对于虞人有何可取呢?所取的是这个虞人对于齐景公用旌不用皮冠去招他,虽死不顾,决定不去,故曰:"取非其招不往也。""如不待其招而往,何哉?"是孟子自谓现今诸侯本不来招我,我不等到他们来相招,先去见他们,那算什么呢?意思是:我难道比虞人还不如吗?"且夫枉尺而直寻"者,是孟子再对陈代说:并且你所说的"枉尺直寻",无非为利益上的计算,如果单讲究利益,那么,委屈大节去求极小的发展,如所屈的有十丈,所伸展的只有一尺,虽能得利,难道也可以做吗？故曰:"如以利,则枉寻直尺而利,亦可为与?"

"昔者,赵简子使王良与嬖奚乘,终日而不获一禽,嬖奚反命曰:'天下之贱工也。'或以告王良,良曰:'请复之。'彊而后可。一朝而获十禽,嬖奚反命曰:'天下之良工也。'简子曰:'我使掌与女乘。'谓王良,良不可。曰:'吾为之范我驰驱,终日不获一;为之诡遇,一朝而获十。《诗》云:"不失其驰,舍矢如破。"我不贯与小人乘,请辞!'

女,今作汝。贯,今作惯。

赵简子,姓赵,名鞅,是从前晋国的大夫。嬖,宠爱的意思。奚,是人名。王良,是当时善于驾马的人,此段是孟子另外引一故事对陈代说也。孟子道:"从前赵简子使王良给自己所宠爱的叫奚的人驾了马车,出去打猎,从早晨到夜间,不能获得一只鸟。这个宠爱的奚,回来对赵简子说:'王良驾马的本领不好,因此我不能获取一鸟。他真是天下最没有本领的一个驾马人（天下之贱工）。'有人把这句话告诉王良，王良道：'请再去打一回猎。'那宠爱的奚起初不肯，王良硬请他去，然后奚答应了再去，一日之间竟获取了十只鸟。奚回来又对赵简子说：'王良驾马驾得好，所以我一天获了十只鸟，他真是天下最有本领的一个驾马人（天下之良工）。'简子道：'我使王良专给你驾马吧！'又命王良专代奚驾马，王良却不肯了，说道：'我为了遵守驾马的法则（范）而驰驱，奚自己不会射箭，所以一日之间不能获取一鸟。后来我不照驾马的法则，走不正当（诡）的路，使与禽鸟接触（遇），遂被他设了诡计，一天获了十鸟。'《诗经·小雅·车攻》篇中说：'驾马的不失他驾马的法则而驰驱（不失其驰），射箭的把箭放射出去，使所遇的鸟都能射中（舍矢如破。破，犹射中也）。'这可见君子的驾马射箭，都有一定的法则，如今奚要丢开法则，采用不正当手段，那就是个小人了，所以说：'我不贯与小人乘，请辞。'"意思是自己不惯同奚这种人驾马，请求辞了这差使也。

"御者且羞与射者比，比而得禽兽，虽若丘陵，弗为也，如枉道而从彼，何也？且子过矣！枉己者，未有能直人者也。"

此段又是孟子自己的说话。上文引了王良不肯给奚驾马的事，此处再说明自己不肯屈己从人的道理。御者，就是驾马

的人,指上文的王良。射者,是射箭的人,指上文的奚。是说:
驾马的人,尚且以为羞耻而不肯和射箭的共事,因共事而获得
禽兽,虽堆积着像山陵般高,御者也不肯做的。现今你劝我委
屈自己,抛开所守的大道,去依附那些无道的诸侯,这是什么
意思呢? 故曰:"御者且羞与射者比,比而得禽兽,虽若丘陵,
弗为也。如枉道而从彼,何也?"孟子对于枉己从人的错误又
补充一句道:并且你所说"枉尺直寻",也是错的,凡是自己甘
愿委屈,决不能使他人反而伸展。故曰:"且子过矣! 枉己者,
未有能直人者也。"

(问)何谓枉尺直寻?

(解)君子虽思以道治天下,但于自己的身份,也要尊重。
孟子不愿意轻身去见诸侯,正是他人格的伟大处,与后世自命
才能,专事钻营者绝对不相同也。

景春曰:"公孙衍、张仪岂不诚大丈夫哉! 一
怒而诸侯惧,安居而天下熄。"孟子曰:"是焉得为
大丈夫乎? 子未学礼乎? 丈夫之冠也,父命之,
女子之嫁也,母命之,往送之门,戒之曰:'往之女
家,必敬必戒,无违夫子。'以顺为正者,妾妇之道
也。居天下之广居,立天下之正位,行天下之大
道,得志,与民由之,不得志,独行其道,富贵不能

淫,贫贱不能移,威武不能屈:此之谓大丈夫。"

衍,音演。焉,音烟。女,今作汝。

景春,人名,是当时的一个纵横家。公孙衍、张仪都是魏国人,善于辩论,为纵横学说的主要人物。他们专事游说诸侯,使诸侯听了他们的话,兴兵去攻打弱国,所以那些小国诸侯都怕这一种人,不敢得罪他们,因为惹怒了他们,就要说动大国,用兵力来压迫的,故曰"一怒而诸侯惧"也。他们安居不动,各国战争之事也就消灭(熄)了,故曰"安居而天下熄"也。景春赞同纵横学说,因之对于公孙衍、张仪这班人非常推崇,他对孟子说:"像公孙衍、张仪,岂非确是个大丈夫吗?"孟子道:"这种人,哪里能算大丈夫呢?你(子)没有学过礼吗?《礼经》中所规定:男子到二十岁,举行加冠礼,由父亲将做人的道理教训他(父命之);女子出嫁,由母亲将做媳妇的道理教训她(母命之),在临去的时候,她母亲送她到门口,告诫她道:'到你那夫家去,居心必然要恭敬,做事必然要谨戒,不可违反丈夫的话。'因为以顺从丈夫为正当,那就是给人作妻妾的道理。"故曰:"以顺为正者,妾妇之道也。"意思是说:公孙衍、张仪这种人,只知奉承国王,好像妻妾之奉承丈夫,这是女流的行为,大丈夫岂肯做这卑鄙的事情呢?下文又接云"居天下之广居"云云者,是说"为大丈夫的如存心专讲仁德,所住的即是天下最大的地方,所立的是天下最大的地位,所行的是天下最大的道路,当得志的时候,和百姓都向这大路进行,不得志的时候,就单独行我的道义,无论怎样富贵,不能来诱惑(淫)我,怎样贫贱,不能来移动我,怎样威势武力,不能来屈服我,这才叫作大丈夫呀"。

(问)何谓以顺为正?

(自省)我能富贵不淫,贫贱不移,威武不屈吗?

周霄问曰:"古之君子仕乎?"孟子曰:"仕。《传》曰:'孔子三月无君,则皇皇如也,出疆必载质。'公明仪曰:'古之人,三月无君则吊。'"

霄,音宵。质,同贽。

周霄,魏国人,他问孟子:"古时有道的人(君子)都愿意做官吗?"孟子答道:"愿意做官的。"《传》者,是前代所遗留的书籍。无君,是不做官而无君可事的意思。皇皇,是求取不到心中很不安的样子。古《传》上说:"孔子三个月不做官而无君可事,好像心中很不安的。""出疆必载质"者,是无官可做,离开这一国的疆土,必须带着往见别国君主的礼物也。公明仪,是孟子以前的贤人。"古之人,三月无君则吊"者,是说古时的人,三个月无君可事,好像碰到了丧事,人家都要来慰问(吊)。

"三月无君则吊，不以急乎？"曰："士之失位也，犹诸侯之失国家也。《礼》曰：'诸侯耕助，以供粢盛；夫人蚕缫，以为衣服。牺牲不成，粢盛不洁，衣服不备，不敢以祭。惟士无田，则亦不祭。'牲杀器皿，衣服不备，不敢以祭，则不敢以宴，亦不足吊乎？"

粢，音资。缫，读如骚。

"三月无君则吊，不以急乎"，又周霄问也，意思是三个月没有君事，弄得像有丧事而受人家的慰问，想做官的心思，岂不是太急切了吗？孟子答道："士人失了位，没有官做，等于诸侯失了国家。""《礼》曰"者，《礼经》上所说也。"诸侯耕助"者，诸侯亲自耕种的田亩，经众百姓帮助也。粢盛，是祭祖时上供的稻麦。凡诸侯亲耕的田，是专用作祖宗祭品的。"夫人蚕缫"者，是诸侯之妻亲自饲蚕缫丝，制成祭祀所穿的礼服也。倘所畜的牺牲（祭祀所用的牛羊豕）没有长成，粢盛没有整洁，祭服没有完备，那是不敢祭祖宗的，这是诸侯的祭礼。"惟士无田，则亦不祭"者，是说做士人的，没有圭田（卿大夫的祭田），也是不举行祭祀的。士人失了官位，不能宰杀牲口，没有盛放牲口的器皿，没有祭服，那是决不敢祭祖的；既不敢祭祖，更不敢宴客了，那就和逢到丧事一样，这还不足以使人来慰问吗？故正文云云。

"出疆必载质，何也?"曰:"士之仕也，犹农夫之耕也，农夫岂为出疆舍其耒耜哉?"曰:"晋国，亦仕国也，未尝闻仕如此其急，仕如此其急也，君子之难仕，何也?"曰:"丈夫生而愿为之有室，女子生而愿为之有家，父母之心，人皆有之。不待父母之命，媒妁之言，钻穴隙相窥，逾墙相从，则父母国人皆贱之。古之人，未尝不欲仕也，又恶不由其道，不由其道而往者，与钻穴隙之类也。"

媒，音梅。妁，音酌。穴，音学。隙，音细。窥，音亏。逾，音俞。恶，音物。

"出疆必载质，何也"，周霄又问也。"曰:'士之仕也'"，孟子答也，孟子说:"士人所以做官，犹之农夫的耕田，农夫岂有为了离开国境，就抛掉了耒耜等耕田器具呢?""曰:'晋国，亦仕国也'"者，周霄又问道:"晋国，也是个可以去做官的国家，倒没有听得往晋国求做官的有这样的心急。既然想做官的都这样心急，那么，有道的士人又有不轻易出来做官的，这是什么意思呢?""曰:'丈夫生而愿为之有室'"者，是孟子又答也。室和家，都是家庭的意思。丈夫，成年的男子也，男子到了成年时，父母因他已经长大，总愿替他娶妻而有一个家庭，故曰"丈夫生而愿为之有室"也。父母为成年的女子出嫁，也是要她有一个家庭，故曰"女子生而愿为之有家"也。做父母的对于子女，这种心情是人人都有的，故曰："父母之心，人皆有之。""媒妁"，即媒人，是男女间订婚的介绍人。"钻穴隙相窥"，是在墙壁上凿一个洞，从这洞缝里张望。"逾墙相从"，是从墙头上爬过去，跟人逃走，意思是年轻男女想娶妻或嫁夫，不等到父母的命令和媒人的介绍，自己从洞缝里偷看，或是爬过墙头去跟从，这样的人，他的父母和全国的人，都很轻贱他了，故曰："不待父母之命，媒妁之言，钻穴隙相窥，逾墙相从，则父母国人皆贱之。"接下去再说明君子之所以难仕的道理，是因为：古时的人，未尝不要做官，又因为厌恶不经由正当的途径，所以难仕。倘若不从正当的途径，就出去做官，那和钻穴逾墙的结合也成为一类了！故曰："古之人，未尝不欲仕也，又恶不由其道，不由其道而往者，与钻穴隙之类也。"

（问）何谓三月无君则吊？

（解）做官的宗旨，在乎实施自己政治上的学问，但必须很正当地求取官职，假使由夤缘运动而得官，那是正人君子所决不为，而且深加痛恶的。

彭更问曰："后车数十乘，从者数百人，以传食于诸侯，不以泰乎？"孟子曰："非其道，则一箪

食不可受于人。如其道，则舜受尧之天下，不以
为泰，子以为泰乎？"

箪，音丹。

彭更，孟子弟子。彭更此问，含有怀疑孟子无功受禄的意
思。孟子游历各国，常有数百个弟子跟着，那时的诸侯，又最
喜供养才能之士，所以孟子每到一处地方，总有数百个弟子，
带着数十辆车子，于是辗转受四方诸侯的供养饮食（传食），故
彭更问道："后车数十乘，从者数百人，诸侯辗转来供给食用，
岂不是过分（泰）了吗？"孟子道："不合乎道理的，就是一篮的
饭（一箪食），也不可受人家的，假使合乎道理，那么舜受尧的
天下，并不算过分，你（子）以为这就过分了吗？"

曰："否。士无事而食，不可也。"曰："子不通
功易事，以羡补不足，则农有余粟，女有余布；子
如通之，则梓匠轮舆，皆得食于子。于此有人焉，
入则孝，出则弟，守先王之道，以待后之学者，而
不得食于子；子何尊梓匠轮舆，而轻为仁义
者哉！"

羡，音线。梓，音子。弟，今作悌。

孟子以舜受尧的天下，尚不算过分，回答了彭更，彭更又道：不是说这些，我以为做士人的，一无功绩，受人供给饮食，这是不可以的，故曰："否。士无事而食，不可也。"于是孟子又答以世上做事本有通功易事的道理。"通功易事"者，是说世事的成功，在乎能彼此相通、彼此交换。"以羡补不足"者，羡，有余也，把甲所有余的，去补乙的不足，把乙所余的，再补甲的不足是也，故曰"子不通功易事，以羡补不足，则农有余粟，女有余布"也。意思是：人类在社会上，假使不用通功易事的方法，将有余的补给不足的，那么种田的人一定多了许多米，没有衣穿，织布的女人也一定多了许多布，没有饭吃了。梓，是一种高大的树木。梓匠，就是木匠。轮，是使车能转动的轮。舆，就是车子，此处所说轮舆，是指制造车子的工匠。孟子道：你（子）如照通功易事的办法，那些造屋的木匠、造车的工匠，都可以吃你的饭，故曰："子如通之，则梓匠轮舆，皆得食于子。"现今有一个人，到家里很能孝他的父母，出外很能尊敬长辈，他又能守着前代圣王的道理，等待后来就学的人，把这道理授给他，这样的人，你却不肯供给他吃饭，你何以尊重木匠车匠，而轻待仁义道德的人呢？故正文云云。

　　曰："梓匠轮舆，其志将以求食也。君子之为道也，其志亦将以求食与？"曰："子何以其志为哉！其有功于子，可食而食之矣。且子食志乎？

食功乎？”

与,作欤。

彭更又道:"木匠车匠,他们的志愿本来为的是求饭吃。士君子推行仁义大道,难道他的志愿也是为了求饭吃吗?"孟子道:你(子)何以认定他的志愿是为了吃饭呢? 他只要有功于你,可以受你供给吃用的,也就吃了。并且你是因他有这个志愿而给他吃饭呢,还是因他有功于你而特给他吃饭? 故曰:"子何以其志为哉! 其有功于子,可食而食之矣。且子食志乎? 食功乎?"

曰:"食志。"曰:"有人于此,毁瓦画墁,其志将以求食也,则子食之乎?"曰:"否。"曰:"然则子非食志也,食功也。"

墁,音幔。

上段孟子问彭更,你是对于有志愿的人,给他饭食,还是对于有功劳的人,给他饭食? 彭更答道:"当然对于志愿在求食的人,才给他饭吃。"故曰"食志"也。孟子又设一个譬喻答他。毁瓦者,把屋上的瓦毁坏也;画墁者,把洁白的墙壁涂污也。孟子说:假定有个人在这里,专做毁坏屋瓦、涂污墙壁的事,而他的志愿是要向你求饭吃的,那么,你也给他饭吃吗?故曰:"有人于此,毁瓦画墁,其志将以求食也,则子食之乎?"彭更听了这话,回答道:"否。"意思是这种人怎么还给他饭吃呢? 孟子听了彭更的话,又说道:照这样说来,是你终究不是给有志的人吃饭,而是给有功的人吃饭了,故曰:"然则子非食志也,食功也。"

(问)何谓食志? 何谓食功?

(解)此章大意,即今人所说权利义务平等也。讲道的人,虽不像工匠劳苦,但他所尽的义务是不可限量的,受诸侯供给饮食,决不能认为过分!

万章问曰:"宋,小国也。今将行王政,齐楚恶而伐之,则如之何?"孟子曰:"汤居亳,与葛为邻,葛伯放而不祀。汤使人问之曰:'何为不祀?'曰:'无以供牺牲也。'汤使遗之牛羊,葛伯食之,又不以祀。汤又使人问之,曰:'何为不祀?'曰:'无以供粢盛也。'汤使亳众往为之耕,老弱馈食。葛伯率其民,要其有酒食黍稻者,夺之,不授者,杀之,有童子以黍肉饷,杀而夺之。《书》曰'葛伯仇饷',此之谓也。为其杀童子而征之,四海之内,皆曰:'非富天下也,为匹夫匹妇复仇也。'"

恶,音物。亳,音薄。馈,音愧。要,此处读如腰。

万章,孟子弟子。他问孟子:"宋是个小国,现今它将要施行王政,齐、楚两大国很厌恶它,将要用兵力去攻伐,宋应当怎样呢?"孟子听了,先讲一个故事给万章听,说道:"从前商朝汤王住在亳的地方,和葛国邻近,葛国的君主葛伯放纵无道,对于祭祀祖先都不肯举行。汤使人问他道:'为何不祭祀祖先?'葛伯答道:'没有供祭祀的牲畜,所以不能举行。'汤便使人送他些牛羊。葛伯把牛羊吃了,仍旧不祭祀。汤又使人问他道:'何为不祭祀祖先?'葛伯答道:'没有供祭祀的米谷,所以不能举行。'汤使自己地方上的民众,到葛国去代他们耕田,又使一般老弱的人,到田间去送饭。葛伯带领了他的百姓,半路上把那些老弱的人截住(要),凡有酒饭米谷的,都把他夺去,不肯给与的,就把他杀了。有一个童子,正把饭和肉送给耕田的人,葛伯也把他杀了,饭和肉统统夺去,所以《书经》上有'葛伯仇饷'的一句话,就是说这件事了。"饷者,将食物送人的意思。仇饷者,是说葛伯对于送食物的人,结了仇雠。汤王因为他杀了这童子,所以带兵去伐葛,当时四海以内的人都道:汤的出兵,并不是贪图天下的财富,为的是要替那些孤独的男女百姓(匹夫匹妇)报仇啊。

"汤始征,自葛载,十一征而无敌于天下,东面而征西夷怨,南面而征北狄怨,曰:'奚为后我?'民之望之,若大旱之望雨也,归市者弗止,芸者不变,诛其君,吊其民,如时雨降,民大悦。《书》曰:'徯我后,后来其无罚。'

此段言汤征葛时之情形也。载,年也。汤的开始征伐各国,是从征葛的那一年起的,以后连续征伐到了十一次,遍天下就没有人来抵御(无敌)了。汤在征伐东方各国,西边的夷人在那里抱怨,汤在征伐南方的各国,北边的狄人也在那里抱怨,他们都说道:"为何先伐别地方,后伐我们这里呢?"这时百姓望汤兵的到来,正像大旱时候盼望下雨的样子。汤所到的地方,去集市上去做买卖的人,仍旧做他的买卖,并不停止,田间芸苗的人,仍旧做他的芸苗工作,并没有什么变动;因为汤的到来,只替他们诛杀无道的君长,慰问(吊)这些被虐的百姓,所以像大旱时候的雨,忽然降下,百姓都欢喜极了。《书经》上说:"等待我这位仁君(后)到来,仁君到了,我们不再被无道君主责罚了!"

"'有攸不为臣,东征,绥厥士女,匪厥玄黄,绍我周王见休,惟臣附于大邑周。'其君子,实玄黄于匪以迎其君子;其小人,箪食壶浆以迎其小人。救民于水火之中。取其残而已矣!

　　上段系孟子引《书经》里记汤征葛的事,此段自"有攸不为臣"至"惟臣附于大邑周",是再引《书经·武成》篇中记周武王伐纣的事,意思是:汤、武二人之征伐是一样的。"有攸不为臣",犹说有所不为臣,意思是说那时尚有些助纣为虐、不愿归向周武王的臣子也。"东征,绥厥士女"者,是武王东征伐纣,抚慰他的男女子民也。匪,同筐,竹编的器具也。玄黄,黑色黄色的货币也。绍,继也。周王者,殷的百姓称周武王也。"匪厥玄黄,绍我周王见休"者,是殷的百姓用竹编的器具,盛满黑色黄色的货币,去迎接周武王的兵,他们都说情愿继续奉事我的周王,常能得见周王的美德(见休)。"惟臣附于大邑周",是殷的百姓表示都愿做周室的臣民,而归附于周的大都会内。"其君子,实玄黄于匪以迎其君子;其小人,箪食壶浆以迎其小人"者,是孟子说:当时殷国在位的官吏,把黑黄色的货币充满筐中,去欢迎周的官吏;殷的小百姓,用篮盛着饭,用壶盛着酒,也去欢迎周的小百姓。像汤武的征伐,不过救百姓于水火之中,单把他这个残暴的君主去掉罢了。故曰:"救民于水火之中,取其残而已矣。"

　　"《太誓》曰:'我武惟扬,侵于之疆,则取于残,杀伐用张,于汤有光。'不行王政云尔。苟行王政,四海之内,皆举首而望之,欲以为君,齐、楚虽大,何畏焉!"

《太誓》,也是《书经》的一篇,系记武王伐纣的文字。"我武惟扬"云云者,是武王伐纣誓师时说道:"我军的威武努力发扬,攻到殷国的疆界,单要拿取这个残害百姓的人;杀伐的功绩因此张大,比较成汤伐桀更有光辉。"孟子又接下去说:"一个国家,不行王政便罢了。苟能推行王政,四海以内的人民,都抬着头望他到来,大家希望他来做国君,齐国、楚国虽然大,又何必怕它呢?"故正文云云。

(问)能行王政,何以就不怕大国的攻伐?

(解)苟行王政,他国人民皆愿奉为国君,人心既归,自然王业能成了。

孟子谓戴不胜曰:"子欲子之王之善与? 我明告子:有楚大夫于此,欲其子之齐语也,则使齐人傅诸? 使楚人傅诸?"曰:"使齐人傅之。"曰:"一齐人傅之,众楚人咻之,虽日挞而求其齐也,不可得矣。引而置之庄、岳之间数年,虽日挞而求其楚,亦不可得矣。

与,作欤。咻,音休。挞,音榻。

戴不胜，是当时宋国人。齐语，是学齐国的言语。傅，是师傅，即教师也。挞，责打也。咻，是许多人喧哗的样子。庄、岳，是齐国繁盛的地方。孟子向戴不胜说道："你（子）要你的王做善人吗？我明明白白地告诉你：假定有个楚国的大夫在这里，要他的儿子学习齐国的言语，是叫齐国人做教师呢，还是叫楚国人做教师？"戴不胜答道："这自然要叫齐国人做教师的。"孟子又道："一个齐国人在那里教齐国的话，旁边有许多楚国人喧哗，虽则由教师日日责打他，要他学会讲齐国的话，那是不可能的。把他送到齐国去，在齐国极繁盛如庄、岳等地方住了数年，你虽日日责打他，要他再讲楚国话，也是不可能了！"故正文云云。

"子谓薛居州善士也，使之居于王所，在于王所者，长幼卑尊，皆薛居州也，王谁与为不善？在王所者，长幼卑尊，皆非薛居州也，王谁与为善？一薛居州，独如宋王何！"

长，此处读如掌。

薛居州，也是宋国人。孟子又向戴不胜说：你既知道薛居州是个极好的士人，所以推荐他到宋王身边，使他接近宋王而能把宋王感化。不过在宋王左右的（在于王所），不论长辈、幼辈、卑位的、尊位的人,要是都像薛居州一类的善人,那么宋王看了多数善人的样子,即使要做不善的事,还有哪个人肯同宋王做此不善呢？在宋王左右的,不论长辈、幼辈、卑位的、尊位的人,要是都不像薛居州一类的善人,那么宋王看了多数不善人的样子,即使要做善事,还有哪个人肯同宋王做此善呢？现在只有一个薛居州,其余的都不是薛居州一类的人,就能使宋王改善吗？故曰:"一薛居州,独如宋王何!"

（问）何谓置之庄、岳之间？

（解）此章意思是说人在多数善人中,自会学善；在多数恶人中,总不免为恶也。

公孙丑问曰:"不见诸侯何义?"孟子曰:"古者,不为臣不见。段干木逾垣而辟之,泄柳闭门而不内,是皆已甚。迫,斯可以见矣。

辟,今作避。内,今作纳。

公孙丑问孟子道:"凡是不肯见诸侯的,是何意义?"孟子答道:"古时的人,不在这个国家做官,和这国君没有君臣之义,所以不肯去见。"意思是不肯屈自己的身份而轻易去进见也。段干木、泄柳,是古时两个贤人。从前魏文侯去见段干木,段干木不肯见他,从墙上爬出去避开,鲁缪公去见泄柳,泄柳关了门不容（内）缪公进来,像这种行为,那都是太过分了；

假使有诸侯非常迫切地定要求见，那就可以见他。故曰："段
干木逾垣而辟（避）之，泄柳闭门而不内，是皆已甚。迫，斯可
以见矣。"意思是：自己屈身去见诸侯，绝不肯为，若诸侯诚意
求见，也不必过分拒绝。

　　"阳货欲见孔子，而恶无礼。大夫有赐于士，
不得受于其家，则往拜其门。阳货瞰孔子之亡
也，而馈孔子蒸豚。孔子亦瞰其亡也，而往拜之。
当是时，阳货先，岂得不见？

　　恶，音物。瞰，音看。
　　阳货，即阳虎，鲁国的大夫。孔子那时家居不做官，故称
为士。按照古礼：大夫有物赐士，士不得收而不答，必当去回
拜大夫。瞰，暗中去探看也。亡，出外不在家也。蒸豚，蒸熟
的小猪也。孟子引从前孔子不见阳货的事，再对公孙丑说：
"阳货要请孔子来自己家里相见，又虑到这是自己无礼，孔子
决不肯来见的，所以先派人探听得孔子不在家中，特将一只蒸
熟的小猪送给孔子。他以为孔子既不在家中，回来见了这赐
物，必定自己上门来拜谢，那就可以相见了。孔子因为不愿和
阳货相见，也派人探得阳货不在家中，然后前去拜谢。"这是孔
子不愿见阳货的一件故事。孟子于是加以解释道：在这时候，

是阳货先来馈送蒸豚,孔子又岂能违反古礼而坚决不去见他呢? 故曰:"当是时,阳货先,岂得不见?"意思是:像阳货这种人不知礼义,孔子决不肯见他,虽则阳货用这方法要使孔子不能不见,但孔子也用这方法答他而仍旧等于不见也。现今各国诸侯多半也是不知礼义的,所以自己也不肯轻易去见。

"曾子曰:'胁肩谄笑,病于夏畦。'子路曰:'未同而言,观其色赧赧然,非由之所知也。'由此观之,则君子之所养,可知已矣。"

胁,音协。畦,音其。赧,音南上声。

胁肩,是耸着肩背。谄笑,是奉承人家的笑脸。夏畦,是指夏天耘田的人。孟子又引曾子的话道:耸着肩背,用笑脸去奉承人家,这种精神上的苦痛(病),实在比夏天耘田的人更加厉害。故曰"胁肩谄笑,病于夏畦"也。又引子路的话"未同而言,观其色赧赧然,非由之所知也"者,是说对于他人,意见并不相同,因为要奉承他,勉强和他谈话,看他的面色,总是涨红(赧赧然)了,很难为情的样子。这种人究竟什么心理,真是我子路(由,子路名也)所不能明白的。意思是:为着奉承人家,自己虽觉得羞耻,然竟自不顾,不知他为着什么呢? 孟子引了曾子、子路的话,又说明自己不见诸侯的缘故,所以接着道:"君子之所养,可知已矣。"是说君子平日应怎样修养,那就可以晓得了。

（问）何谓是皆已甚？

（解）为了权利求见有势力的人，是君子所必不为。但来求见的人出于诚心，就是见也不妨。所以像古人逾墙逃避、闭门不纳，也未免太过，那又是君子所不取的。

戴盈之曰："什一，去关市之征，今兹未能，请轻之，以待来年，然后已，何如？"孟子曰："今有人日攘其邻之鸡者，或告之曰：'是非君子之道。'曰：'请损之，月攘一鸡，以待来年，然后已。'如知其非义，斯速已矣，何待来年？"

攘，音壤。

戴盈之，也是宋国的大夫。来年，即明年。攘，偷也。戴盈之常听孟子说，田赋可收十分之一，关和市都不再征收捐税，于是问道："收十分之一的田赋，除掉关市的捐税，现在的时候还不能做到，拟请把赋税的额度先减轻一点，等到明年，然后再停止关市的捐税，你以为怎样？"孟子答道："现在有一个人，每日要偷取邻家的鸡。倘或有人告诉他：'这不是君子所行的道理。'那偷鸡的道：'请让我少偷些。从今每月偷他一鸡，等到明年，然后停止不偷。'像这样的事情，既然晓得是不应该的(如知其非义),快些停止也罢了,何必再要等到明年呢?"故正文云云。

(问)何谓月攘一鸡?

(解)人既知所行为不义,当立即改革。不能以为少做一点,就可以过去了。

公都子曰:"外人皆称夫子好辩,敢问何也?"孟子曰:"予岂好辩哉! 予不得已也。天下之生久矣,一治一乱:当尧之时,水逆行,泛滥于中国,蛇龙居之,民无所定,下者为巢,上者为营窟。《书》曰:'洚水警余。'洚水者,洪水也。使禹治之,禹掘地而注之海,驱蛇龙而放之菹,水由地中行,江、淮、河、汉是也。险阻既远,鸟兽之害人者消,然后人得平土而居之。

洚,音酱。菹,音疽。

公都子,孟子弟子,他问孟子道:"外面的人都称夫子喜欢和人家辩论,这是什么缘故呢?"孟子答道:"我难道真喜欢和人家辩论吗? 那是我极不得已的事啊!"恐怕公都子不明白自己的不得已之处,所以又接着说道:"天地间生有人民已经长久了,太平一时,又乱一时。当尧帝的时候,水势向上逆流,冲到陆地上,遍满中国的地方,于是水族中蛇龙等害人之物,都跟着大水住到陆地上来,百姓逃避灾害,没有了一定住所,低下的地方只好架木为巢,躲在树上;较高的地方便在泥土上掘了洞(营窟),躲在里面,所以《书经》上说:'洚水警余。'洚水是什么呢? 就是极大的水(洪水)。尧于是使禹去治理这个大水。禹在地面上开掘沟道,使这些水都流注到海里去,再驱逐蛇龙等物,都到低洼生有水草的湖泽中去(菹,泽生草也)。大水都从地中流行,那就是长江、淮河、黄河、汉水这几条大川了。危险阻害的东西既逐渐与人相远,鸟兽害人的事也消灭了,然后人民得到平地而可以安居了。"故正文云云。

"尧、舜既没,圣人之道衰,暴君代作。坏宫室以为污池,民无所安息;弃田以为园囿,使民不得衣食。邪说暴行又作,园囿污池,沛泽多而禽兽至。及纣之身,天下又大乱。周公相武王,诛纣伐奄,三年讨其君,驱飞廉于海隅而戮之,灭国者五十;驱虎豹犀象而远之,天下大悦。《书》曰:'丕显哉,文王谟! 丕承哉,武王烈! 佑启我后人,咸以正无缺。'

污池者,是蓄水不流的大池。飞廉者,是助纣为虐的臣。

奄，东方小国名，也是助纣为虐的。丕，大也。谟，谋划也。烈，光辉也。佑，助也。启，开也。上文讲尧、舜之时一治，到了尧、舜既没，圣人之道又衰微了，暴虐的君主一代一代地相继出来，把民间的房屋（宫室）毁坏，改做了污池，百姓弄得没有安居休息的所在，又把民间的田废弃，改做了园囿，使百姓更弄得无衣无食，再加以奸邪的言论和暴虐的行为又相继出来，那些园囿污池因为生草的水（沛泽，都是水中生草之所）太多了，禽兽又都来聚集了。及到纣王的时世（及纣之身），天下又起了大乱，于是周公辅助（相）武王，诛杀了纣王，又去征伐奄国，在三年中间，既把残暴的国君加以讨伐，又把助纣作恶的飞廉驱逐到海边杀了。《书经》中说："伟大而显明的，是文王创业的谋划；伟大而继承下去的，是武王平治天下的光荣。帮助我们开导我们这后世的人民，事事都依照着正道而再没有缺失！"

"世衰道微，邪说暴行有作，臣弑其君者有之，子弑其父者有之，孔子惧，作《春秋》。《春秋》，天子之事也。是故孔子曰：'知我者，其惟《春秋》乎！罪我者，其惟《春秋》乎！'

周公相武王又是一治，到了孔子时，天下又一乱，所以孟子说：东周以后，"世上又衰败了，道德又微薄了，邪说暴行又（有）纷纷起来了。这时有以臣弑君的，有以子弑父的，孔子见了这种情形，很觉得忧惧，所以制作一部《春秋》的书"。《春秋》，本是鲁国的史书，孔子修改《春秋》的宗旨，是在纠正君臣父子的名分，这本是天子的赏罚，所以孔子常说："晓得我意思的，只有这部《春秋》的书。若以我不应行天子的赏罚而罪责我的，也只有这部《春秋》的书。"

"圣王不作，诸侯放恣，处士横议，杨朱、墨翟之言盈天下。天下之言，不归杨，则归墨。杨氏为我，是无君也；墨氏兼爱，是无父也。无父无君，是禽兽也。公明仪曰：'庖有肥肉，厩有肥马，民有饥色，野有饿莩，此率兽而食人也。'杨、墨之道不息，孔子之道不著，是邪说诬民，充塞仁义也。仁义充塞，则率兽食人，人将相食。吾为此惧，闲先圣之道，距杨、墨，放淫辞，邪说者不得作；作于其心，害于其事；作于其事，害于其政。圣人复起，不易吾言矣！

厩，音就。莩，音漂上声。

杨朱、墨翟，是孟子以前、孔子以后的人。为我，是杨朱的学说，以为一个人只要自己图快乐，自身以外的，就是国君也可不去管它。兼爱，是墨翟的学说，以为世界上的人，我应该同样地爱他。第一小段是孟子又说："现在有圣德的帝王，没有出来，一班诸侯，都非常放肆，只逞自己的意志，那些不在朝廷上的士人（处士），公然不顾一切而大发议论（横议），于是杨朱、墨翟等偏僻的学说布满天下。遍天下的言论，不归向杨朱的学说，就归向墨翟的学说，杨朱所创的为我，是国君都没有的，墨翟所创的兼爱，是父亲都没有的，没有君父的人，那真是禽兽一类的东西了。"

第二小段是引公明仪所说的话："国君自己厨房（庖）里有极肥的肉，马棚（厩）里有极肥的马，但是百姓多有饥饿的脸色，田野中多有饿死的尸体，这真是国君领了禽兽去吃人了。"

第三小段，孟子又接着说道："现在杨朱、墨翟的学说不见熄灭，孔子的学说不见彰显，是把邪说欺诬百姓，扩充开去，连仁义的道路都塞住了。仁义既被邪说充满塞住，那么，非但领了禽兽吃人，甚至到了人吃人的地步了。"

第四小段孟子又说："我为了这种情形而惧怕，想保卫（闲）前代圣王的道理，拒绝杨、墨之说，使之不得流行，再把淫乱的言词，设法废弃（放淫辞），使这种邪说不再发生。因为这种邪说发生，是能惑乱人心，而有害于事的。既有害于事，那在政治方面自然也有害处，虽有圣人再出来，决不会改变我这句话的。"

"昔者，禹抑洪水而天下平。周公兼夷狄、驱猛兽、而百姓宁。孔子成《春秋》而乱臣贼子惧。《诗》云：'戎狄是膺，荆舒是惩，则莫我敢承。'无父无君，是周公所膺也。我亦欲正人心，息邪说，距诐行，放淫辞，以承三圣者，岂好辩哉？予不得已也。能言距杨、墨者，圣人之徒也。"

诐，音必。

此段系总结上面各小段的意思，孟子又说："从前的时候，大禹遏止（抑）了大水而天下得以平定。周公兼并了夷狄，驱逐了猛兽，而百姓得以安宁。孔子制作了《春秋》，一班乱臣贼子方才知道惧怕。《诗经》上说：'攻击戎狄，痛惩荆舒，就没有人敢于拒绝我。'那些无父无君的人，就是周公所以要攻击的。我是希望纠正人心，消灭邪说，拒绝那种不正（诐）的行为，废弃那些淫乱的言词，用以继续三位圣人的事业罢了，难道真是喜欢辩论吗？这是我所不得已的事情。凡能正当立论，排斥杨、墨等学说的，那都是圣人的信徒了。"故正文云云。

（问）何谓好辩？

（解）孟子好与人辩论的宗旨，是在拒杨、墨之学，故曰不得已也。

匡章曰："陈仲子，岂不诚廉士哉！居於陵，三日不食，耳无闻，目无见也。井上有李，螬食实者过半矣。匍匐往，将食之，三咽，然后耳有闻，目有见。"孟子曰："于齐国之士，吾必以仲子为巨擘焉。虽然，仲子恶能廉？充仲子之操，则蚓而后可者也。夫蚓，上食槁壤，下饮黄泉。仲子所居之室，伯夷之所筑与？抑亦盗跖之所筑与？所食之粟，伯夷之所树与？抑亦盗跖之所树与？是未可知也。"

於陵之於，音乌。螬，音曹。擘，读如薄荷之薄。恶，音乌。蚓，音引。槁，音搞。与，作欤。跖，读如直。

匡章、陈仲子，皆齐国人。於陵，齐国地名。螬，是一种小虫。实，即果实。巨擘，是大拇指。蚓，是蚯蚓，俗名曲蟮，是一种圆体细长的虫。槁壤，即干燥的泥土。盗跖，是古时一个大盗。匡章对孟子说道："陈仲子这个人，岂非真是个廉洁的人呀！他住在於陵地方，三日不得到食物，耳朵听不见了，眼睛看不见了。井上面有株李树，所生的果实被小虫侵蚀，已经去了大半。仲子在地上爬过去（匍匐往），把那果实吃了，嚼了三口咽下，然后耳朵才能听见，眼睛才能看见。"意思是陈仲子自愿受饿，从不向人求取食物，实在算得廉洁之士了。孟子答道："在齐国士人中间看来，我也必定把仲子算做个大拇指头的。虽然如此，仲子哪里能称作廉洁呢？扩充仲子的操守，要像泥土中的蚯蚓，那才可以算廉洁的。"孟子用蚯蚓比喻，再加以解释道："那蚯蚓在地面上只吃些干泥土，在地底下只饮些泉水。现在仲子所住的房屋，是伯夷所建筑的呢？还是盗跖所建筑的呢？他所吃的米，是伯夷所种的呢？还是盗跖所种的呢？"从前伯夷因操守很坚，不食周朝的米，情愿饿死在首阳山，假使住的吃的，都是伯夷的东西，那才算廉洁。倘然是大盗的东西，就不能算廉洁的。故曰："是未可知也。"意思是究竟他以前所住所吃从何而来，那还是不知道的。

曰："是何伤哉！彼身织屦，妻辟纑，以易之也。"曰："仲子，齐之世家也。兄戴，盖禄万钟。以兄之禄为不义之禄而不食也，以兄之室为不义之室而不居也，辟兄离母，处于於陵。他日归，则有馈其兄生鹅者，己频顣曰：'恶用是鶃鶃者为哉？'他日，其母杀是鹅也，与之食之。其兄自外至，曰：'是鶃鶃之肉也。'出而哇之。

辟纑，音璧卢。盖，此读如蛤。辟兄之辟，今作避。频，同觯。颐,与蹙同,音促。恶,音乌。鹖,音意。哇,音蛙。

"是何伤哉",是匡章说:这又有什么伤害呢?意思是仲子所住所吃,虽不一定是伯夷的东西,但在他个人的操守上,终究没有什么害处的。又道:况且他自己常亲自编织麻鞋,他的妻也亲自纺绩练麻(辟,绩也,练麻也),用这种东西去换取各种物品,故曰:"彼身织屦,妻辟纑,以易之也。"孟子又道:"仲子是齐国的世家。他的兄陈戴,从所封的地方'盖'每年收得禄米有一万钟(一钟为六斛四斗)之多。仲子以为兄的俸禄是不应该得的禄,所以不肯吃;又以为兄的房屋是不应该得的房屋,所以也不肯去住,于是避开了兄,离开了母,去住在於陵的地方。有一天,仲子回家,有人把只活鹅送给他的兄,仲子看见后把眉心额角皱着(频)说道:'要用这个呀呀叫的东西做什么呢?'过了一天,他的母亲杀了这鹅给他(仲子)吃,他的兄刚从外面进来,对仲子道:'这个就是呀呀叫的肉啊。'仲子听了,急忙出去把已吃的鹅肉都吐了出来。"故正文云云。

"以母则不食,以妻则食之。以兄之室则弗居,以於陵则居之。是尚为能充其类也乎?若仲子者,蚓而后充其操者也。"

此段是孟子批评陈仲子之为人,他对于母所给的食物以为不义而不吃,对于妻所给的却又吃了,对于兄的房屋以为不义而不住,对于於陵这地方却又住了,这样,哪里还能成为他所谓不义则不食、不义则不居的一类呢？像仲子的为人,要能做到同蚯蚓一样,那才算保持了他的操守。故曰："若仲子者,蚓而后充其操者也。"

(问)如陈仲子之行为,怎么还算不得廉洁？

(解)陈仲子为人,自以为廉洁,其实是不对的。他既连母兄都认为不义,不愿食母之食,居兄之居,那世上将无可食也无可居了。他既以妻则食,以於陵则居,可见他并非真是个廉洁之士,所以孟子不承认匡章之称赞也。

第四篇　离娄

孟子曰：“离娄之明，公输子之巧，不以规矩，不能成方员；师旷之聪，不以六律，不能正五音；尧、舜之道，不以仁政，不能平治天下。今有仁心仁闻而民不被其泽，不可法于后世者，不行先王之道也。故曰：‘徒善不足以为政，徒法不能以自行。’《诗》云：‘不愆不忘，率由旧章。’遵先王之法而过者，未之有也。

员，今作圆。

离娄，是古时最有眼力的人。公输子，是古时能造机器的一个巧匠。师旷，是古时最精音乐的一个乐师。规，是制圆物的器械。矩，是制方物的器械。六律，是以竹为筒，分六阴六阳，调节五音高下的一种用器。孟子道：“有离娄的眼力，公输子的灵巧，假使不用规矩等器械，就不能制成圆的或方的物件；有师旷的善听声音（聪），假使不用六律，就不能订正五音；有尧、舜的道德，假使不推行仁政，就不能治理天下使海内太平。”意思是说：一个人虽有高大的志向，但不用方法做事，仍旧是一无成绩的。接下去说道："现在虽然有仁心，又有仁德的声名，而那些百姓没有受到他的恩泽，又不可使后世取法，就因为不推行先王之道的缘故。所以说，'空有仁善的心，并不实行，那还不能做政事的；空有仁善的法度，并无诚心，那还不能自己施行的。'"此段是说善政良法，须有诚心诚意方能施行，否则都成空话也。又引《诗经·大雅·假乐》篇中的诗句道："不愆不忘，率由旧章。"愆，就是过失。章，就是法律制度。意思是：为政之道，不要有过失，不要遗忘了，须遵守前代圣王的法度。能遵守前代圣王法度而还有过错的，那是决不会有的。

"圣人既竭目力焉，继之以规矩准绳，以为方员平直，不可胜用也；既竭耳力焉，继之以六律正五音，不可胜用也；既竭心思焉，继之以不忍人之政，而仁覆天下矣。

覆，音复。

此段仍是申说上文，说的是："圣人既竭尽目力，又用圆规、曲尺、水准器、绳墨，去做那些方的、圆的、平的、直的物品，那就非常便利，用之不尽了。既竭尽耳力，又用六律去纠正五音，也是非常便利而用不胜用了。既竭尽心思，又施行不忍人民困苦的仁政，于是仁德便遍盖天下了。"

"故曰：'为高必因丘陵，为下必因川泽。'为政不因先王之道，可谓智乎？

此段是再引两句成语说明遵守先王之道的重要。意思是：凡是要高的，必须依着山岭堆积，那就容易高了；凡是要低下的，必须依着大川湖泽开掘，那就容易下了。施行政治而不依先王之道，还可以称他是有智识的吗？

"是以惟仁者宜在高位，不仁而在高位，是播其恶于众也。上无道揆也，下无法守也，朝不信道，工不信度，君子犯义，小人犯刑，国之所存者，幸也。故曰：'城郭不完，兵甲不多，非国之灾也。田野不辟，货财不聚，非国之害也。上无礼，下无学，贼民兴，丧无日矣！'

揆，音葵。朝，音潮。丧，去声。

此段系根据上文，说明在上者的不能不行仁政。意思是："所以只有仁心的人，应该坐在最高的地位，若是不仁的人坐在最高的地位，那就把他的恶处都传播到群众里面去了。"道揆者,是依照义理度量一切事物。法守者,是依照法度履行自己的职责。"上无道揆也,下无法守也"云云者,是说在上的国君既没有依照义理度量一切事物,在下的官吏也没有依照法度履行自己的职责,这样,在朝廷上的人都不信仰道德的好处,在下工作的也不信仰所谓国家的法度了。于是在上位的君子,所做的事很容易抵触(犯)道义,在下位的小人,所做的事很容易触犯刑法,到此地步,这个国家还能存在而不亡的,那是偶然的幸运罢了,故曰"朝不信道"云云。所以说:城郭不坚固(不完),兵甲很缺少(不多),那不是国家的灾殃;田野不开辟,货财不聚积,也不是国家的损害;只有在上位的人没有礼法,在下位的人没有学问,那些像盗贼一般的乱民就要兴风作浪,国家的丧亡不过朝暮之间,用不着多少日子了!如正文云云。

"《诗》曰:'天之方蹶,无然泄泄。'泄泄,犹沓沓也。事君无义,进退无礼,言则非先王之道者,犹沓沓也。故曰:'责难于君谓之恭,陈善闭邪谓之敬,吾君不能谓之贼。'"

蹶,音桂。泄,音意。沓,音踏。
蹶者,跌倒的意思。"天之方蹶",是说天意刚要把这个国家推翻使同跌倒一样也。① 泄泄,是很随便而不急切的样子。"无然泄泄"者,意思是说国家既在危亡的时候,不要再很随便的样子,应当急急地想些方法来挽救。这是《诗经·大雅·板》篇中的句子。"沓沓",是孟子时候流行的俗语,也是很随便的意思,所以孟子用"沓沓"二字来解释《诗经》里的泄泄,故曰:"泄泄,犹沓沓也。"接下去又说:"做人臣的奉事国君,全没有道义,进去时或退下来全没有礼仪,所讲的话全不是前代圣王的道理,这种人,犹之很随便而不急切国事的行为了。""故曰"者,是别引一句本有的成语也。"责难于君谓之恭"者,是说人臣要求国君施行仁政,才叫作"恭"。"陈善闭邪谓之敬"者,是说向国君讲说仁义,堵塞异端,这才叫作"敬"。"恭敬"二字,一是表露在外面的,一是蕴蓄在内心的,所以可分开来用。"吾君不能谓之贼"者,是认为自己所事的国君决不能行善政,因而不把道理去告诉他,这就叫作有害国家的贼臣。

（问）何谓泄泄?

（解）此章的大意是说:要为仁政,必须有方法去做。不去做,是与没有仁心一样。而这方法,就是能遵行前代圣王的方法。至于国家有了危亡,并不急切地想挽救,那是必至于亡国

---

① 此处所释"蹶"字不确。"蹶"此处为"动",动摇扰乱的意思。古人相信天地的变化与国家的兴亡相连。此句意为,天要变了,我们不能这样随便了。——编者按

的。总之,为人臣者,不将这种道理告诫国君,就是不恭不敬,而贼害这国家,那更是不可不知的。

孟子曰:"规矩,方员之至也。圣人,人伦之至也。欲为君,尽君道;欲为臣,尽臣道:二者,皆法尧、舜而已矣。不以舜之所以事尧事君,不敬其君者也。不以尧之所以治民治民,贼其民者也。孔子曰:'道二,仁与不仁而已矣。'暴其民甚,则身弑国亡;不甚,则身危国削。名之曰幽、厉,虽孝子慈孙,百世不能改也。《诗》云:'殷鉴不远,在夏后之世',此之谓也。"

此章是孟子讲述做圣人之道也。"至也"者,是到了极点的意思。幽、厉,是残暴君主死后的谥号。孟子道:"圆规(规)和曲尺(矩)是方圆的标准(意思是:要使方圆达于极致,即合乎标准,就要用到圆规和曲尺两样器具)。要讲究做人的伦常,只要效法圣人;圣人是人伦的极点,即圣人是做人的典范。所以要做君的,应该尽做君的道理;要做臣的,应该尽做臣的道理:做君做臣两种道理,无非都是学尧、舜的方法罢了。假使不用舜所以事尧的道理,去事当时的君,这就是不敬他的君了;不用尧所以治百姓的道理,去治当时的百姓,这就是贼害他的百姓了。所以孔子也说：'道理只有两条路，一条是仁的路，一条是不仁的路罢了。'做人君的，暴虐他的百姓太过分，一定弄得身被人弑、国被人灭；暴虐而没有过分，也不免弄得自身危险、国土被人割削。这种君主，身死之后尚且受到称'幽'或称'厉'两种恶谥。这种恶谥加在身上，虽然有孝顺的子孙，传到百世以下，都不能给他改换的。《诗经·大雅·荡》篇中说：'殷朝纣王倘然用暴君亡国的事警戒自己，年代并不久远，就在夏朝桀王的一代。'这正是说后来的人君，也应把这些暴君作为警戒的。"故曰："此之谓也。"

（问）何谓殷鉴不远？

（解）此章与上章同一意思，因上章意犹未尽，故再以规矩方圆一提，以明做人君者不可不效法尧、舜也。

孟子曰："三代之得天下也以仁，其失天下也以不仁。国之所以废兴存亡者亦然：天子不仁，不保四海；诸侯不仁，不保社稷；卿大夫不仁，不保宗庙；士庶人不仁，不保四体。今恶死亡而乐不仁，是犹恶醉而强酒。"

恶，音物。乐，音要去声。强，上声。

四海，犹说四海以内，即指天子所有的天下。社稷者，诸

侯所祭的土神与谷神,即指诸侯所有的国土。不保者,即国被
灭亡,而不能保守也。宗庙,是卿大夫的家祠。此章系根据前
一章再解释不仁的害处。孟子说道:"三代(夏、商、周)所以
能得天下,就是行了仁政,三代所以失天下,就是行了不仁的
政,便是诸侯各国,所以弄得衰废或者兴盛,保存或者灭亡,也
都是这个道理。大概天子而不仁的,必不能保住他的四海;诸
侯而不仁的,必不能保住他的社稷;卿大夫而不仁的,必不能
保住他的家祠;士人和百姓而不仁的,必然犯法受诛,而不能
保住他的身体。现今的人,心里虽厌恶身死国亡,但对于不仁
的事却乐于去做,这犹之心中厌恶酒醉却偏要饮酒一样。"

(问)何谓恶醉而强酒?

(解)此章之意,即世俗所谓明知故犯也。例如盗贼,明知
为法律所不许,而终甘心作盗贼,此即恶死而乐不仁也。

孟子曰:"爱人不亲,反其仁;治人不治,反其
智;礼人不答,反其敬。行有不得者,皆反求诸
己;其身正而天下归之。《诗》云:'永言配命,自
求多福。'"

此章系讲述责人当先责己的道理。"爱人不亲,反其仁"
者,是我爱人而人不亲我,我只要回转来考察自己,是不是以

仁待人,我如常用仁心待人,人决没有不和我相亲的,故曰:"反其仁。""治人不治"者,是我去治人而人不受我的治,就当回转来考察自己,是不是我的智力尚不足以治人,故曰:"反其智。""礼人不答"者,是我用礼貌待人,而人不来答我,也当回转来考察自己,是不是对人尚有不恭敬之处,故曰:"反其敬。"再总结一句说:"凡一切行为,有不能如愿的(行有不得)都只要回转来向自己身上搜求,尚有什么欠缺的地方。一个人,只要自己品行端正,天下的人自然都来归向他。"所以《诗经·大雅·文王》篇里说:"人能常常想念到合乎天理,那就是自己求得无量的幸福了。"

（问）何谓反求诸己?

（自省）我能反求诸己吗?

孟子曰:"人有恒言,皆曰:'天下国家。'天下之本在国,国之本在家,家之本在身。"

恒言,是常常说的一句话。孟子道:"一般人常常有一句话,都说道:'天下国家。'"他们虽说这话,未必能晓得实在的意义,所以孟子特加以说明道:"天下的根本,是在一个国;一个国的根本,是在一个家庭;一个家庭的根本,是在一个人的身体。"意思是说:只要本身修养好,那就可改善家庭;家庭改善,那就可治国;国既整治,那就可平定天下,这就是《大学》上所谓齐家、治国、平天下，都是先从修身做起的。

（问）何谓本？

（自省）我能修身不能？

孟子曰："为政不难，不得罪于巨室。巨室之所慕，一国慕之；一国之所慕，天下慕之。故沛然德教溢乎四海。"

巨室，是称世代做官的大户人家，这种人家，在国内很有声望，一般人民大都仰望而以为表率。所以孟子说：施行政治是不难的，但不可开始就得罪这些有声望的大户人家，须先用诚意去感化，使这些有声望的大户人家先来敬慕你，那全国的人就都来敬慕你了。故曰："巨室之所慕，一国慕之。"再推开去，就能使天下的人都来敬慕，故曰"一国之所慕，天下慕之"也。"故沛然德教溢乎四海"者，德，道德也；教，教化也；溢，充满也；沛然，是广大普遍的样子，是说施行政治时，因为天下人所敬慕，所以他的道德教化就能广大普遍而充满在四海以内了。

（问）何谓德教溢乎四海？

（解）此章言为政之道，须先使国内最有声望者心悦诚服，不加反对，自然事无不举了。

孟子曰:"天下有道,小德役大德,小贤役大贤。天下无道,小役大,弱役强,斯二者,天也。顺天者存,逆天者亡。齐景公曰:'既不能令,又不受命,是绝物也。'涕出而女于吴。"

女,此处读去声。

此章系讲述国君须勤修德业,顺从天命,不可好大喜功而自取败亡也。孟子说:天下有道的时世,不论国之大小,道德小的,去服役于道德大的,贤能小的,去服役于贤能大的。天下无道的时世,那就成为小国服役于大国,弱国服役于强国:这两种都有一定的天理,能够顺这天理,他的国家就可以存在,逆这天理,他的国家就必至灭亡也。"齐景公曰"者,是说齐景公当时说过的。"既不能令"者,是当时的齐国已很衰弱,既没有力量可使他国来听我的命令也。"又不受命"者,是自己又不能接受强国的命令也。"是绝物也"者,是说照这样子,那是自己和他人(物,作人字解)隔绝,永远得不到和好了也。齐景公说这两句话,因为当时齐国已很衰弱,吴国正在强盛,自己既没有力量对吴国作战,只得服从吴国的命令,于是景公流出涕泪,只得把自己女儿出嫁(女是出嫁的意思)到吴国去,作为两国媾和的条件,这是齐国对吴国以弱役强的一段故事,孟子的意思,以为也只有这个办法了。

"今也小国师大国而耻受命焉，是犹弟子而耻受命于先师也。如耻之，莫若师文王。师文王，大国五年，小国七年，必为政于天下矣。

孟子又接下去道："现今的小国，既然效法（师）大国，专讲娱乐而不修政事，却又以接受大国的命令为羞耻，这好像做了学生，对于听受先生的命令以为羞耻。如果真知道羞耻，不如去效法周文王。能效法周文王，那么大的国家不出五年，小的国家不出七年，必定能把政治施行于天下了。"故正文云云。

"《诗》云：'商之孙子，其丽不亿。上帝既命，侯于周服。侯服于周，天命靡常。殷士肤敏，裸将于京。'

裸，音贯。

《诗经·大雅·文王》篇中说"商之孙子，其丽不亿"者，丽，数目也；亿，十万也（此乃古数，今人以万万为亿），是说商朝的子子孙孙，他的数目不止十万也。"上帝既命，侯于周服"者，是上帝既然命周文王做天子，商的子孙皆当改为诸侯而臣服于周朝了。"侯服于周，天命靡常"者，是商的子孙所以臣服于周，因为天命是没有一定的，意思是有德的人都可以做天子,现在文王有德,殷的子孙自当遵依天命而改做周朝的臣也。"殷士肤敏,裸将于京"者,肤,容貌伟大也;敏,才能敏捷也;裸者,祭祀宗庙时把酒洒在地上迎接神的临降也;将,助也;是说殷的士人,不论容貌伟大与才能敏捷的,都来担任洒酒的职务,帮助周京举行祭祀大典也。此诗系咏周文王耻事大国,自己修德行仁,才能得到天命,而使殷的子孙、殷的士人都来归向,所以当时大小各国,只要能效法周文王,也能得到这王天下的地位了。

"孔子曰:'仁不可为众也。夫国君好仁,天下无敌。'今也欲无敌于天下而不以仁,是犹执热而不以濯也。《诗》云:'谁能执热,逝不以濯。'"

此段又引孔子的话道:"行仁的国君,敌国的民众虽多,也不能抵挡他。所以国君能好仁,是遍天下没有可以抵敌的。"孟子再加以说明道:"现今的国君,心里很想无敌于天下而不能行仁政,这好比苦热的人而不肯洗澡一样。《诗经·大雅·桑柔》篇中也说:谁能感到酷热,却不去冲个凉呢?"

(问)何谓执热而不以濯?

(解)此章言弱小的国家,既然耻事强国,除非师法文王,方能不为敌国所灭,否则只能屈服于敌国。

孟子曰:"不仁者,可与言哉?安其危而利其菑,乐其所以亡者。不仁者而可与言,则何亡国败家之有?有孺子歌曰:'沧浪之水清兮,可以濯我缨。沧浪之水浊兮,可以濯我足。'孔子曰:'小子听之!清斯濯缨,浊斯濯足矣,自取之也。'夫人必自侮,然后人侮之;家必自毁,而后人毁之;国必自伐,而后人伐之。太甲曰:'天作孽,犹可违。自作孽,不可活。'此之谓也。"

菑,同灾。缨,音英。孽,读如涅。

此章言不仁的人是自取灭亡也。不仁的人,是逢到危难尚以为安的,逢到灾祸尚以为有利的,明明自取灭亡而尚且荒淫无道、只顾快乐的,所以孟子说道:"不仁的人,也可和他讲话吗?他是安于危难、利于灾祸、乐于灭亡的。那些不仁的人,假使尚可和他讲话而有所感悟,哪里会有亡国败家的祸害呢?"

孺子,小孩也。沧浪,是一处地方的水名。缨,是帽上结的丝带。孟子说了不仁者的不知祸害而反以为快乐,又说明世间祸害,都是自己去招来的,所以接着说:"当时有个小孩在那里唱着歌道:'沧浪的水清了,可以洗洗我帽上的丝带。沧浪的水浊了,可以洗洗我的脚。'孔子听了这歌,就对那些弟子道：'你们这班后生小子听听吧！水清的，可以洗帽上的缨，水浊了，只能洗脚，那都是自己弄成这样的啊！'"意思是，水只要自己能清，就被人看重而洗头上的帽缨，自己浊了，就被人看轻只能供人洗脚了。

孟子引了孺子的歌和孔子所发的感慨，又自己加以按语道："所以一个人，必定自己先有了可被人欺侮的地方，然后人家才敢来欺侮他；一个家庭，必定自己先有了可毁灭的道理，然后人家才敢来把他毁灭；一个国家，必定自己先有了可被人攻伐的形势，然后他国的人才敢来攻伐他。从前商朝的王叫太甲的，他曾说过：'天降的灾害，人还可以避免（违），人若自己造了罪孽，那是不可活了。'这句话就讲的是这种事啊。"

（问）何谓清斯濯缨，浊斯濯足？

（解）不仁的人，不足与言，皆因他始终不能觉悟，虽然灾祸丛生而不可救药也。

孟子曰："桀、纣之失天下也，失其民也；失其民者，失其心也。得天下有道；得其民，斯得天下矣。得其民有道；得其心，斯得民矣。得其心有道；所欲与之聚之，所恶勿施尔也。民之归仁也，犹水之就下，兽之走圹也。故为渊驱鱼者，獭也；为丛驱爵者，鹯也；为汤、武驱民者，桀与纣也。

恶,音物。圹,音旷。獭,音塔。爵,通雀。鹯,音沾。

圹,广阔的场所,兽类所喜奔跑的。獭,水獭,水兽名,喜食鱼类。丛,即丛林。爵,即雀。鹯,猛鸟,喜食雀。孟子道:"夏桀、殷纣的亡失天下,因为先失了人民,怎么叫失了人民?就是失了人民的心。所以要得天下是有方法的:只要得了人民,那就得了天下了;要得人民,也是有方法的:只要得了人民的心,那就得了人民了;要得人民的心,也是有方法的:只要把人民所需要的东西都给了他们,替他们积聚起来,人民所厌恶的事,不要加到他们身上就好了。民心归向于行仁政的君主,好像水势向下流去、兽类向旷野奔跑。所以替深水(渊)把鱼赶来的,那是水獭;替丛林把鸟雀赶来的,那是鹯;替汤、武把百姓赶来的,那就是夏桀和殷纣。

"今天下之君有好仁者,则诸侯皆为之驱矣,虽欲无王,不可得已。今之欲王者,犹七年之病,求三年之艾也,苟为不畜,终身不得,苟不志于仁,终身忧辱,以陷于死亡。《诗》云:'其何能淑?载胥及溺。'此之谓也。"

好,去声。王,去声。

上文说为汤、武驱民的是桀、纣,所以此段接下去说:"现今天下的君主,倘有喜欢行仁政的,那些诸侯都把自己的人民驱逐到行仁政的这个国内去了,到了那时,你自己虽想不必王天下,也是不可能了。""今之欲王者,犹七年之病,求三年之艾也",艾,是治病的一种草,把它晒干,藏了三年之久,然后可用火燃着治病。现今的想要王天下的君主,好像已经生了七年的病,方才去求三年的艾,那当然不能立刻求到的,如果不及早藏蓄(畜),必至于终身不可求到,故曰"苟为不畜,终身得"也。比之于现今的诸侯,如果不一心一意地施行仁政(志于仁),终身将忧愁而受辱,甚至陷落在身死国亡的路上,故曰"苟不志于仁,终身忧辱,以陷于死亡"也。《诗经·大雅·桑柔》篇中说:"他这样子哪里能希望他行善(淑)呢?只有大家都溺死在水里罢了(载胥及溺)!""此之谓也"是孟子引了《诗经》中两句,再加以说明:"那就是讲的这种事啊!"

(问)何谓得其心?

(解)此章系说明虽弱小国家,只要人民归心,未尝不可以王天下,总之在乎人君能力行仁政。

孟子曰:"自暴者,不可与有言也。自弃者,不可与有为也。言非礼义,谓之自暴也。吾身不能居仁由义,谓之自弃也。仁,人之安宅也。义,人之正路也。旷安宅而弗居,舍正路而不由,哀哉！"

舍,上声。

此章言做人不可不遵守仁义也。一个人能居心于仁,好像住在一所极安稳的房屋里,一个人所做的事都能合理,好像走在极正大的路上。暴,犹害也。自暴,犹言自己害自己。弃,抛弃也。自弃,犹言自己抛弃自己。孟子道:"自暴的人,不可以再同他讲话,自弃的人,不可以再同他做事。"孟子又将自暴自弃加以解释道:"一个人说出来的话不合礼、不合义的,叫作自暴,自己的身体不能居心仁爱,走着正大的路,叫作自弃。"接下去说道:"仁,是人的安稳房屋,义,是人的正大道路,把安稳的房屋空(旷)起来不住(弗居),离开正大的道路不走,那真是可怜极了(哀哉)!"

(问)何谓自暴自弃?

(解)我能不自暴自弃吗?

孟子曰:"道在尔而求诸远,事在易而求诸难。人人亲其亲,长其长,而天下平。"

尔,作迩。长,此处读如掌。

道者,就是做人的道理。一般人听了一个道字,以为非常深微玄妙,其实都是看错的。尔,今作迩,就是近的意思。"道在尔"者,是说做人的道理,就近在自己身上。"而求诸远"者,一般人不晓得这个道在哪里,却到远地方去寻求。意思是说:岂非舍近求远,弄错了呢?"事在易而求诸难"者,是合乎道理的事,本来极容易的;一般人不知,偏从难的地方去寻求。意思是说:岂非舍易求难,弄错了呢?只要每个人亲爱自己的父母,尊敬(上一长作敬重解)自己的长辈,天下就可太平了。

按儒家的所谓道,就是讲做人的道理。做人的道理,其实很近而又很容易,如亲爱父母、敬重长辈,那岂不是近而且易的吗?至于道家所提倡的道,就和儒家根本不同了。如《老子》上说:"道可道,非常道。"又说:"有物混成,先天地生。……吾不知其名,字之曰道。"这岂不是从极远极难的地方去寻求吗?此儒道两家,虽同说一"道"字,而近远难易,就截然不同也。

(问)何谓人人亲其亲,长其长?

(自省)我能否亲我的亲,长我的长?

孟子曰:"居下位而不获于上,民不可得而治也。获于上有道,不信于友,弗获于上矣。信于友有道,事亲弗悦,弗信于友矣。悦亲有道,反身不诚,不悦于亲矣。诚身有道,不明乎善,不诚其身矣。是故诚者,天之道也;思诚者,人之道也。

至诚而不动者，未之有也。不诚，未有能动
者也。"

此章文法系倒溯上去，从获于上、信于友、事亲，以至诚
身，而全篇主要在一"诚"字。诚者，就是做人要有诚意。孟子
道："在下位的人，而不能获得君上的信任，那些人民就无从去
管治。要获得君上的信任，是有方法的；对待朋友没有信用，
就不能获得君上的信任了。要得信用于朋友，是有方法的；奉
事父母不能得父母的欢心，就不能获得信用于朋友了。能得
父母欢心，是有方法的；回转来考察自身没有诚意，就不能得
父母的欢心了。要自身有诚意，是有方法的：没有明白哪一种
是善行，就不能使自身有诚意了。所以有诚意是天然的道理，
常常想到有诚意是做人的道理。一个人能有诚意到了极点，
还不能感动他人，是绝不会有的。若自己不有诚意，也断没有
能感动他人的。"如正文云云。

（问）何谓至诚而不动？

（自省）我是否有至诚的心思，有至诚的行为？

孟子曰："伯夷辟纣，居北海之滨，闻文王作，
兴曰：'盍归乎来！吾闻西伯善养老者。'太公辟
纣，居东海之滨，闻文王作，兴曰：'盍归乎来！吾

闻西伯善养老者。'二老者，天下之大老也，而归之，是天下之父归之也。天下之父归之，其子焉往？诸侯有行文王之政者，七年之内，必为政于天下矣。"

辟，作避。

海之滨，是海的旁边。兴，起来的意思。盍，犹说何不。太公，即姜太公，姓吕，名望。殷末，纣王暴虐，杀害忠良，所以伯夷避开了他，去住在北海旁边，后来听得周文王出来行王政，就高兴地说道："何不归向西周啊！我听得西伯（当时文王尚称西伯）是善能奉养老年人的。"姜太公避开了纣，住在东海旁边，听得周文王出来行王政，也很高兴地说道："何不归向西周啊！我听得西伯是善能奉养老年人的。"孟子讲了伯夷、太公两人欢迎文王出来的情形，接着说道："这两位老人家，是天下最大的老人家，而能归向文王，那就是天下所有的父老都归向文王了，天下所有的父老归向了，他那些儿子，还能到什么地方去呢？"意思是，天下人民都跟着伯夷、太公而归向于文王也。现在的诸侯，如有行文王的政治，七年以内，必可以把他的政治遍及于天下的！

（问）何谓大老？

（解）上章言得天下有道，是在先得人心。此章补充上章，是一般人民大都依着有名望的父老而行动，例如从前伯夷、太公归向文王，天下人心也就归向文王了。

孟子曰："求也为季氏宰，无能改于其德，而赋粟倍他日。孔子曰：'求！非我徒也，小子鸣鼓而攻之，可也。'由此观之，君不行仁政而富之，皆弃于孔子者也。况于为之强战。争地以战，杀人盈野；争城以战，杀人盈城：此所谓率土地而食人肉，罪不容于死！故善战者服上刑，连诸侯者次之，辟草莱，任土地者次之。"

强，上声。辟，作闢。

求，是孔子弟子，姓冉，名求。季氏，是鲁国的大臣。为季氏宰，是冉求尝在季氏家中做属官（宰，即古时的家臣）。"无能改于其德，而赋粟倍他日"者，是冉求没有力量能把季氏的道德改好，而对于征收钱粮，却比从前增加了一倍也。孔子以为不然，所以呼着他的名道："求！不像我的徒弟了。你们这班弟子，可敲起鼓来，攻击他啊！"孔子本以薄收钱粮、厚待百姓为主，现今冉求违背此义，所以不愿认他是弟子，特命其余的学生将他攻伐也。孟子转述了孔子的话，又说道："从这些上面看来，国君不行仁政，专求增加财富，那都是见弃于孔子的人。况且现在的人还要跟着国君,去勉强打仗,为了争夺一块地方而打仗,杀死的人就遍满了乡野,为了争夺一座城池而打仗,杀死的人就遍满了一城,这个是带着(率)地方去吃人民的肉了,这种人的罪恶,虽杀了他,还不足以宽恕他。"故曰:"罪不容于死。"孟子又总结加以定论道:"故善于打仗的人,应该受最重的刑罚,至于勾结诸侯,乘机图取富贵的人,受次等的刑罚,为了增加赋税而开辟荒地(草莱),令人民担任耕种的(任土地)受更次等的刑罚。"故正文云云。

(问)何谓鸣鼓而攻?

(解)政府者,为民而设,不做保民、养民、教民的事,只知增收钱粮,或与邻国争战,以逞一己之私欲,皆系民贼,而罪不容于死者也。

孟子曰:"存乎人者,莫良于眸子,眸子不能掩其恶。胸中正,则眸子瞭焉。胸中不正,则眸子眊焉。听其言也,观其眸子,人焉廋哉?"

眸,音谋。瞭,音料。眊,音冒。焉,音烟。廋,音搜。

眸子,就是眼中的瞳神。瞭,是明亮。眊,是糊涂。廋,是隐藏的意思。"人焉廋哉",是说这个人哪里还能隐藏呢?此章是说观察他人最要紧的,就在他一双眼睛,而瞳神尤其是眼睛的主宰,故孟子道:"存在一个人身上的,讲到最有用(良)

没有比得过瞳神了。人的瞳神,是不能遮盖其罪恶的,心胸间很正直的时候,他那瞳神定很明亮的,心胸间不正直的时候,他那瞳神就很糊涂了。所以要观察人的好坏,只要听他所说的话,再看他的瞳神怎样,这个人是善是恶,哪里还能隐藏呢?"

(问)观其眸子,是何意义?

(解)坏人与人讲话,心中都是不正直的念头,常于不知不觉中,从眼光里流露出来。凡深于世故人情的人,对于坏人,一见便知,就是用孟子这个方法。

孟子曰:"恭者不侮人,俭者不夺人。侮夺人之君,惟恐不顺焉,恶得为恭俭?恭俭,岂可以声音笑貌为哉?"

恶,音乌。

此章言人君者须以真实的恭俭对待臣下也。"恭者不侮人",是说恭敬的人主,不肯欺侮怠慢他人也。"俭者不夺人",是说俭朴的人主,不肯夺取他人的东西。那些欺侮人、夺人东西的君主,所怕的是人民不顺着自己的欲望,这种君主,哪里能算他是恭俭呢?恭敬俭朴的行为,岂可以说话的声音、对人的笑脸假装出来呢?故曰:"侮夺人之君,惟恐不顺焉,恶得为恭俭?恭俭,岂可以声音笑貌为哉?"

（问）何谓恭俭？

（解）此章意思：凡做人君，重在有真实的行为，不能以声音笑貌骗人。

淳于髡曰："男女授受不亲，礼与？"孟子曰："礼也。"曰："嫂溺，则援之以手乎？"曰："嫂溺不援，是豺狼也。男女授受不亲，礼也。嫂溺援之以手者，权也。"曰："今天下溺矣，夫子之不援，何也？"曰："天下溺，援之以道。嫂溺，援之以手。子欲手援天下乎？"

髡，音坤。与，作欤。

淳于髡，是与孟子同时代的人。他问孟子道："男子不把物件亲手交给女子，女子不亲手接受男子手里的物件，这是礼吗？"孟子道："有这个礼的。"淳于髡又道："如见嫂跌入水里（溺），用手去拉救（援）吗？"孟子道："嫂跌入水里，不用手去拉救，这是畜生中豺狼一类的东西了！男子和女子不把物件亲手授受，是正经的礼节，嫂跌入水里，用手去拉救，那是权宜的办法。"淳于髡又道："现今天下的人民，无不受苦，好像都跌入水里了，夫子你不去拉救他们，是何缘故呢？"孟子道："天下的人民像跌入水里，是要用王道去救济的，嫂跌入水里，那是用手去拉救她的,你想叫我也用手去拉救天下的人民吗?"意思是救济人民,非国君行王道不可,绝不能像拉救嫂溺般轻易的。

(问)何谓权?

(解)后汉儒家,拘守古礼,龂龂争辩只在琐小仪节,以至耽误大事,皆不知权之义也。

公孙丑曰:"君子之不教子,何也?"孟子曰:"势不行也。教者必以正,以正不行,继之以怒,继之以怒,则反夷矣。'夫子教我以正,夫子未出于正也',则是父子相夷也,父子相夷则恶矣。古者易子而教之,父子之间不责善,责善则离,离则不祥莫大焉。"

古时的所谓教,是教以做人的道理,学者,也是学做人的道理。凡是人,无不要自己的儿子做个好人,但古时的君子,都不自己去教儿子,所以公孙丑问道:"君子之不教子,何也?"孟子道:"这在事势上所不能行的。"为什么不能行呢?因为一个人所做的事,不免有违反正道的,父子同在一处,父做的事,儿子一定都晓得。正,即正经道理。夷,是伤害的意思。夫子与先生,是古时对父兄的通称。责善者,我责备人一定要做善事也。孟子说了"势不行也"一句话后,又说明势不行的道理,他说:

"父教其子,必然教他遵守正经的道理,其子对于正经道理如不肯遵行,为父的势必继以动怒,为教儿子而继以动怒,那对于自己与儿子的感情反有损害了。那做儿子的,或者不服教育,反问他的父道:'你做父亲(夫子)的教我遵守正经道理,但你自己所做的事并未都出于正经啊。'这样,父子间的感情彼此都有了损害,父子的感情损害,就成了一件最恶的事了,所以古时的人,大家把儿子互相交换来施教育。父子之间,是不可以彼此用善事督责的,彼此用善事督责,就会发生隔阂(离),父子间有了隔阂,世间不祥的事,没有比这个更大了。"

(问)何谓责善?

(解)易子而教者,因师可以责善于徒,父不便责善于子也。且师徒不睦,可以分离,父子不可分离故也。

孟子曰:"事孰为大?事亲为大。守孰为大?守身为大。不失其身而能事其亲者,吾闻之矣,失其身而能事其亲者,吾未之闻也。孰不为事?事亲,事之本也。孰不为守?守身,守之本也。

守身者,守住自己身子,不做坏事也。孟子道:"凡百事体,以哪一件为最大?那要算事亲的事体最大了。对于保守以哪一件为最大?那要算保守自身不做坏事为最大了。自身保守不失而能奉事其亲,这种人我是听说过的,自身都不能保守,而能奉事其亲,这种人我是没有听说过的。人所做的,哪一件不是事体? 不过事亲是各种事体的本原。人所做的,哪一件不是保守? 不过保守自身是各种保守的本原。"此段意思,是说做坏事的人,连自身都守不住,绝不会孝事其亲的。

"曾子养曾晳,必有酒肉,将彻,必请所与。问有余,必曰'有'。曾晳死,曾元养曾子,必有酒肉,将彻,不请所与。问有余,曰:'亡矣。'将以复进也。此所谓养口体者也,若曾子,则可谓养志也。事亲若曾子者,可也!"

晳,音锡。亡,作无。

此段衔接上文讲事亲之道。曾子,名参,孔子弟子。曾晳,是曾子的父。曾元,是曾子的儿子。彻者,将所剩的酒肉取去也。孟子说:"从前曾子奉养他父亲曾晳,必定有酒肉,将所剩的取去时,必定请问他父亲给哪个人吃。假使曾晳问道:'还有余剩吗?'曾子必然回答:'有的。'后来曾晳死了,曾元奉养曾子,也是必有酒肉,将所剩的取去时,并不请问他父亲给哪个人吃。假使曾子问道:'还有余剩吗?'曾元必然回答:'没有了。'他是想把余剩的酒肉藏着,下次再送进去供奉他的父亲。照曾元这样,那就是所谓只能供养父亲的嘴巴和身体,要像曾子,才可以说他的供养是能照顾到父亲的心情了。所以事父母能像曾子的样子,就好了。"

（问）何谓养志?

（解）曾子奉养曾皙,在于能求曾皙心中快乐。曾元奉养曾子,不过饮食无缺,并不顾及曾子心中快乐与否。

　　孟子曰:"人不足与適也,政不足间也。惟大人为能格君心之非,君仁莫不仁,君义莫不义,君正莫不正,一正君而国定矣。"

　　適,音谪。间,此处读如谏。

　　適,过也。间,非毁也。格,正也。此章系讲述事君当先感化君心的道理。"人不足与適也"者,是说小人在位做官,他的过处,要他更改也不胜其改,所以也不足责备的。"政不足间也"者,是说小人施行不良政治,要非毁也不胜其非毁,所以不足非毁的。"惟大人为能格君心之非"云云者,是说只有大才德的人,才能用感化的法子,把君主的心改正,使他不做不合仁义的事,因为君心既仁,举国的人心无有不仁,君心既义,举国的人心无有不义,君心既正,举国的人心无有不正。所以只要把君主的心纠正,全国就可以安定了。

（问）何谓格君心之非?

广解孟子

（解）此章言为人臣不必做琐屑的细事，只要把人君的心改正，全国的人就都能向善了。

孟子曰：“有不虞之誉，有求全之毁。”

虞，是意料。誉，是名誉。“有不虞之誉”者，是说不在意料之中的名誉。求全者，我想做完全的好人也。毁者，人家讲我的坏话。孟子说：“我并不希望人家说我好，人家偏多称赞我，这是自己所意料不到的名誉。我很想做个完全的好人，人家还在说我不好，这是想求完美而反得到的坏话。”意思是：做人只要自己不错，人家说我的好话坏话，都不足轻重的①。

（问）何谓不虞之誉？何谓求全之毁？

（自省）人家毁誉我，我的感想怎样？

孟子曰：“人之易其言也，无责耳矣。”

易，去声。

“易其言”者，是随口讲话，不知轻重也。孟子说：“一个人如果口无遮拦，随便乱说，那就没必要去责备他了！”故曰：

---

① 此处所释略有偏差。孟子意谓，有意想不到的称赞，也有求全责备的毁谤。“不虞”是自己没想到，“求全”则是外人的苛求。——编者按

"无责耳矣。"

（问）何谓易其言？

（自省）我能慎重发言否？

孟子曰："人之患，在好为人师。"

好，去声。

这句话，必是有感而发的。聚徒讲学，始于孔子，而后孟子诸人继之。本来为人师的意思，因为一般人不知道理，没有知识，所以像孔子教人以做人的道理，又教人以《诗》、《书》及六艺等知识，这是出于挽救世道人心的一种用意，不是想在此中求什么利益。但到了孟子的时候，聚徒讲学成为风气，有些人并没有做师长的资格，或是用异端邪说来诱惑世人，居然也自命为师，而受到一般人的推崇，这和孔、孟的所谓师道，那是相去很远，或竟是绝对相反的。因此孟子非常感慨地说道：世人最有害的就是喜欢做别人的老师。

（问）何谓好为人师？

（解）如前篇彭更曰："后车数十乘，从者数百人，以传食于诸侯，不以泰乎？"可见当时聚徒讲学的人，一般诸侯都非常崇仰，因之无识的人，无不仰慕而遂好为人师也。

乐正子从于子敖之齐。乐正子见孟子，孟子

255

曰:"子亦来见我乎?"曰:"先生何为出此言也?"
曰:"子来几日矣?"曰:"昔者。"曰:"昔者,则我出
此言也,不亦宜乎!"曰:"舍馆未定。"曰:"子闻之
也,舍馆定,然后求见长者乎?"曰:"克有罪。"

长,读如掌。

此章内容当有别情,否则等到舍馆定后,再见长者,亦不
为大过。子敖者,乃是齐国佞臣王驩的字,即孟子所不与谈话
的人。克,是乐正子名。乐正子从王驩到齐国,孟子见他和自
己所厌恶的人同行,心中不满意,所以借此责问他。昔者,前
日也。舍馆,即今旅馆。长者,即长辈,是孟子自称。"子来几
日矣",是问你到这里来已几日了?

(问)乐正子往见孟子,何以见责?

(解)乐正子自承克有罪,是已知孟子厌恶王驩之故,不愿
自己与之同行也。

孟子谓乐正子曰:"子之从于子敖来,徒铺啜
也。我不意子学古之道,而以铺啜也。"

铺,音哺阴平。啜,音辍。

此章与上章相接。孟子知道乐正子与子敖同行之故,加

以责问也。徒，但也。铺，食也。啜，饮也。孟子对乐正子道："你所以从了子敖同到齐国来，但不过为了些饮食。我真料不到（不意）你是个学古道的人，出来却只为些饮食。"意思是说子敖是个小人，你和他结伴同行，除了得些饮食，更有什么好处可得呢？

（问）何谓徒铺啜？

（解）王驩为齐王宠臣，乐正子因自己是孟子学生，齐王又正尊重孟子，所以与王同行，绝不是真的为了饮食，孟子不过借此责问他罢了。

　孟子曰："不孝有三，无后为大。舜不告而娶，为无后也。君子以为犹告也。"

中国古时最重祭祀，以为有了子孙，祖宗的祭祀才能继续而不废。《诗经》里又有"取妻如之何，必告父母"两句话，所以人要娶妻，必须禀告父母而先得父母的同意。"不孝有三，无后为大"者，据赵岐注谓："于礼，有不孝者三事：阿意曲从，陷亲不义，一也；家贫亲老，不为禄仕，二也；不娶无子，绝先祖祀，三也。三者之中，无后为大也。"舜娶尧帝之女为妻，并没有禀告父母，因为舜虽是个孝子，他的父亲瞽瞍非常恶劣，舜若禀告，一定不能得到允许。所以孟子推论舜的不告而娶，因为是恐怕绝了后代，后世君子，多能原谅他，以为舜的不告，犹之禀告而不能说他是错的。

（问）何谓不告而娶？

（解）据古传记所言，尧为天子，舜为匹夫。尧以女妻舜，以天子之位授舜，舜之见重于尧，可算到了极点。但舜娶尧之女为妻，不告父母，实在有不得已之处，后世的人绝不能以"不告而娶"怀疑到舜的无礼也。

孟子曰："仁之实，事亲是也。义之实，从兄是也。智之实，知斯二者，弗去是也。礼之实，节文斯二者是也。乐之实，乐斯二者，乐则生矣。生则恶可已也？恶可已，则不知足之蹈之，手之舞之。"

乐之实之乐字，为音乐之乐，读如悦。余俱为欢乐之乐，读如勒。恶，音乌。

实者，实在也。仁，是对人要仁爱，对人仁爱，须先从爱亲做起，所以仁的实在，就是事亲。义者，是应该做的事，而主要在乎能敬。敬人须先从敬兄做起，所以义的实在，就是依从兄长。智者，是能明白一切事理，所以智的实在，就是能明白事亲与从兄两种道理，而不把它们抛掉，故曰："智之实，知斯二者，弗去是也。"节文者，据赵岐注："事亲从兄，不失其节而文其礼敬之容,故中心乐之。"意思是:事亲从兄,不失礼节,而容貌又能文质彬彬,含着恭敬的态度,这就是礼的实在也。故曰:"礼之实,节文斯二者是也。"音乐之设,本为礼太烦琐,故于行礼之中,特用音乐以和畅其心神。一个人能事亲从兄,事事遵礼,于是雍容和乐,而欢乐即从此而生。故曰:"乐之实,乐斯二者,乐则生矣。""足之蹈之,手之舞之",是在乐舞时两手的舞动与两足的踏步也。"生则恶可已也"云云者,是说事亲从兄的礼行之已久,爱亲敬兄的心自然发生,既经发生,那就不能停止(恶可已),既不能停止,那就手舞足蹈,不知不觉地快乐到极点了。

(问)何谓足之蹈之,手之舞之?

(解)此章言礼教之原因与结果也。礼虽繁博至不可计数,然无不从事亲从兄最切近的地方做起。苟能如此,礼教自行,人生皆臻欢乐之极境矣!

孟子曰:"天下大悦而将归己,视天下悦而归己,犹草芥也,惟舜为然。不得乎亲,不可以为人。不顺乎亲,不可以为子。舜尽事亲之道而瞽瞍厎豫,瞽瞍厎豫而天下化,瞽瞍厎豫而天下之为父子者定:此之谓大孝!"

瞽，音古。瞍，音叟。

瞽瞍，舜之父，因是瞎眼，故称瞽瞍，犹说是瞎眼的老人。底，是做到的意思。豫，欢喜也。"瞽瞍底豫"者，据古史言：瞽瞍常欲杀舜，舜终是极尽孝道，结果连瞽瞍都能欢喜了。此章言舜之所以为大孝。孟子道："天下的人民，都非常欢喜（大悦），都要来归向自己，但舜觉得天下人民都来归向自己，没有什么重要，不过像草和芥菜一般，那就只有舜能够这样（为然）。舜的心里，以为不能得父母的欢心，自己就不可以做人，不能顺遂父母的心，自己就不可以做人的儿子，所以舜只知极尽事父母的道理，于是连瞽瞍也欢喜了。瞽瞍都欢喜，遍天下的人就一齐感化了，瞽瞍都欢喜，遍天下做父的知道做父的道理，做子的知道做子的道理，就统统安定了，这就是他所以被称为大孝啊。"

（问）何谓瞽瞍底豫？

（解）据古史载：舜为瞽瞍前妻所生。后母与前氏之子总是不睦的居多数，此时为父者，又多信从后妻之言，凌虐前妻之子。如果前妻之子，能不以此为意，仍极尽其孝道，则为父母者，自能久而感化，此和乐家庭之所由造成。世称舜为大孝，即此故耳！

孟子曰："舜生于诸冯，迁于负夏，卒于鸣条，东夷之人也；文王生于岐周，卒于毕郢，西夷之人也。地之相去也，千有余里；世之相后也，千有余岁；得志行乎中国，若合符节；先圣后圣，其揆一也。"

郢，音影。

诸冯、负夏、鸣条，皆地名。岐，岐山，周朝建国的地方。毕郢，也是地名。东夷西夷，是东西二处未开化的地方。符节，是古时用竹雕刻文字，分为两半，双方各执其一，要验看时可以并合的。"若合符节"者，是比喻双方相同，像合并符节一样。揆，度量的意思。"其揆一也"者，言度量他们两个人的道德，是一样的。孟子道："舜生在诸冯的地方，后来迁居到负夏，死在鸣条，他是东方未开化地方的人。文王生在岐山下的周国，死在毕郢的地方，他是西方未开化地方的人。他们两人的地方，相去有一千余里，世代的前后，相隔有一千多年，他们得志在中国行起仁政来，竟像并合符节，完全相同。所以先出来的圣人和后出来的圣人，度量他们的道德，是一样的。"

（问）何谓若合符节？

（解）此章是孟子劝告当时的诸侯，只要能行仁政，大家都可以做到舜与文王，地点的偏远，时代的先后，对于国家的成立，个人的生死，都是没有关系的。

　　子产听郑国之政,以其乘舆济人于溱、洧。孟子曰:"惠而不知为政。岁十一月徒杠成,十二月舆梁成,民未病涉也。君子平其政,行辟人可也,焉得人人而济之? 故为政者,每人而悦之,日亦不足矣!"

　　溱,音臻。洧,音委。杠,音缸。焉,音烟。

　　子产,是春秋时郑国的贤大夫。溱、洧,郑国的两条水名。乘舆,是坐的车子。杠,桥也。徒,走也。梁,也是桥。舆梁,可行车子的桥也。子产听治郑国的政事,把他所坐的车子,在溱水、洧水地方渡来往的人,孟子说他只知道以恩惠待百姓,不知道真正办理政治的道理。故曰:"惠而不知为政。"真正会办理政治的,于每年十一月,就要把好走的桥造成,十二月,把好通车子的桥造成,如此,则百姓不会苦到去涉水了。故曰:"民未病涉也。"病,是苦患的意思。涉,就是从水中走过去,有了桥,不必涉水了。"君子平其政"者,言君子施行公平的政治,"行辟人可也"者,言使行路的人,都开辟得有一定的地方,就可以了①(例如现在的路政,车行路,人行路,或向左边走

----

① 此处所释不确。孟子意谓,君子只要为政均平,外出清辟道路都是可以的,没必要对百姓施小恩小惠,以显示自己的仁德。这体现了孟子为政须"先立乎其大者"的作风。——编者按

等,都辟有一定的地方,人的走路,自然不至于碰撞了)。为政只要如此就好,若用自己的车子去渡人过水,怎么来得及将所有的人都渡过呢？故曰:"焉得人人而济之。"所以为政治者,要每个人都使他欢喜,虽终日去做这种事,也仍旧是不够的,故曰:"每人而悦之,日亦不足矣!"

(问)何谓惠而不知为政?

(解)本章的意思是说施行仁政,并不是给百姓一些小恩惠就算数的,必须对于政治有整个的计划,按部就班,切实做去,那么才可以使全国的人得着好处。子产的惠爱百姓,可谓至矣,然非能使人人皆得其所,故孟子以为不知为政。

孟子告齐宣王曰:"君之视臣如手足,则臣视君如腹心。君之视臣如犬马,则臣视君如国人。君之视臣如土芥,则臣视君如寇仇。"王曰:"《礼》为旧君有服,何如斯可为服矣?"曰:"谏行,言听,膏泽下于民;有故而去,则君使人导之出疆,又先于其所往;去三年不反,然后收其田里:此之谓三有礼焉。如此,则为之服矣。今也为臣,谏则不行,言则不听,膏泽不下于民;有故而去,则君搏执之,又极之于其所往;去之日,遂收其田里:此之谓寇仇。寇仇,何服之有?"

此章言君臣的待遇。孟子告齐宣王道："人君看待臣下如自己的手足,知道他们种种的事情,则臣下看待君上,也如自己的腹心一样,竭力保护它,使它没有忧患。人君看待臣下如狗马,只知使唤骑坐,不管它苦不苦,则臣下看待君上,也一些不关切,当他不过是国里的一个人罢了。人君看待臣下如一块泥土、一把芥菜一样,则臣下看待君上,也如强盗(寇)仇人一样了!"此言犬马还有知识,至土芥,连知识都没有,土则要踏便踏,芥则要吃就吃,臣下处此地位,自然心怀怨恨,不但忍视君之危殆,还要当他是寇仇,用力扑杀他了。

齐王听了此话,心中很是气愤,然又不敢得罪于孟子,故用"《礼》为旧君有服"的话来暗驳孟子,言此人现在虽然已经不为此君之臣,但因以前曾经事过此君,现在此君死了,在古人所定的《礼经》上面,还要给他穿素服,可见臣对君的关系是很深切的,不能轻易解除,当然更不能随便反对了。"何如斯可为服矣?"齐王引了《礼经》上的话,又问怎样才可以给以前的君主穿素服。孟子于是又对道:以前他事此君的时候,他谏君,君照他的谏而行事,他有言语,又听从他的言语(谏行言听),因此君的恩泽可以下及百姓。但他却为了有些事情,要到别国去,那时候为君的还要派了人,引导他走出己国的疆界。"又先于其所往"者,又对于他所往的国里,为他介绍,请那国的君主收用他。"去三年不反,然后收其田里"者,等这个臣子去了三年还不回来,然后把他所有的田地住宅收为国家的产业,这样叫作三次有礼。那么,那为臣的等到旧君死了,要给旧君穿素服了。

上节是说明为旧君有服的道理,下节又说明现在的臣下,所以不必为旧君有服的道理。搏执之者,将他的亲族捉起来杀掉。"极之于其所往"者,言对臣所往之国,极力说他这个人不好。孟子又继续道:"现今为臣下的,他谏,君不肯行,他言,君不肯听,君的厚恩,因此也不能下施到百姓身上去。一朝他有事到别国去,那君上就要将他的亲族捉住了杀掉,还要极力向他所往的国,说他的种种不好。他去的日子,就没收他的田地和住宅,这个就是强盗和仇人了。既然是强盗和仇人,哪里有再为他穿素服的道理呢?"

(问)何谓如土芥、如寇仇?

(解)此章极言君臣待遇的平等,可见孟子时的专制君主还不十分暴虐,儒家尚能持正当的言论。至后世腐儒,乃倡为"君臣之义,无所逃于天地之间",及"君使臣死,臣不得不死"之谬论,于是专制君主之暴虐,遂比虎狼还要厉害了!明太祖读《孟子》此章,竟不许孔庙中祭祀孟子,可笑亦复可恨。难怪黄梨洲《明夷待访录》,要痛斥小儒的无识而肇祸了。

孟子曰:"无罪而杀士,则大夫可以去;无罪而戮民,则士可以徙。"

士,就是有学问而尚未做官的人。大夫,当时的官。民,百姓。此章言须明哲保身,不要受暴君之杀戮。士与君尚无直接关系,君今无故杀戮士人,则为官者日在君之左右,更随时可以杀戮了。因此为官的看到君主杀无罪的士人,就可以去官而不做;同样,百姓终年辛苦,捐纳赋税,假使无罪而遭君的杀戮,则为士的人,更可被君杀戮了,因此也就可以迁徙到别的地方去了。

(问)士与大夫与民有何分别?

(解)《易》曰:"履霜坚冰至。"言踏着了霜,就可以预先知道天气必定逐渐要寒冷了,就要有坚的冰了,应该预先防备着。国君无罪杀人,虽然杀的是比我下一等的人,将来当然也就可以杀我的,所以一看见这些事不如早些去早些徙也。

孟子曰:"君仁莫不仁,君义莫不义。"

一群人,总看着首领的行动而行动,故君能以仁存心,以义行事,则一群人,自然也都看着他而有仁有义了。

(问)何谓莫不仁?莫不义?

(解)此章系言一般人的态度。至于有大知识者,自能独立,不必随君而为行动也。

孟子曰:"非礼之礼,非义之义,大人弗为。"

有道德而在上位者,古称为大人,种种礼节,都有道理在内。若没有道理的礼节,便叫作"非礼之礼"。义者,应该做的事体,若不应该做的事体,便叫作"非义之义"。这种礼、这种义,是有道德而在上位的人不做的,故曰"大人弗为"。

　　(问)何谓非礼之礼? 非义之义?

　　(解)世之在上位者,种种动作虽属非礼非义,而必自言是礼是义,故喝破之曰:非礼非义也。

　　孟子曰:"中也养不中,才也养不才,故人乐有贤父兄也。如中也弃不中,才也弃不才,则贤不肖之相去,其间不能以寸。"

　　乐,音勒。

　　"中也"者,是说做事没有过头或不及,刚刚做得恰到好处的人。"才也"者,言有才能的人。不中,就是做事不能做得恰到好处的人。不才,就是没有才能的人。孟子说:人之性是善的,全在乎教育,有了教育,善的人不至于变为恶人了,故不中不才的人,须有中有才的人去教养他,所以一个人最快活的是有贤父兄教养他。如若有中有才的人,对于不中不才的人,放弃而不去教养他,则有中有才的人,就和不中不才的人彼此没有什么大分别了。

　　(问)何谓乐有贤父兄?

（解）此章言家庭教育最为重要。人有贤父兄，则自幼得受善良的教育，人人皆能成有用之才。

孟子曰："人有不为也，而后可以有为。"

不为者，就是不做非义的事，不去钻营。有为者，就是能够做合义的事，也能够担当大事。能够担当大事的人，必不肯去乱撞乱干，到了可做的境遇，便用出才能去做。

（问）何谓不为？何谓有为？

（解）不为者，如诸葛亮之躬耕隆中，不和群雄去争权力；及刘玄德之三顾草庐，则担任军国大事，所谓有为也。

孟子曰："言人之不善，当如后患何！"

寻常自命能干的人，最喜欢说人家的不好，不知被人家听了去，心中记着怨恨，有时候施行报复，那就有后患了。

（问）何谓言人之不善？

（解）人要自己称能，往往说他人的不能；要自己称好人，往往说他人是坏人，都没有顾虑到有后患。

孟子曰："仲尼不为已甚者。"

已甚,就是太过头。做人做事,都要适中,只有孔子能够如此,故孟子称之。

(问)何谓已甚?

(自省)我对人对事,有已甚之弊否?

孟子曰:"大人者,言不必信,行不必果,惟义所在。"

有些人疑此章,决非圣贤的言语。无论大人小人,做人做事,岂可言不信,行不果乎?人至言而不信,行而不果,还有什么义可讲呢?但是孟子此言,是有感而发的。譬如有一个人,在前清时做着清朝的官,却暗地投入了革命党,力做排满的事,这样,他做官时的言就不必信,行就不必果了,原来他的目的是"惟义所在",只要革命成功罢了。一个人如果言必信,行必果,却情愿牺牲大义,充其量只是硁硁自守的小人,算不得大人。实在说起来,他的目的是义,始终不变,努力进取,也就是言而信,行而果了。

(问)何谓惟义所在?

(解)读古人书,须认清其主要点所在,不可曲解取巧。若以言不必信、行不必果为大人,而忘却了惟义所在,则无恶不作矣!

孟子曰:"大人者,不失其赤子之心也。"

赤子者,初生的婴孩也。婴孩的心毫无假情,大人对人,也全是真情。故曰:"不失其赤子之心。"这是因为世上坏人,都被恶俗沾染,以至真性情俱失,假面目流行,只有真智识真道德的大人,才不为恶俗所沾染。

(问)何谓赤子之心?

(自省)我对人的态度与思想如何?

孟子曰:"养生者不足以当大事,惟送死可以当大事。"

养生送死,乃人子事亲之事,这当然是对的。但扩而充之,凡人不独对亲为然,对于戚族朋友,也当如此,否则在其生存时,养之爱之,至其死,则变易面目,弃而不顾,不免要令人发"一死一生,交情乃见"之感叹了。这种人是有头无尾的小人,哪里能够担当大事,所以做人能够对死者与生者一样,才可以担当大事。

(问)何谓当大事?

(解)当大事,不是专指一种人说的,如君相,担当国家大事,家主,担当一家大事,乃至社会上任何一小团体,都有重要事件、重要时节,都须有人担当。

孟子曰："君子深造之以道，欲其自得之也。自得之，则居之安；居之安，则资之深；资之深，则取之左右逢其原。故君子欲其自得之也。"

原，同源。

道，就是做人之道。深造之者，言把做人的道理，深深地熔铸在心中也。自得之者，这种做人的道理要自己去行，自己得来，不是别人能够为力的。自得之，则居之安者，就是能够把做人的道理涵养得透，居在这世界上，便无不安乐也。孔子言，仁者不忧，智者不惑，勇者不惧，即居之安的意思。居之安，则资之深者，资，犹凭借的意思，言所居既能安乐，则凭借这安乐的境地，深远而不尽，于日常交际种种事情，无不左也顺利，右也顺利，如舟在大水中，到处可以行驶，故曰"左右逢其原"也。因为如此，所以做君子的，要他自己去求得的。

（问）何谓深造自得？

（自省）我能深造自得否？

孟子曰："博学而详说之，将以反说约也。"

此即《论语》颜子说"博我以文，约我以礼"之意。所以要博学于文而把道理详细解说之者,为了要反过来说到至约的地步也。就是说,等到道理融会贯通以后,心有所得,就可以凭着心思去做,无不可通的。

(问)何谓博学详说?

(解)说约者,如王阳明只说"致良知"三字,而于万事万物,无不应付裕如,甚至擒宸濠,对权奸,都用此法,此约之效用也。但是他能够如此,当然是借着他的"博学而详说之",不是一步便办到的。

孟子曰:"以善服人者,未有能服人者也。以善养人,然后能服天下。天下不心服而王者,未之有也。"

王,去声。

此章言以善去压服人,是不能叫人心服的,只有以善去教养人,天下的人才能心服,也可以说空口说善是无益的,必须有实惠及人,然后人能服他。近今一班人,最喜发表议论,虽所说的都是善的行动,但人家是不会服从他的。要把所说的善,实实在在施惠泽于人,然后能服天下的人也。天下的人不心服,是断不会王天下的。

(问)何谓以善养人?

(解)汉人言:"为政不在多言,顾力行何如耳!"亦言只要以实惠养人,自能得人心服也。

孟子曰:"言无实不祥,不祥之实,蔽贤者当之。"

"言无实不祥"者,说话不真实,即是不祥之事。"不祥之实,蔽贤者当之"者,言这种不祥之实患,应由这种蔽贤的人负其咎也。古话:"进贤受上赏,蔽贤受显戮。"受显戮就是不祥之实。

(问)何谓蔽贤?

(自省)我说话能诚实吗?

徐子曰:"仲尼亟称于水曰:'水哉!水哉!'何取于水也?"孟子曰:"原泉混混,不舍昼夜,盈科而后进,放乎四海,有本者如是,是之取尔!苟为无本,七八月之间雨集,沟浍皆盈,其涸也可立而待也。故声闻过情,君子耻之!"

亟,读若器。混混,同滚滚。浍,音快。涸,音核。闻,音问。

徐子,与孟子同时代的人。仲尼,孔子的字。亟,屡次也。

混混,水涌出不断的状态。科,坎也,空处也。涸,水干也。声闻,声名闻望也。情,实也。徐子问孟子道:"孔子屡次称赞水道:'水啦!水啦!'有何取意呢?"孟子道:"有源(原)头的泉水,滚滚地流出来,昼夜不停;到满了一个空处,再向前流去,一直放到四面的海里,因为它有本源,所以会这个样子,孔子所取的就是这一点。苟或没有本源的水,像七八月之间,雨落下来,集在一处,田里的沟和通水的路(浍,水路也)水都满了,然而这种水的流干(涸),可以立着等它的。"上面所说泉水,是有本源的,虽日夜长流,流进海里,不至于断绝;七八月间的雨水,因无本源,虽田地上落满了水,也立刻可以流干的,这就是说人的声名闻望,超过实在的学问道德,是君子所羞耻的,人必须有实在的学问道德,和水的有本一样才对。

(问)何谓原泉?

(解)此章虽是说水,实是喻人的学问涵养。孔子的赞美水,实在是因水以赞美有本行的人。

孟子曰:"人之所以异于禽兽者几希,庶民去之,君子存之。舜明于庶物,察于人伦,由仁义行,非行仁义也。"

此章言人伦的道理。"人之所以异于禽兽者几希"者,言人与禽兽所异的地方,只有一些。寻常的庶民,不知道这所异的一些，把它丢掉了，只有君子，才把这一些保存着。庶物，种种事物也。舜明白这种种事物的道理，体察人伦之所以然，一切的动作，就都自然合于仁义，不是晓得了仁义的好处，特地照着仁义去行的。故曰："由仁义行，非行仁义也。"

（问）何谓几希？

（解）圣人之所以为圣人，不过明白物理人伦，因情理而行动，自然合乎仁义，不是学了仁义而去行动的。而人的知识，实在都有明白物理人伦的可能性，不过寻常的庶民，不知保存此可能性，君子能保存之而已！

孟子曰："禹恶旨酒而好善言。汤执中，立贤无方。文王视民如伤，望道而未之见。武王不泄迩，不忘远。周公思兼三王，以施四事，其有不合者，仰而思之，夜以继日，幸而得之，坐以待旦。"

恶，音恶。

旨，味好的意思。禹厌恶味好的酒，而喜欢听为善的言语。执中者，做事刚刚合着要处，没有过头或不及的毛病。方，一定也。"立贤无方"，言用贤人，没有一定的资格、阶级，只要是贤，无不可随时使他做官。"视民如伤"者，是看待百姓，总像还有伤害，必定要把他医好。"望道而未之见"者，言文王虽然已经深知做人的道理，但他自己还像没有看见道理一般。泄者，宠爱过头的意思。"不泄迩，不忘远"者，言武王对于近身使用的人，不宠爱过头，对于远地的办事人，不会忘记他。"周公思兼三王，以施四事"者，言周公想把三代圣王的美德，都集中在自己一个人身上，去做上面所说禹、汤、文、武的四件事。自己有不合的地方，把头仰起来想着，或夜里继续想下去。① 如果幸而把上面所说的事想通了，那么就夜里坐着，再也不睡，一直等到天亮，连忙就去做。

（问）何谓思兼三王，以施四事？

（解）周公想把古圣王的美德都集中在一人身上，所以称为多才多艺之人。

孟子曰："王者之迹熄而《诗》亡，《诗》亡然后《春秋》作，晋之《乘》、楚之《梼杌》、鲁之《春秋》，一也。其事则齐桓、晋文，其文则史，孔子曰：'其义则丘窃取之矣！'"

熄，音息。梼，音逃。杌，音兀。

---

① 此处所释周公不确。孟子的意思是：周公思索三代圣王的一切善举，并用之于周朝的政治实践中，如果三代圣王的善举不合于周朝的实际情况，就夜以继日地深入思考，以求突破，偶尔取得一点突破，就不再休息，天明立即付诸实践。孟子并不是主张照搬三王之政的泥古者。——编者按

"王者之迹熄"，言周自平王东迁，文、武、成、康王业的遗迹，像火的熄灭一般。"《诗》亡"者，《诗经》里面，如颂扬文、武、成、康的诗，从此无人再咏，故曰"《诗》亡"也。"《春秋》作"者，言诗人的咏歌已经停息了，只有史官，还记载当时的大事，这种记载大事的书，在晋国叫作《乘》，在楚国叫作《梼杌》，在鲁国叫作《春秋》，都是一样的东西。"乘"本来是指田赋乘马之事，此书所记如此，故名。"梼杌"是嚚凶的东西，此书所记都是足以为戒的恶事，故名。春秋是错举的两季，此书万事都记，故名。至于其中所记载的事，最重大的是齐桓公、晋文公两个诸侯，它的文字叫作史。孔子道：这种记载里面的精义，则已经由我孔丘把它取出来了。这就是说笔则笔，削则削，成了一部《春秋》。

　　（问）何谓其义？

　　（解）孔子自言"述而不作"，如《春秋》一经，不过私自将鲁国旧有的《春秋》修削一下，于字句间寓以褒贬，所谓窃取也。

　　孟子曰："君子之泽，五世而斩；小人之泽，五世而斩。予未得为孔子徒也，予私淑诸人也。"

　　泽者，言一个人的事业，或此人所造之风尚。斩者，犹言用刀把一物斩断。此章孟子言无论君子或小人，他的事业或风尚,到了五世,都断绝了。因为这个缘故,自己离孔子的年代已远,不能得为孔子的弟子。故曰:"予未得为孔子徒也。"私淑者,私下请教善的道理也。淑,作善解。言我虽未得为孔子的弟子,但我私下向继承孔子学业的诸人请教过。

(问)何谓私淑?

(解)孔子之道,到战国时已经衰微,因孟子的倡言而复振于世,此即私淑之效。

孟子曰:"可以取,可以无取,取伤廉;可以与,可以无与,与伤惠;可以死,可以无死,死伤勇。"

廉是一种高洁的品行,惠是有利益给人,勇是对于应该做的事,不顾死活去做,三者都是道德。"可以取,可以无取"者,言这一项利益,我可以拿,或者可以不拿,在这两者之间,我就把这利益拿来,这是有伤于廉的,故曰:"取伤廉。""可以与,可以无与"者,言一项利益,我可以给人,也可以不给人,我以为要好,竟给了人,这是虽有利益及人,但给得没有什么道理,故曰:"与伤惠。"意思还是不给人,为得道理的正当也。遇着一件生死关头的事体,我或者应该拼命去做,或者于我的地位责任,不必拼命地去做,这是在"可以死,可以无死"之间,我遇着这种事,却不顾一切,竟以死殉事,这是看错勇的意义了,故曰:"死伤勇。"

（问）可以与不可以之间，如何分别？

（解）凡事都有一个适当。如给人利益，以死殉事，都是美德，但行于不适当之处，亦非君子所取。

逢蒙学射于羿，尽羿之道。思天下惟羿为愈己，于是杀羿。孟子曰："是亦羿有罪焉。"公明仪曰："宜若无罪焉。"曰："薄乎云尔，恶得无罪？

逢，读若庞。羿，音义。恶，音乌。

羿，是古时候会射箭的人。逢蒙，是与羿同时代的人。逢蒙向羿学习射箭，果然把羿射箭的诀窍都学尽了。"思天下惟羿为愈己"者，愈，胜也。逢蒙心里想，天下射箭的人，就只有羿胜于自己，于是把羿杀了，以便独自称雄。孟子对于这事，批评道："这个羿也是有罪的。"公明仪听见孟子的话，说道："似乎羿是没有罪的。""曰：'薄乎云尔，恶得无罪？'"这是孟子回答的话，意思是：羿的罪，不过轻（薄）些罢了，哪里好说没有罪呢？

"郑人使子濯孺子侵卫，卫使庾公之斯追之。子濯孺子曰：'今日我疾作，不可以执弓，吾死矣夫！'问其仆曰：'追我者，谁也？'其仆曰：'庾公之斯也。'曰：'吾生矣！'其仆曰：'庾公之斯，卫之善射者也；夫子曰吾生，何谓也？'曰：'庾公之斯，学射于尹公之他；尹公之他学射于我。夫尹公之他，端人也，其取友必端矣。'庾公之斯至，曰：'夫子何为不执弓？'曰：'今日我疾作，不可以执弓。'曰：'小人学射于尹公之他，尹公之他学射于夫子，我不忍以夫子之道反害夫子。虽然，今日之事，君事也，我不敢废。'抽矢扣轮，去其金，发乘矢而后反。"

濯，音浊。庾，音宇。夫，音扶。他，此处读如拖。乘，青胜。

郑、卫，二国名。子濯孺子、庾公之斯、尹公之他，都是人名。上段孟子说羿亦有罪，故此段中再解释之。孟子道："郑国的人，使子濯孺子暗中去攻（侵）卫国，卫国使庾公之斯去追击子濯孺子。子濯孺子说道：'今天我生病，不能够拿弓了，我要被敌人射死了！'于是问自己的仆人道：'来追我的是谁？'他的仆人道：'是庾公之斯。'子濯孺子道：'我死不了啦！'他的仆人道：'庾公之斯是卫国最善射箭的人，你夫子却说死不了啦，是何道理呢？'子濯孺子道：'庾公之斯的射箭，是从尹公之他那里学来的，尹公之他的射箭，是从我这里学去的。这个尹公之他，是个端正人，他所取的朋友，也必定是端正人。'正说着，庾公之斯追到了,问子濯孺子道:'你夫子为什么不拿弓?'子濯孺子道:'今天我的病发作了,不可以拿弓。'庾公之斯道:'小人学射箭于尹公之他,尹公之他学射箭于夫子,我不忍以夫子教人的诀窍,反来害夫子。虽然如此,但今日是君上派我来追的,是君上的事,我也不敢把君事废掉。'说到这里,他把箭抽出来,击着车子的轮,把箭头上的铁锋去掉,射了四支(乘矢),然后回去。"

(问)何谓羿亦有罪?

(解)世间精通拳术的人收受徒弟,必拣心术端正者,始授以诀窍。如传授心术不端之人,往往有谋害其师之事。孟子言羿亦有罪,是责羿以射术传授心术不端之人之故。因之本章的意思,是说求交取友,必须要得到端人,然后你遇到了患难,他会救你,否则你就是好好地过活,他反而要来害你的,简直弄成你自害自了。

孟子曰:"西子蒙不洁,则人皆掩鼻而过之。虽有恶人,斋戒沐浴,则可以祀上帝。"

西子,即世所称春秋时越国美女西施。"蒙不洁"者,把污秽有臭气的小帽罩在头上①。如此,人家见了她,虽然她的面

---

① 此处所释不确。"西子蒙不洁",是说西施身上沾染了不洁之物,并非罩上了不洁之帽之意。——编者按

容很好看,也会捂着鼻子走过去,不要看她了。"斋戒沐浴"者,吃斋、戒杀生畜、洗脸、洗浴,表示一片至诚的意思。虽然是个恶人(就是丑人),只要肯斋、戒、沐、浴,也就可以去祭祀上帝了。

(问)何谓蒙不洁?

(解)此章意思是说人虽有善良的资质,若不好好修身立品,决无人看重他。虽是资质差一些的人,只要肯事事留心,处处至诚,也可以立身于社会的。

孟子曰:"天下之言性也,则故而已矣。故者,以利为本。所恶于智者,为其凿也。如智者若禹之行水也,则无恶于智矣。禹之行水也,行其所无事也,如智者亦行其所无事,则智亦大矣。天之高也,星辰之远也,苟求其故,千岁之日至可坐而致也。"

恶,音恶。

性,即一个人的天性。故者,故常,即一切事物的本质。孟子主张性善,如前面说的"大人者,不失其赤子之心",都是说做人只要本着原来自然的性质去做,就是好人,否则,成为坏人。本章言"天下之言性也,则故而已矣"者,是说现在天下人之言天性,就不过说故常的本质罢了,本质就以通顺为最要紧(以利为本),切不可改变其性,以致失去其利。智者丢掉原来的自然本性不讲,另去穿凿艰深的道理,自以为能,这是最可厌恶的。故曰:"所恶于智者,为其凿也。"继言真是有智的人,不必穿凿什么艰深的理论,只要像禹王之行水一样,如此,则这种智也就没有可以厌恶的地方了。故曰:"如智者,若禹之行水也,则无恶于智矣。""禹之行水也,行其所无事也,如智者,亦行其所无事,则智亦大矣"者,言禹王之治理水灾,不过顺着水就下的性质,疏解一下,水患自平,所以像没有行什么重大之事一般,如有智的人,也如禹王行水的行所无事,不妄加改作,则他的智也就真的大了。继又言"天之高也"云云者,是说明天之运行,也是本于原来的自然性质。故天虽然高,星辰虽然远,苟能探求其故常,虽有一千年的长时期,它的两至日(夏至、冬至)也可以坐着推算明白的。故曰:"苟求其故,千岁之日至,可坐而致也。"

(问)性与故,是何分别?

(解)此章的本意是说,人只要修性守故,那么就连天道也可以知道。如果要妄用聪明,改变常度,必至不合道理,一无所得。而且也可以说,世界上无论如何深微的理论,都是从极浅近的地方发生的,只要把发生的浅近道理明白贯通,即无论如何深的,也都不难理解了。

公行子有子之丧，右师往吊。入门，有进而与右师言者，有就右师之位而与右师言者。孟子不与右师言。右师不悦曰："诸君子皆与言，孟子独不与言，是简驩也。"孟子闻之曰："礼，朝廷不历位而相与言，不逾阶而相揖也。我欲行礼，子敖以我为简，不亦异乎？"

行，音杭。

王驩，字子敖，即前孟子不与说话的人。此章系记孟子与王驩在公行子家相遇，又不与说话，所以王驩生起气来，孟子据理以辩。"不历位而相与言"者，不隔着许多座位，大家说话，言须在邻近的座位，才好说话也。"不逾阶而相揖"者，言须同在一条阶沿上才好作揖，不宜立在两条阶沿上作揖也。公行子，是齐国的大夫。右师，是官名。王驩此时，做右师的官。简是简慢，看不起的意思。此章大意：公行子家里有儿子的丧事，右师王驩去吊丧，有的人一见他入门，就抢上前去和他说话，有的人还走到他的座位前，与他说话，只有孟子，不与他说话。王驩很不高兴，说道："诸位君子，都与我王驩说话。孟子独不与我王驩说话，是看不起（简）我王驩也。"孟子听见了这话，便说道："讲起礼来，朝廷上的官，不应该隔着许多座位而说话，不应该跨过阶沿去作揖。我要行礼，子敖（王骥)以为我待他简慢,看不起他,岂不是怪异吗?"

(问)何谓简?

(解)王骥是齐王的宠臣,所以一班官员一见面,就赶过去奉承。孟子本不肯做这种献媚权贵的事,所以老是不理他。他一责问,孟子就引用两句古礼推托我欲行礼,使他再无话说。原来孟子虽然心恶王骥,也看不起一班没有骨气的官员,却用礼来解释自己的行动,不明明斥责人,这是孟子的善于措辞处。

孟子曰:"君子所以异于人者,以其存心也。君子以仁存心,以礼存心。仁者爱人,有礼者敬人。爱人者,人恒爱之;敬人者,人恒敬之。

此章言君子所以不同于寻常的一般人民者,因他的存心,是以仁待人,以礼律己。因为以仁存心,所以爱人,因为以礼存心,所以对人恭敬。又因为爱人之故,所以人也回转来爱他,因为敬人之故,所以人也回转来敬他。

"有人于此,其待我以横逆,则君子必自反也:'我必不仁也,必无礼也。此物奚宜至哉?'

假定这里有一个人,他对我蛮横无理(横逆),则为君子者,一定反躬自问,他为什么不爱我呢? 这必是因为我没有爱他(不仁)的缘故。他为什么不敬我呢? 这必是我对他没有礼的缘故,否则,他怎么会用这种蛮横无理的态度来对待我呢? 奚宜,作何为解。

"其自反而仁矣,自反而有礼矣,其横逆由是也,君子必自反也:'我必不忠。'

由,同犹。

忠者,尽自己的心去待人也。此段言我反躬自问,我是爱人的,我待人是有礼的,但他依然蛮横无理,为君子者,必定再一次反躬自问,总是我还没有竭尽自己的心去待他。

"自反而忠矣,其横逆由是也,君子曰:'此亦妄人也已矣! 如此,则与禽兽奚择哉? 于禽兽又何难焉?'

难,去声。

妄人者,没有知识、胡作妄为的人,言我反躬自问,对他是已经尽了忠心了,他的横逆,仍旧那样,为君子者,一定就可以说:"这个人也可以算得妄人的了！他既这样,那么他和无知识的禽兽有什么区别呢？我对于这种无知识的禽兽,又何必去责难它呢？"

"是故君子有终身之忧,无一朝之患也。乃若所忧则有之:舜人也,我亦人也;舜为法于天下,可传于后世,我由未免为乡人也,是则可忧也。忧之如何？如舜而已矣！若夫君子所患则亡矣。非仁无为也,非礼无行也。如有一朝之患,则君子不患矣。"

亡,今作无。

此段总结上文,说明所以为君子之道。先两句,又引起下文的意思,即在下文说明君子有终身之忧者,是忧什么呢？就是自己想想:"舜是什么人？我是什么人？舜做的事,可以为法式于天下,又可流传后世,我则还不免做个乡下人,这个是可忧的事情。忧它怎样呢？所做的事要像舜一般就罢了。"所忧的既如上所述,至于所患的(若夫),君子倒没有(亡)了。何以君子会没有所患的事情呢？因为君子的为人,不是仁的事情,君子是不去做的,不是礼的事情,君子是不去行的。"如有一朝之患,则君子不患矣"者,言如有一日遭遇飞来横祸,则君子可以不去管它，因为这种祸患，不是我做人做错的缘故，就是想避免，也无从避免的，所以不必去顾虑。

（问）何谓有终身之忧，无一朝之患？

（解）此章言做人只要自己做得不错，至于横逆之来，只要问心无愧，都可置之不顾。昔人所说的镇定工夫，孔子所说的"仁者不忧，智者不惑，勇者不惧"，义皆一贯。惟一所宜忧的，就是恐怕自己不能像舜那样的好。为人处世，此章意义，最宜玩味。

禹稷当平世，三过其门而不入。孔子贤之。颜子当乱世，居于陋巷，一箪食，一瓢饮，人不堪其忧，颜子不改其乐。孔子贤之。

食，音寺。

此章先述古人的品行，后加以评论。"三过其门而不入"者，只有禹，此言禹稷，是连类及之。古人作文不讲逻辑，此类甚多，不独孟子也。禹稷处太平的时世，为了百姓而尽力，孔子以为贤人。颜子处扰乱的时世，住在污秽狭小的地方，只有一篮饭、一瓢汤吃吃，人家看他很难过，而颜子不改他的快乐，孔子也以为贤人。

孟子曰:"禹、稷、颜回同道。禹思天下有溺者,由己溺之也;稷思天下有饥者,由己饥之也。是以如是其急也。禹、稷、颜子,易地则皆然。

上段述过了三人,此段孟子加以评论道:"禹、稷、颜回,怀抱同一的道。禹想到天下有被溺的人,由于自己的不尽力,而使他溺的;稷想到天下有受饥的人,由于自己的不尽力,而使他饥的,所以那样的着急。使禹、稷和颜子换一个地位,禹、稷也能像颜子的乐,颜子也能像禹、稷的忧急的。"故曰"易地则皆然"也。

"今有同室之人斗者,救之,虽被发缨冠而救之,可也。乡邻有斗者,被发缨冠而往救之,则惑也,虽闭户可也。"

被,与披同。

"被发缨冠"者,就是披着头发,帽子也没有戴好,以致帽缨拖在头上而没有摄于颈下,形容极其慌忙。此段的意思是说:如今遇着同一屋内的人相斗,就要去解救他们,虽然来不及把头发束好,把帽戴好,也是可以的;至于乡村里的邻舍相斗,也被发缨冠立刻去解救,这是于情理方面有些惑乱了,这样的事情,虽关着门不去管它,都可以的。

(问)何谓易地则皆然?

(解)此章说明圣贤怀抱之道皆同,只因所处的境遇不同,故所做的事亦异。朱子说:"圣贤心无不同,事则所遭或异。然处之各当其理,是乃所以为同。"也是这个道理。

公都子曰:"匡章,通国皆称不孝焉,夫子与之游,又从而礼貌之,敢问何也?"孟子曰:"世俗所谓不孝者五:惰其四支,不顾父母之养,一不孝也;博弈好饮酒,不顾父母之养,二不孝也;好货财,私妻子,不顾父母之养,三不孝也;从耳目之欲,以为父母戮,四不孝也;好勇斗很,以危父母,五不孝也。章子有一于是乎?"

从,今作纵。养,音恙。很,通狠。

匡章,齐人。礼貌之者,用礼节待他也。惰其四支,手足懒惰也。不顾父母之养者,不管奉养父母的衣食也。博,赌钱。弈,着棋。好货财,喜欢赚了货物钱财,藏着不肯用。私妻子,一味听从妻子。从,放纵,言放纵着声色的嗜欲。戮,本系杀戮之戮,可以引申作羞辱的意思,言人的身体,本是父母给自己的,今放纵于嗜欲,给父母受羞辱。好勇斗很者,好勇力,和人家拼命狠斗,自己身体受了危险,自然危及父母也。世俗说的这五件,都是不孝的事,匡章有一件在这五件中吗?故曰:"章子有一于是乎?"上言匡章,此言章子,是于名下加一子字,随便的称呼也。

　　"夫章子,子父责善而不相遇也。责善,朋友之道也。父子责善,贼恩之大者。夫章子岂不欲有夫妻子母之属哉? 为得罪于父,不得近,出妻屏子,终身不养焉。其设心以为不若是,是则罪之大者,是则章子已矣!"

　　夫,音扶。屏,音丙。养,音恙。
　　此又言章子实有不得已的苦衷,非真不孝,故礼貌之也。"夫章子,子父责善而不相遇也"者,是说这章子,不过因子父责善(责善,前易子章已解过),遂至与父不相得也。"责善,朋友之道也",言责善的事体,在朋友切磋,是有这个道理的。"父子责善,贼恩之大者",言如父子责善,乃是伤害(贼)父子恩情的最大的一端。章子岂有不要夫妻子母等亲人,同在一处的吗? 只因为他得罪于父,不得近到父的身边去奉养他,所以只好把妻抛离,儿子也摒逐了,情愿自己终身也不受妻子的奉养。他的存(设)心是,以为不这样,就是自己最大的罪。

"是则章子已矣"者,言这样就是章子的为人,此外并没有别的不好。

(问)章子的人格如何?

(解)此章是说众恶必察之意。重在设心二字。盖孟子以为匡章因为得罪于父,而知自责,其人非全无心肝者,并且也不是不孝,故不与之绝交也。

曾子居武城,有越寇。或曰:"寇至,盍去诸?"曰:"无寓人于我室,毁伤其薪木。"寇退,则曰:"修我墙屋,我将反。"寇退,曾子反。左右曰:"待先生如此其忠且敬也! 寇至,则先去以为民望,寇退则反。殆于不可?"沈犹行曰:"是非汝所知也。昔沈犹有负刍之祸,从先生者七十人,未有与焉。"

与,同预。

武城,鲁国的一个县。越寇,是越国的兵来攻。曾子住武城的时候,适有越国的兵来攻。有个人(或)对曾子道:"越兵到了,何不(盍)避去呢?"曾子听了他的话就动身,对守舍的人道:"不要使别人寄居在我的屋里,免得毁坏损伤这里的树木(薪,犹树也)。"等到寇退去了,曾子又传语守舍的人道:

"修好我的墙壁房屋,我将要回来了。"寇退了之后,曾子回来了。曾子身边的门人(左右)说道:"武城的官民,待先生如此的忠心而且恭敬,寇来了,先生倒先去了,使这里的百姓,看了你这个样子,也都逃去,寇退去了才回来。这样的行动,似乎不可以吧?"沈犹行,是曾子的弟子。他对说这话的人道:"这个不是你所知道的。从前我们沈犹氏也遇到一个名叫负刍的人作乱,那时候,跟从先生(曾子也)的有七十个人,大家都避去了,没有一个预问这件事的。"负刍,有的人就解作挑柴的人,也可以通。

子思居于卫,有齐寇,或曰:"寇至,盍去诸?"子思曰:"如伋去,君谁与守?"孟子曰:"曾子、子思同道。曾子,师也,父兄也。子思,臣也,微也。曾子、子思,易地则皆然。"

伋,音急。

子思住在卫国的时候,有齐国的兵来攻城,有个人对子思道:"敌寇到了,何不避去呢?"子思道:"如我孔伋(伋,子思名)去了,卫国的君主和谁共守此城呢?"上面两个故事,孟子评论道:"曾子与子思,是同样有道理的。曾子在武城,是居师的地位,和父兄的地位相等,父兄是没有守城的责任的,要去则去。子思在卫国,是居臣的地位,臣对于君,犹子对于父,身份是极微小的,所以只得帮助卫君共守城池,是不应去的。如果使曾子与子思彼此换一个地位,两人的行为也会是这样的。"

(问)曾子去,子思不去,是何意义?

(解)此章着重师和臣的分别,便是言为人处世,道理总是一样的,只因为地位不同,所以有时行止会不同。

储子曰:"王使人瞷夫子,果有以异于人乎?"孟子曰:"何以异于人哉? 尧、舜与人同耳。"

瞷,音谏。储子,齐国人。瞷,窃视的意思。储子对孟子道:"齐王时常使人来偷看你夫子,到底有什么异于寻常人的地方否?"孟子道:"有什么异于他人呢? 连尧、舜也是与人一样的。"

(问)储子之问,是何意思?

(解)圣贤和平常人,在外表方面本来是一样的。所不同的,圣贤有仁义之道在内心罢了,但这是窃视所见不到的。

齐人有一妻一妾而处室者,其良人出,则必餍酒肉而后反。其妻问所与饮食者,则尽富贵也。其妻告其妾曰："良人出,则必餍酒肉而后反,问其与饮食者,尽富贵也,而未尝有显者来。吾将良人之所之也。"蚤起,施从良人之所之,遍国中无与立谈者。卒之东郭墦间,之祭者,乞其余;不足,又顾而之他。此其为餍足之道也。其妻归,告其妾曰:"良人者,所仰望而终身也。今若此!"与其妾讪其良人,而相泣于中庭,而良人未之知也,施施从外来,骄其妻妾。

餍,音厌。施,音移。墦,音燔。讪,音山去声。

餍,吃饱也。良人,妇人称丈夫也。蚤起,即早晨起来。蚤早,古通用。施,斜行也。遍国中,就是遍城中的意思。东郭,东方城门外也。墦,塚也。墦间之祭,犹今人之上坟也。讪,讥骂也。施施,俨然之貌,犹今人言像煞有介事也。

大意是:有一齐国人,他有一妻一妾,同住在一屋里。齐人出门去,必定吃饱了酒肉而后回家。他的妻问与他一道吃喝的是谁,原来都是富贵的人家。他的妻告诉他的妾道:"丈夫出去,必定吃饱了酒肉回来,问他与些什么人吃喝,又都是富贵的人家,却未尝见有大官富绅来我家。我将去偷看丈夫所到的地方。"这日早起,她暗暗地跟在丈夫后面,跟了许多地方,遍一个城里,没有一个人和她的丈夫站着谈一句话的。末了，看他到了东门外坟墓间人家在上祭的地方，讨了上坟人吃剩的东西吃了，还没有饱，他又寻到别处去乞食了，这就是他吃饱酒肉的道理也。他的妻归来，告诉他的妾说道："丈夫者，我们所仰望他终身的人，如今乃这个样子！"因此，与他的妾讥骂丈夫，又流着眼泪，在庭中哭泣。但是她们的丈夫还不晓得，又像煞有介事地从外面走进来，在她们的面前摆架子。

由君子观之，则人之所以求富贵利达者，其妻妾不羞也而不相泣者，几希矣！

照朱子《集注》，谓此章章首当有"孟子曰"三字，书中无者，或后人抄写时失阙。然看全章语意，"孟子曰"当在"由君子观之"之句上，因前文皆叙事，至"由君子观之"句，则孟子之评论也。

孟子评论道：从君子看起来，则凡一般人之所以求富贵利达者，要使他的妻妾看见了不以为羞耻，而且不相哭泣的，恐怕也少极了！

（问）齐人骄其妻妾，是为何事？

（解）此章是孟子醒世之言，骂尽了一般无耻求荣的人。可惜现在的齐人真多着呢！

第五篇　万章

　　万章问曰:"舜往于田,号泣于旻天,何为其号泣也?"孟子曰:"怨慕也。"万章曰:"父母爱之,喜而不忘。父母恶之,劳而不怨。然则舜怨乎?"曰:"长息问于公明高曰:'舜往于田,则吾既得闻命矣。号泣于旻天于父母,则吾不知也。'公明高曰:'是非尔所知也。'夫公明高以孝子之心为不若是恝。我竭力耕田,共为子职而已矣。父母之不我爱,于我何哉!

　　旻,音民。恶,音物。恝,音戛。共,作供。

　　万章问道:"舜走到田里去,哭叫着慈悯的(旻)天,为什么去哭叫呢?"孟子道:"他是为了心里怨恨,又思念(慕)父母的缘故。"万章又道:"父母爱自己呢,则我欢喜而不要忘记父母。父母厌恶自己呢,则我出了劳力,去奉事父母,而不怨恨父母,这是孝子的行为。那么舜怨父母吗?"孟子乃引长息问公明高的话,对万章说,这件事前人已经讨论过了。长息是公明高的弟子,公明高是曾子的弟子,因言长息问于公明高道:

"舜走到田里去,这一点我已经懂得了。他哭叫着慈悯的天,哭叫着父母,我却不懂得他究竟是什么意思?"公明高答道:"这个,就不是你们能理解的了。"孟子因此把自己的意思接下去说道:"公明高以为孝子的心思,有不得意于父母,所以自己悲怨,不能恝然无忧。他的心思,以为我只知道竭力耕田,供献为人子的职责就罢了,父母之不来爱我,到底是为了我的什么呢?"

"帝使其子九男二女、百官牛羊仓廪备,以事舜于畎亩之中。天下之士多就之者。帝将胥天下而迁之焉。为不顺于父母,如穷人无所归。

畎,音犬。

畎亩,即田亩。帝,尧帝也。言尧帝把自己的九个儿子、两个女儿,及朝里的百官与所畜的牛羊、仓廪里的谷米,都派送到田亩上去供舜使用。天下的士人见尧帝如此待舜,都自动去跟着舜。尧帝的意思,是要把天下都(胥)给舜(迁),但舜却因为不见爱(顺)于父母,好像一个穷苦人无家可归的样子。

"天下之士悦之,人之所欲也,而不足以解

忧。好色，人之所欲，妻帝之二女，而不足以解忧。富，人之所欲，富有天下，而不足以解忧。贵，人之所欲，贵为天子，而不足以解忧。人悦之，好色，富贵，无足以解忧者，惟顺于父母可以解忧。人少则慕父母；知好色，则慕少艾；有妻子，则慕妻子；仕则慕君，不得于君则热中。大孝终身慕父母。五十而慕者，予于大舜见之矣！"

少，去声。

"天下之人悦之"，言天下的人都喜欢舜而服从他也。少艾，年轻女子也。孟子又言：天下之人都服从舜，舜又妻尧帝两个年轻的女儿，富则有天下，贵则为天子。这四件事虽为人人所欲，但都不足以解去舜的忧愁。只有见爱于父母，乃可以解舜的忧愁。

孟子又言：人当年纪小的时候，则思念父母；年纪大些，则思念年轻的女子；有妻子，则思念妻子；做官，则思念君上，不能得君上的欢心，则心里热辣辣地难过着。这是一般人所有的性情。只有大孝的人，才终身思念父母，年纪到了五十岁，还那么思念父母的，我从大舜这个人那里见着了！

（问）何谓终身慕父母？

（解）此章言舜之所以为孝，因一切幸福都不在意，惟以得父母的欢心，为遂愿也。

　　万章问曰："《诗》云：'娶妻如之何？必告父母。'信斯言也，宜莫如舜。舜之不告而娶，何也？"孟子曰："告则不得娶。男女居室，人之大伦也。如告，则废人之大伦，以怼父母。是以不告也。"

　　怼，音对。
　　万章问道："《诗经》里说：'一个人娶妻，是怎样的办法呢？就是必须告知父母。'相信这句话的，一定谁也比不上舜。可是舜之不告而娶，又是为什么呢？""告则不得娶"者，是说舜的父瞽瞍，爱后妻所生之子而仇恨舜，若给瞽瞍得知，一定要把尧的二女给后妻之子而不许给舜也，故孟子如此说。"男女居室，人之大伦也"，犹今人言："男大须婚，女大须嫁。"居室，是同居一室，这是做人最大的伦理，如告知瞽瞍，则事必不成。故曰："如告，则废人之大伦。"怼，仇怨也，言如告了父母，父母不许，就要一面废了人的大伦，一面怨怼于父母了。为了这个缘故，所以不告也。

　　万章曰："舜之不告而娶，则吾既得闻命矣。

帝之妻舜而不告，何也?"曰:"帝亦知告焉则不得
妻也。"

妻，去声。

将女儿嫁人，亦叫作妻。万章又问:"舜之不告而娶，则我
已经听见你所说的道理了。可是尧帝以女儿嫁舜，也不告知
舜的父母，这是何故呢?"孟子道:"尧帝也晓得一告知瞽瞍，则
嫁舜的事便不成功也。"

万章曰:"父母使舜完廪，捐阶，瞽瞍焚廪。
使浚井，出，从而掩之。象曰:'谟盖都君咸我绩!
牛羊父母，仓廪父母。干戈朕，琴朕，弤朕。二嫂
使治朕栖!'象往入舜宫，舜在床琴。象曰:'郁陶
思君尔!'忸怩。舜曰:'惟兹臣庶，汝其于予治。'
不识舜不知象之将杀己与?"曰:"奚而不知也?
象忧亦忧，象喜亦喜。"

掩，音掩。弤，音抵。忸，音纽。怩，音尼。与，作欤。

廪，藏米的屋子。完廪，修治仓廪也。捐阶，把走上廪去
的梯阶拿掉也。浚井，把井底的泥掘出也。掩者，从井上投下
土石，将井堵塞也。象，瞽瞍后妻所生之子。谟，计谋也。都

君者,因舜所住的地方,附从的人甚多,即成了都市,故称舜为都君。咸,都也。绩,功劳也。干戈,舜用的兵器。弤,舜的弓。栖,床也。朕,古人自己的通称。郁陶,烦闷得很的意思。忸怩,极惭愧的神色。臣庶,官及百姓也。万章又问道:"舜的父母,使舜到廪上面去修理,瞽瞍就把梯阶拿掉,烧起廪来,心想把舜烧死(据《史记》,舜以两顶笠帽当做两翼,自廪上跳下)。又使舜去掘井底的泥(《史记》,舜在井旁,早穿一洞逃出),不知舜已逃出,瞽瞍把土石从井上盖覆了(揜)。象说道:'想法子把都君盖在井里的,都是我的功劳! 尧帝赐的牛羊、仓廪,都归父母。干戈及弓和琴,都归我。二个嫂嫂,使她们来服侍我!'象说完了,就走到舜住的宫里去,舜刚坐在床上弹琴。象见舜不死,一时说不出别话,只得说道:'我心里很烦闷,正在想你!'说了这话,不觉脸上露出很惭愧的神色来。舜道:'这里的官和百姓,你去给我管理管理罢。'"万章说了上面的故事,接着就问道:"不知道是否舜真的不晓得象要杀死他?"孟子道:"怎么会不晓得呢? 不过,舜因为兄弟的情义休戚相关,所以看见象忧愁了,自己也忧愁,看见象欢喜了,自己也欢喜了。"

曰:"然则舜伪喜者与?"曰:"否。昔者有馈生鱼于郑子产,子产使校人畜之池。校人烹之,反命曰:'始舍之,圉圉焉,少则洋洋焉,攸然而

逝。'子产曰:'得其所哉! 得其所哉!'校人出,
曰:'孰谓子产智? 予既烹而食之,曰:"得其所
哉! 得其所哉!"'故君子可欺以其方,难罔以非
其道。彼以爱兄之道来,故诚信而喜之,奚
伪焉!"

与,今作欤。

万章又问道:"这样说,舜对他的弟弟象是假装出来的喜
欢吗?"孟子道:"不是的。"孟子就引一故事,解释舜的不是假
喜欢。校人,主池沼的小吏。圉圉,困而未舒之貌。洋洋,舒
缓摇尾之貌。攸然,自得其乐之貌。"从前有人送活鱼给郑国
的子产,子产就叫看守池沼的校人,把这活鱼去养在池里。校
人将鱼煮着吃了,回来报告道:'把鱼放在池里,起初是微微地
动着,少息了一回,它就自由游行起来,然后很快活的游去
了。'子产听了校人的话,高兴起来,说道:'它得着好的地方去
了! 它得着好的地方去了!'校人听了子产的话,走出来说道:
'哪个说子产聪明? 我已经把鱼煮了,吃在肚里了,他还说:
"它得着好的地方去了! 它得着好的地方去了!"'上面是引
的故事,孟子又说明这个道理。'君子可欺以其方,难罔以非
其道'者,言君子也可以用常有之情(方)来欺骗他,却不能用
不可信的道理来欺骗他。如象的行为,他以爱兄的常有之情、

可信的道理来对舜说,所以舜也很诚实地相信他,而喜欢起来,有什么假的呢!"

(问)何谓可欺以其方,难罔以非其道?

(解)本章可以分作上下两大段:上段言舜遇着家庭变故,而处之以权。后段言舜遇着家庭变故,而处之以诚。用了权,就无难处之事;用了诚,就无难化之人了。而且权不失却经常的道理,诚不掩去他的精明,所以称之为圣人。

万章问曰:"象日以杀舜为事,立为天子,则放之。何也?"孟子曰:"封之也。或曰放焉。"

放者,犹后世言充军,把人驱逐到远方去,派人把他管束起来也。万章又问孟子道:"象日日以杀舜为心事,到舜做(立)了天子,只把象流放到远方去,没有杀他,是何故呢?"孟子道:"非但没有杀他,而是封他。只是有人说是流放他罢了。"

万章曰:"舜流共工于幽州,放驩兜于崇山,杀三苗于三危,殛鲧于羽山。四罪而天下咸服,诛不仁也。象至不仁,封之有庳,有庳之人奚罪焉?仁人固如是乎:在他人则诛之,在弟则封之?"曰:"仁人之于弟也,不藏怒焉,不宿怨焉,亲爱之而已矣。亲之欲其贵也，爱之欲其富也，封之有庳，富贵之也。身为天子，弟为匹夫，可谓亲爱之乎！"

共，音恭。

流，就是驱逐。共工，是官名，舜把那时共工的官，驱逐到幽州地方。兜，是人名，舜把兜流放到崇山地方。三苗，是国名，即今南方山洞中的苗人。舜在三危地方，把这些作乱的苗人杀了。殛、诛，都是杀有罪的人的说法。鲧因为治水没有功效，白白耗费百姓许多人力财力，对于百姓是有罪的，故舜在羽山地方也把鲧杀了。舜处治了这四种罪犯，天下人都（咸）服舜办得不错，因为所诛伐的都是不仁的人。至于象的为人，是最不仁的了，舜却封他到有庳地方，做了诸侯，那么，有庳的人民，是犯了什么罪呢？"仁人固如是乎"者，是万章说，舜既然是个仁人，那么，仁人果然应该这样吗？就是应该"在他人则诛之，在弟则封之"吗？孟子说，"仁人之于弟也"，就是有怒气不藏在心里，有怨恨过了一宿就忘记了，只知道亲他爱他罢了！为了亲他，所以要他贵，为了爱他，所以要他富，封他到有庳地方去做诸侯，就是给他富贵。"身为天子"，谓舜也。"弟为匹夫"，谓象也。要是兄弟相差如此之大，哪里可以说是亲爱呢！

"敢问或曰放者,何谓也?"曰:"象不得有为于其国,天子使吏治其国,而纳其贡税焉,故谓之放。岂得暴彼民哉? 虽然,欲常常而见之,故源源而来。不及贡,以政接于有庳,此之谓也。"

万章又问道:"我敢问问,或人说他是放,究竟是什么意思呢?"孟子道:"象在他的国内,不能做什么事情,天子另行派官,治理他的国政,纳他进贡的物品和租税。所以人家说他是流放。象虽暴虐,哪里还会暴虐那一方的百姓呢? 虽然如此,舜因为象是兄弟,要常常和他见面,所以使象源源不绝地到都城里来上朝,而且舜不等到诸侯朝贡的时期,日以政事接见有庳的君主,就是这句话了!"

(问)何谓不藏怒? 不宿怨?

(解)象固不仁,舜因亲亲之义,不可使己为天子而弟为匹夫,故封以有庳的国土。又恐其虐民,更要时常和他见面,所以派吏治其政。这样,不以公义废私恩,也不以私恩害公义,公私两全了。

咸丘蒙问曰:"语云:'盛德之士,君不得而臣,父不得而子。舜南面而立,尧帅诸侯北面而朝之,瞽瞍亦北面而朝之。舜见瞽瞍,其容有蹙。

孔子曰:"于斯时也,天下殆哉岌岌乎!"'不识此语,诚然乎哉?"孟子曰:"否。此非君子之言,齐东野人之语也。尧老而舜摄也。《尧典》曰:'二十有八载,放勋乃徂落。百姓如丧考妣。三年,四海遏密八音。'孔子曰:'天无二日,民无二王。'舜既为天子矣,又帅天下诸侯以为尧三年丧,是二天子矣。"

帅,今作率。朝,音潮。

咸丘蒙,孟子弟子。他问孟子道:"俗语说:'道德极盛的人士,君不得以他为臣,父不得以他为子。'所以舜做天子,朝南面立着,尧帝率领天下诸侯,北面去上朝;瞽瞍也北面去上朝,舜见了瞽瞍,是自己的父亲,不免皱着眉头,脸上露出不安的神情。孔子说:'在这个时候,天下危殆得岌岌乎要倒翻的样子。'不晓得这句话是真有的吗?"蹙,神情不安貌。岌岌,如山要倒下的样子,言尧是君,瞽瞍是父,反而去朝见臣子,像天翻地覆,山要倒下的不安也。齐东野人,是齐国东郭外乡下人也。摄,代也。放勋,尧帝的名。徂,升也。落,降也。徂落,犹言升天入地,谓人死也。"遏密八音",遏止绝灭金、石、丝、竹、匏、土、革、木八种乐器的声音。父母死后称为考妣,今日犹如此。孟子答咸丘蒙道:"不是的。这不是君子的言语,是

307

齐国东郭外乡下人所说的话。其实呢，是尧帝年纪老了，叫舜来代理政治的。《尚书》的《尧典》说道：'舜摄政二十有八年，放勋乃死了。百姓思念他，如死了父母一般。三年里头，四海的人都悲伤得不唱歌、不作乐，连金、石、丝、竹、匏、土、革、木的八种声音，都遏止灭尽了。'孔子曾说过：'天上没有两个太阳，人民没有两个帝王。'如果舜既做了天子，又率领天下诸侯去服尧帝三年的丧，是有两个天子了。"意思是，人民没有两个帝王，天子的位子仍旧是尧帝，舜仍旧是臣子；不过尧帝老了，舜代理政治；所以尧帝死了，舜仍服三年之丧。这都是乡下人随便所说的话，所以连瞽瞍朝舜的事，也是没有的。

咸丘蒙曰："舜之不臣尧，则吾既得闻命矣。《诗》云：'普天之下，莫非王土；率土之滨，莫非王臣。'而舜既为天子矣，敢问瞽瞍之非臣如何？"曰："是《诗》也，非是之谓也。劳于王事而不得养父母也，曰：'此莫非王事，我独贤劳也。'故说《诗》者不以文害辞，不以辞害志，以意逆志，是为得之。如以辞而已矣，《云汉》之诗曰：'周余黎民，靡有孑遗。'信斯言也，是周无遗民也。

舜之不臣尧者，言舜并不以尧为臣也。这道理，咸丘蒙道:"既得闻命矣。"又引《诗经》里的话,来问孟子。"普天之下,莫非王土,率土之滨,莫非王臣",是说遍天下的地方,没有不是王的土地,遍天下一直到海边(滨)的人,没有不是王的臣属。"既是这样,则舜既然做了天子,敢问瞽瞍,难道还不是个臣吗? 这是怎么讲?"孟子道:"这首诗,不是说舜应该以父为臣的。这是说,大家都是王家的臣子,为什么我一个人为了有贤才而辛苦勤劳,做着王家的事,而不能够奉养自己的父母也?""故说《诗》者,不以文害辞"云云者,文,字也。辞,语也。逆,迎也。《云汉》,是《诗经》里一首诗的题目。孑,是残余的意思。遗,遗传下来也。孟子论读《诗》之道是:"不可以一个字(文)的缘故,而害一句诗的意义。"又不可把一句的话而害诗人的志趣,故曰"不以辞害志"也。读《诗》者,应该以自己的意思去迎合诗人的志趣,这样,那就得诗人所咏的句义了。故曰"以意逆志,是为得之"也。"如以辞而已矣"者,言但将诗里的字面,用呆板的讲法,则如《云汉》篇的《诗》,说"周余黎民,靡有孑遗",是周朝所余的百姓,没有几个存活了下来。按《云汉》诗之说这句话,是因为天时大旱,稻麦枯死,人民都要饿死,不过是一句忧急的形容话,并不是天一旱,真个便一个人也没有留传也。以《云汉》诗的句子,去比"普天之下"四句诗,都是一样的。读诗者,不可固执一两个字,以为事情就是这样也。

"孝子之至，莫大乎尊亲；尊亲之至，莫大乎以天下养。为天子父，尊之至也。以天下养，养之至也。《诗》曰：'永言孝思，孝思维则。'此之谓也。《书》曰：'祗载见瞽瞍，夔夔齐栗。瞽瞍亦允若。'是为父不得而子也。"

养，音恙。夔，音葵。齐，今作斋。

孟子又接下去说明孝子的道理。至，是极顶的意思。言孝子的极顶之处，莫有大过于让父母尊贵的，让父母尊贵的极顶之处，莫有大过于以天下来供养父母的。现在舜使瞽瞍为天子之父，是让父母尊贵的极顶之处。以天下去奉养瞽瞍，是奉养父母的极顶之处。《诗》曰"永言孝思，孝思维则"者，是说人能永久说着孝思而不忘记，这种孝思，就可以做天下的法则，这可以说就是舜的孝道了！故曰："此之谓也。""《书》曰：'祗载见瞽瞍，夔夔齐栗。瞽瞍亦允若。"是《书经》里的话。祗，敬也。载，事也。夔夔齐栗者，敬谨恐惧的状貌。允，信也。若，顺也。言舜恭恭敬敬奉事瞽瞍，又露着敬谨恐惧的状貌，就是瞽瞍也相信舜是真孝顺的。"是为父不得而子也"者，朱子《集注》说："瞽瞍不能以不善及其子，而反见化于其子，即是所谓父不得而子也。"此说的意思，是本来只有父感化子的，舜则相反，成了子感化其父，所以父不得而子也。

（问）何谓以天下养?

（解）关于上古史事，大半是神话，或十口相传的故事。如齐东野人之说，咸丘蒙尚信以为真，故研究古史者，不可不知此义。

万章曰:"尧以天下与舜,有诸?"孟子曰:"否。天子不能以天下与人。""然则舜有天下也,孰与之?"曰:"天与之。""天与之者,谆谆然命之乎?"曰:"否。天不言,以行与事示之而已矣。"

谆,音准阴平。

万章又问孟子道:"尧把天下给了舜,有这事吗?"孟子道:"不是的,天子是不能把天下给人的。"万章又问道:"那么舜所以获得天下,是哪个人给他的呢?"孟子道:"舜的天下,是天给予他的。"万章又道:"天与之者,谆谆然命之乎?"谆谆,是说话很诚恳的样子。万章以孟子说舜的天下,是天给予的,因问道:"天把天下给予舜,是很诚恳地对舜说道:'我把天下给你,你好端端地做天子去'的么?"孟子道:"不是的。天不会说话的,以用行为与事件的人显示其趋势罢了。"

曰:"以行与事示之者,如之何?"曰:"天子能

荐人于天,不能使天与之天下。诸侯能荐人于天
子,不能使天子与之诸侯。大夫能荐人于诸侯,
不能使诸侯与之大夫。昔者,尧荐舜于天而天受
之,暴之于民而民受之。故曰:'天不言,以行与
事示之而已矣。'"

暴,音瀑。

万章又问:"用行为与事件的人显示其趋势,究竟是怎么
样的呢?"孟子道:"天子能把人荐给天,却不能使天就给予他
天下。诸侯能把人荐给天子,却不能使天子就让他做诸侯。
大夫能把人荐给诸侯,却不能使诸侯就让他做大夫。从前尧
把舜荐给天,天接受了,又把这事情通知(暴)了百姓,百姓接
受了,所以说:天不言,以行与事示之而已矣。"

曰:"敢问荐之于天而天受之,暴之于民而民
受之,如何?"曰:"使之主祭而百神享之,是天受
之;使之主事而事治,百姓安之,是民受之也。天
与之,人与之,故曰,天子不能以天下与人。舜相
尧二十有八载,非人之所能为也,天也。尧崩,三
年之丧毕,舜避尧之子于南河之南,天下诸侯朝

觐者不之尧之子而之舜,讼狱者不之尧之子而之舜,讴歌者不讴歌尧之子而讴歌舜。故曰天也。夫然后之中国,践天子位焉。而居尧之宫,逼尧之子,是篡也,非天与也。《泰誓》曰:'天视自我民视,天听自我民听。'此之谓也。"

相,去声。

万章又说:"敢问荐给天,天会接受;任命他治理百姓,百姓也会接受,这是如何做法呢?"孟子道:"使他去办理祭祀,凡百的神祇,都来享受,这就是天接受了。使他去办理政事,办得很好,百姓都平安了,这就是百姓接受了。天让他做天子,百姓也让他做天子,所以说'天子不能以天下与人'也。舜帮助尧办了二十八年政事,事事办得好,这不是人的力量所能做得到的,是天意。尧死(崩)了,三年的丧服毕后,舜避开尧的儿子,自己到南河的南面去,不与尧之子争天子之位。但是天下的诸侯,来上朝的,不到尧之子那里去,而到舜的地方来,打官司(讼狱)的人,不到尧之子那里去求判决,而都到舜这里来求判决,还有做了歌词称扬人的(讴歌者),不做歌词称扬尧之子而称扬舜,所以说,是天意了。到了这样光景,舜然后才回到中国,就了天子的位,否则,若住在尧的宫里,逼着尧的儿子,不许他做天子,让自己来做,这就是篡位,不是天让他做天

子了。"上面系孟子解释荐之天、暴之民的事理。此外他又引
《尚书·泰誓》里两句话道："天视自我民视，天听自我民听。"
言天的看人行动，是从我们百姓的看人行动而来的，天的听人
言语，是从百姓的听人言语而得的。如舜之做了天子，都是百
姓见他办事能干，待人仁厚，而且听见他是个大孝的人，所以
天下的百姓，都要他做天子。天下的百姓，看见他如此，听见
他如此，就是天看见他如此，听见他如此了，故又曰："此之谓
也。"意思是：就是这句话也。

（问）何谓以行与事示之而已矣？

（解）此章言使主祭祀，百神享之，盖缘古时是神权政治时
代，一切政治，都由执政者问天而行，如《周易》的卜筮是也。
既要以卜筮向天问休咎，故那时人之对天，无异是一人格神，
所以孟子言尧不能以天下与舜，而舜的天下，实由上天与之
也。凡世界各国，在神权时代之政治，皆是如此。致《周易·
洪范》等书，能流行数千年而不废者，以我先民，曾奉之为至高
至贵之典册故也。而且即天子二字，明明是说上天之子，降在
人间以施行政治。古称"受天明命"者，亦即此义。

万章问曰："人有言，至于禹而德衰，不传于
贤而传于子，有诸？"孟子曰："否，不然也。天与
贤则与贤，天与子则与子。昔者，舜荐禹于天。

十有七年,舜崩。三年之丧毕,禹避舜之子于阳城。天下之民从之,若尧崩之后,不从尧之子而从舜也。禹荐益于天。七年,禹崩。三年之丧毕,益避禹之子于箕山之阴。朝觐讼狱者不之益而之启,曰:'吾君之子也。'讴歌者不讴歌益而讴歌启,曰:'吾君之子也。'"

万章问道:"人有句话,说到了夏禹王,道德就衰薄了,他把天子之位,不传于贤人而传于儿子,有这个道理吗?"孟子道:"不对,不是这样的。天子之位,是要天来做主的,天要给贤人,就给贤人,天要给儿子,就给儿子。从前舜把禹荐于上天,十七年之后,舜死了,到三年的丧事完后,禹避开舜的儿子,自己去住在阳城地方,那时候天下的百姓,都去跟从他,像尧死的时候一样,不去跟从尧的儿子,而去跟从舜。禹也曾把益荐于上天,七年之后,禹死了,三年的丧事完了,益也避开禹的儿子,自己去住在箕山的背后,天下诸侯来朝觐的,天下百姓来讼狱的,都不到益那里去,而到禹的儿子启这里来,他们说:'这是我们君主的儿子也。'讴歌的人,也不讴歌益而讴歌启,也说:'这是我们君主的儿子也。'

"丹朱之不肖,舜之子亦不肖。舜之相尧、禹

315

之相舜也历年多，施泽于民久。启贤，能敬承继
禹之道。益之相禹也历年少，施泽于民未久。
舜、禹、益相去久远，其子之贤不肖，皆天也，非人
之所能为也。莫之为而为者，天也。莫之致而至
者，命也。"

相，去声。

此又是孟子续说也。丹朱，尧的儿子。不肖，子不肖其
父，今通称不能克家的劣子。舜的儿子名商均，也是不肖的。
孟子道："舜相尧，禹相舜，所历的年数多，施恩泽于百姓的年
数也长久。禹的儿子启很贤德，又能够恭恭敬敬，承继禹的事
业。益的相禹，所历的年数少，施恩泽于百姓，又未长久。因
此，舜、禹与益，为相的年份相差很多，而各人的儿子又有贤与
不肖的差别，这都是天意，并不是人的力量所能作成的。故不
去作为而自然作为的，这是天意；不去追求而自然会来的，这
是定命。"

"匹夫而有天下者，德必若舜、禹，而又有天
子荐之者。故仲尼不有天下。继世以有天下，天
之所废，必若桀、纣者也。故益、伊尹、周公不有
天下。

此又是孟子说明圣人不作天子的缘故。匹夫,犹言平常百姓。平常百姓而能得天下者,他的德行,必定要像舜和禹,而且必定又有天子保荐他。像孔子(仲尼)因无天子保荐,所以不得天下。至于继续世袭下去的,也可以有天下,天所废去的,必定要像桀、纣那样的暴虐才会有。像益的君主是启,伊尹的君主是汤,周公的君主是武王、成王,都是贤圣的君主,所以天不去废掉他们,而益、伊尹、周公,也都不会有天下。

"伊尹相汤以王于天下。汤崩,太丁未立,外丙二年,仲壬四年。太甲颠覆汤之典刑,伊尹放之于桐。三年,太甲悔过,自怨自艾,于桐处仁迁义。三年,以听伊尹之训已也,复归于亳。周公之不有天下,犹益之于夏、伊尹之于殷也。孔子曰:'唐、虞禅,夏后、殷、周继,其义一也。'"

亳,音薄。相,王,去声。

此节先承上文言伊尹及周公不有天下之事,后借孔子的话作结。商代君主,多以甲乙丙丁等字取名。赵岐云:"太丁,汤之太子,未立而死。外丙立二年,仲壬立四年,皆太丁弟也。太甲,太丁子也。""太甲颠覆汤之典刑"者,言太甲立后,把汤的旧规矩一切废掉也。那时伊尹为相,就把太甲流放到桐的地方。过了三年,太甲懊悔,自己改过,自己怨自己不好,自己责治(艾)自己。住在桐的地方,做仁的事(处仁),看得应该做的事就去做(迁义)。这三年里头,一切听受伊尹的教训,所以伊尹宽恕了太甲的过处,仍旧把他迁回亳的京城,由他做了君主。"周公的不有天下,情形正和益之于夏,伊尹之于殷相同。"孔子说:"唐尧、虞舜的禅位,夏王、殷王、周王的子孙继续而为天子,他们的道理是一样的。"

(问)尧、舜、禹、汤、文、武的道德如何?

(解)儒家重道统,所以说唐、虞、夏、殷、周之有天下,都是受天之命而王天下。孟子的意思是劝春秋战国时代的君主,都要法先王行仁政也。

万章问曰:"人有言,伊尹以割烹要汤,有诸?"孟子曰:"否,不然。伊尹耕于有莘之野,而乐尧、舜之道焉。非其义也,非其道也,禄之以天下弗顾也,系马千驷弗视也。非其义也,非其道也,一介不以与人,一介不以取诸人。

要,平声。

万章又用一般人说的一个故事来问孟子了。割烹要汤者,割肉烹羹,做了好的菜,去请汤吃,以此求汤,使自己做宰相，万章问这件事，是有的吗？孟子也答他不是的，决没有的，因此说：伊尹在有莘的乡野耕田，心里喜欢尧、舜的道义。他对于不应该做的事，违反道理的事，虽给他全天下的俸禄，他连看都不看一看，虽系了一千驷的马给他，他也不看一看。如果不合道义，他连一粒微小的芥（介）子，也不肯给人家，也不向人家取得。

"汤使人以币聘之，嚣嚣然曰：'我何以汤之聘币为哉！我岂若处畎亩之中，由是以乐尧、舜之道哉！'汤三使往聘之，既而幡然改曰：'与我处畎亩之中，由是以乐尧、舜之道，吾岂若使是君为尧、舜之君哉！吾岂若使是民为尧、舜之民哉！吾岂若于吾身亲见之哉！天之生此民也，使先知觉后知，使先觉觉后觉也。予，天民之先觉者也，予将以斯道觉斯民也，非予觉之而谁也！'

幡，音翻。

此段孟子说明伊尹事汤的经过。币，财物也。嚣嚣然，无欲而自得之貌。孟子道："汤差人用了财物去聘伊尹，伊尹觉得不耐烦，就爽快地说：'我要汤的聘币做什么呢！我岂如住居田亩（畎亩）之中，由此以乐尧、舜之道为得呢！'后来汤接连使人聘了他三次，他因此变了前次的话，改说道：'与其我一个人在田亩中，由此以乐尧、舜之道，何不如使现在的君主做一个像尧、舜一样的君主呢？又何不如使现在的百姓做尧、舜时代一样的百姓呢？我何不如亲眼目睹尧、舜盛世再现呢？上天生育人民，是要使先知道理的人，去觉悟后知道理的人，使先觉悟的人，去觉悟后觉悟的人。我是天所生的百姓中间先觉悟的人，我是要把这个道理，去觉悟这班百姓的，现在不是我去觉悟这班百姓，叫谁去觉悟他们呢！'"

"思天下之民，匹夫匹妇有不被尧、舜之泽者，若己推而内之沟中，其自任以天下之重如此，故就汤而说之以伐夏救民。吾未闻枉己而正人者也，况辱己以正天下者乎！圣人之行不同也，或远或近，或去或不去，归洁其身而已矣。吾闻其以尧、舜之道要汤，未闻以割烹也。《伊训》曰：'天诛造攻自牧宫，朕载自亳。'"

内，今作纳。说，音税。

此段是孟子论伊尹的话。孟子道："伊尹想天下的百姓，男的女的，有一个不沐浴到尧、舜的恩泽的，好像是自己把他们推到水沟中去的，他自己肯担当天下的重任如此，所以到汤那里,说服汤伐夏救民。"孟子又评论道:"我没有听见谁枉屈自己的身份去规正他人的,哪里还有屈辱着(割烹)自己的身子以正天下的人呢! 圣人的行为是不同的,或者在远地隐逸,或者近在君主身边任事,或者去做事,或者不去做事,归结一句话,总要洁身不污己罢了!"所以"我只听见伊尹是以尧、舜之道去要求汤的,不听见他是做了厨子去趋奉汤的。在《尚书》的《伊训》上说:'天的诛戮夏桀,是由桀居的牧宫开始的。汤说我是从亳地方开始的。'"

(问)何谓割烹? 何谓以尧、舜之道要汤?

(解)古时的大人物,出现于历史上的,一般人总形容他初时怎样落拓,怎样困苦,后来遇了知己的君主,始大有作为,如伊尹做厨子、姜太公钓鱼等等,都是社会心理所衍成的故事。读古书者,不可被此种俗说所蒙也。本章孟子的辨明事实,可以给我们一个证据。

万章问曰:"或谓孔子于卫主痈疽,于齐主侍人瘠环,有诸乎?"孟子曰:"否,不然也,好事者为之也。于卫主颜雠由。弥子之妻与子路之妻,兄弟也。弥子谓子路曰:'孔子主我,卫卿可得也。'子路以告,孔子曰:'有命。'孔子进以礼,退以义,得之不得曰有命。而主痈疽与侍人瘠环,是无义无命也。孔子不悦于鲁、卫,遭宋桓司马,将要而杀之,微服而过宋。是时孔子当厄,主司城贞子,为陈侯周臣。吾闻观近臣以其所为主,观远臣以其所主。若孔子主痈疽与侍人瘠环,何以为孔子?"

痈,音拥。疽,音居。瘠,音脊。要,平声。

万章又提有人说孔子的事问孟子。痈疽,旧说为医疮毒的医生。侍人,齐君左右的阉人。瘠,姓,环,名。主者,住在这个人家也。万章问:"有人说孔子在卫国,住在痈疽的家里,在齐国,住在齐君的侍人瘠环的家里,有这些事情吗?"孟子答以不是,又说:这是喜欢造谣生事的人造出来的,因又说明孔子在卫国和齐国经过的事实。颜雠由,卫国的大夫,子路的妻兄,孔子在卫,实住在颜雠由家里。弥子,是卫君的宠臣,叫弥子瑕。弥子之妻与子路之妻,是姊妹(兄弟,即姊妹)。孟子道:"弥子对子路说:'孔子若肯来住在我家里,我对卫君说一声,他就可得卿相的位子。'子路把这话告知了孔子,孔子说:'有命。'"意思是:做不做卿相,须由天命决定,不必去投奔弥子也。孟子道:"孔子的做人,进去做官,必定遵礼,退出来不做官,也必合于道义。卿相之得与不得,他只说是有天命的。若竟投奔痈疽和侍人瘠环,是没有道义、不知天命了。孔子因为不喜欢在鲁国、卫国，就离开了那些地方，经过宋国时，不料宋国的大夫桓魋，想在半路上把孔子拦住了（要）杀死。孔子不得已，乃换了平常的衣服，逃过了宋国。这时候，孔子遇了患难，并没有乱投人家，却还投在司城官贞子的家里，做了陈侯名周的臣子。"上面是说明孔子已往的事情。末了孟子道："我听说过：要观近臣的贤否，只要看谁寄居在他家里；观远臣的贤否，只要看他寄居的主人是谁。如果孔子投奔了痈疽和瘠环，他怎样能够成其为孔子呢？"

（问）何谓有命？

（解）此章言孔子虽在患难之中，总是以礼义为进退，决不肯不顾出处，乱于投奔品行不端的人。

万章问曰："或曰，百里奚自鬻于秦养牲者五羊之皮，食牛以要秦穆公，信乎？"孟子曰："否，不然，好事者为之也。百里奚，虞人也。晋人以垂棘之璧与屈产之乘假道于虞以伐虢。宫之奇谏，百里奚不谏，知虞公之不可谏而去之秦。年已七十矣，曾不知以食牛干秦穆公之为污也，可谓智乎？不可谏而不谏，可谓不智乎？知虞公之将亡而先去之，不可谓不智也。时举于秦，知穆公之可与有行也而相之，可谓不智乎？相秦而显其君

于天下，可传于后世，不贤而能之乎？自鬻以成
其君，乡党自好者不为，而谓贤者为之乎？"

食，音寺。要，平声。屈，此音掘。乘，音盛。

万章又提起了一个故事来问孟子："有人说：百里奚自己
以五张羊皮，卖身于秦国养牲畜者之家，便为他饲牛，以此来
干求秦穆公，这事可信吗？"孟子也答以不是的，这是好事者所
造的，于是说："百里奚，是虞国的人。那时候，晋国把垂棘地
方所出的宝玉和屈地方所产的良马去送给虞国的君主，向虞
国借一条道路，去讨伐虢国。宫之奇谏以为不可，百里奚不
谏，因为百里奚知道虞公是谏了不听的，又知道虞国将亡，因
此避到秦国去。他当时已经七十岁了，他假使不晓得以饲牛
去干求秦穆公是一件污辱的事，可以说他聪明吗？他晓得不
可谏就不谏，可说他不聪明吗？他晓得虞公将要灭亡了就先
避去，不可谓不聪明。那时候，举用于秦国，晓得秦穆公是可
与他行大事的，所以就做了他的宰相，这样，可说他不聪明吗？
他相秦国，能使秦君的声名显耀于天下，又可流传于后世，假
使不是贤人，能做到这样吗？自己卖身去成全人君的声名，这
种事情，就是一乡一党中稍知珍爱自己的人，尚且不肯做，倒
可以说贤人肯做的吗？"

（问）百里奚之人格如何？

（解）宫之奇谏是忠，百里奚不谏是智，二人各有所长。

孟子曰："伯夷,目不视恶色,耳不听恶声,非其君不事,非其民不使。治则进,乱则退,横政之所出,横民之所止,不忍居也。思与乡人处,如以朝衣朝冠坐于涂炭也。当纣之时,居北海之滨,以待天下之清也。故闻伯夷之风者,顽夫廉,懦夫有立志。

　　朝,音潮。懦,音糯。

　　此孟子评论古人也。横,不循法度。顽,贪也。廉,廉洁不贪也。懦,柔弱也。孟子言伯夷的为人,眼睛不看秽恶的颜色,耳朵不听污恶的声音。不是有道的国君,不去服事,不是善良的人民,不去使令。天下治的时候,则上进而做官,乱的时候,则退到乡野不闻政治。不循法度的政令所发出来的地方,或者不循法度的人民所居的场所,他是不忍去住的。他甚至和一个没有道德的乡野人住在一处,就好像穿了上朝的衣裳,戴了上朝的帽子,坐在泥土或灰炭上面。当纣为天子的时候,他住在北海之滨,等待天下的清平。所以一般人听见了伯夷的高风亮节,贪顽的人也能廉洁了,柔弱的人也能有自立做人的志向了。

　　"伊尹曰：'何事非君？何使非民？'治亦进，乱亦进，曰：'天之生斯民也，使先知觉后知，使先觉觉后觉。予，天民之先觉者也，予将以此道觉此民也。'思天下之民，匹夫匹妇有不与被尧、舜之泽者，若己推而内之沟中，其自任以天下之重也。

　　内，今作纳。

　　伊尹的思想与伯夷正相反。他说："何事非君？何使非民？"意思是以为君即使无道，君还是君，民即使不善良，民还是民，不过他们都是无知无觉的人。我既做了先知先觉的人，应该教导他们，使他们都明白做人的道理，所以"治亦进，乱亦进"了。"天之生斯民也"以下，解已见前章。

　　"柳下惠不羞污君，不辞小官，进不隐贤，必以其道，遗佚而不怨，厄穷而不悯，与乡人处，由由然不忍去也。'尔为尔，我为我。虽袒裼裸裎于我侧，尔焉能浼我哉？'故闻柳下惠之风者，鄙夫宽，薄夫敦。

袒,音坦。裼,音锡。裎,音呈。浼,音每。

柳下惠在春秋时,亦称圣人,他又是一种性情。"不羞污君"者,言君主虽秽污,去事他,不以为羞耻也。"不辞小官"者,官虽卑小,也可做的。进去做官,不把贤人隐匿,必以正经的道理辅佐君主。故曰:"进不隐贤,必以其道。""遗佚而不怨,厄穷而不悯"者,谓自己虽被遗落不用,佚(同逸)在民间,也不怨人,处困难穷苦的境地,也不悲悯。与没有道德的乡野人处在一个地方,仍旧由由然自得其乐,不以为意,不肯就走开。"袒裼裸裎",犹俗言赤身裸体。浼者,污也。言做人,你是你,我是我,虽你是赤身露体的人,立在我身边,你岂能污我呢? 所以听见柳下惠的风采者,见识狭陋的人,胸怀会宽起来,志气浅薄的人,也会敦厚起来。

"孔子之去齐,接淅而行;去鲁,曰:'迟迟吾行也!'去父母国之道也。可以速而速,可以久而久,可以处而处,可以任而任,孔子也。"

孔子为人,又与伯夷、伊尹、柳下惠不同。淅,渍米也。接淅,是说米已下在锅里,为了要紧走,来不及炊,就此用手将米捞了起来。接淅而行,是说孔子离开齐国的时候,连一餐饭都来不及煮熟,急于要去。至于离开鲁国,则说"迟迟吾行",犹言"慢慢地走开罢",这是因为鲁是父母之国,不忍即别也。

速、久、处、任四者，是说孔子做人，看时局，看环境通权达变。如离开齐国，可速即速，离开鲁国，可久则久；不做官，则可隐处则隐处，做官，则可仕则仕，不像前三人之固执不移也。

　　孟子曰："伯夷，圣之清者也；伊尹，圣之任者也；柳下惠，圣之和者也；孔子，圣之时者也，孔子之谓集大成。集大成也者，金声而玉振之也。金声也者，始条理也；玉振之也者，终条理也。始条理者，智之事也；终条理者，圣之事也。智，譬则巧也；圣，譬则力也。由射于百步之外也：其至，尔力也；其中，非尔力也。"

　　中，去声。

　　上文都是孟子所叙述的话。此段与上文是一章，特加"孟子曰"三字者，以为总结上文之区别，使眉目清楚也。

　　清，如俗语所说的清白，一些不着污点，此是伯夷之所以为圣的道理。任，是担当责任。和，是和气，不与人竞争，此是伊尹、柳下惠之所以为圣的道理。时者，即上文说的看时局，看环境通权达变，无不合于道义的意思，此惟孔子能之。集大成者，言孔子能把三人之长处集于一身也。金声玉振，是作乐时的以金发声，以玉收声，言三人之圣，或为金声，或为玉振，都各有一长,只有孔子,其始则合于金声的条理,其终则合于玉振的条理,所以谓之集大成。其始能合于条理,这是他的智慧之事,其终能合于条理,这是他的圣德之事。"智,譬则巧也,圣,譬则力也"者,犹如射箭于百步之外,把箭射得到,是气力大的缘故,至于射得中,乃是射法巧妙的缘故,只有孔子力和巧(便是圣和智)无不具备。

(问)清任和三德,有优劣否?

(解)必如孔子之智与圣,然后能集三人之长处于一身。若无孔子之智与圣,硬要把清、任、和集于一身,便反要弄得四不像,成为乡愿一流的人。故学者,不如任取一长而学之为得也。

北宫锜问曰:"周室班爵禄也,如之何?"孟子曰:"其详不可得闻也。诸侯恶其害己也,而皆去其籍。然而轲也尝闻其略也:天子一位,公一位,侯一位,伯一位,子男同一位,凡五等也。君一位,卿一位,大夫一位,上士一位,中士一位,下士一位,凡六等。天子之制,地方千里,公侯皆方百里,伯七十里,子男五十里,凡四等。不能五十里,不达于天子,附于诸侯,曰附庸。天子之卿,受地视侯,大夫受地视伯,元士受地视子男。大国地方百里，君十卿禄，卿禄四大夫，大夫倍上士，上士倍中士，中士倍下士，下士与庶人在官者同禄。禄，足以代其耕也。次国地方七十里，君十卿禄，卿禄三大夫，大夫倍上士，上士倍中士，中士倍下士，下士与庶人在官者同禄。禄，足以代其耕也。小国地方五十里，君十卿禄，卿禄二大夫，大夫倍上士，上士倍中士，中士倍下士，下士与庶人在官者同禄。禄，足以代其耕也。耕者之所获，一夫百亩。百亩之粪，上农夫食九人，上次食八人，中食七人，中次食六人，下食五人，庶人在官者，其禄以是为差。"

锜，音奇。恶，音物。食，音寺。差，音疵。

北宫，姓。锜，名，卫人。班，同颁。北宫锜问孟子：周代所颁爵位俸禄之制是如何的？孟子道："它的详细情形，已不得而知了，因为诸侯都自己称王，与周室所颁的爵禄制度抵触，所以厌恶此种制度以为有害于自己，把此种典籍都废去了。然而我轲呢，曾经还听见过它的大略：天子、公、侯、伯、子男爵凡五等。一国里面，君、卿、大夫、上士、中士、下士，职位凡六等。天子的制度，他的地方凡一千方里，公、侯的国，皆一百方里,伯七十方里,子男五十方里,比五十方里更小的国家,不能直达于天子,只能附在诸侯下面,称为附庸。天子的卿所受的地方如侯一样,天子的大夫所受的地方如伯,天子的元士所受的地方如子男,大的诸侯国土一百方里,国君十倍卿之俸禄,卿给四大夫之禄,大夫比上士加倍,上士倍中士,中士倍下士,下士与百姓曾居官的人拿一样的俸禄,有了俸禄,就足以代替他耕田的收入了。次一等的伯爵的国土有七十方里,国君也是十倍于卿的俸禄,卿禄三倍于大夫,大夫倍上士,上士倍中士,中士倍下士,下士也与百姓居官的同样的俸禄。小的子男国土只五十方里,君也是十倍于卿禄,卿禄二倍于大夫,上士以下,与他国一样。耕田的人,一夫可以受田百亩,加上肥料,肥料多而力勤者为上农,其所收可供九人。其次,用力不齐,所收而供给的人数也不同,共有五等。庶人在官者,其受禄的多少,也以这个为标准,而有所相差,共为五等。"

(问)周代爵禄之制,与后世所异之点何在?

(解)程子曰:"孟子之时,去先王未远,载籍未经秦火,然而班爵禄之制,已不闻其详。今之礼书,皆掇拾于灰烬之余,而多出于汉儒一时之附会,奈何欲尽信而句为之解乎?然则其事固不可一一追复矣!"真通论也。

万章问曰:"敢问友。"孟子曰:"不挟长,不挟贵,不挟兄弟而友。友也者,友其德也,不可以有挟也。

长,此处读如掌。

此章记万章问交友之道也。"不挟长"者,不自己挟恃我为长辈也。"不挟贵"者,不自己挟恃我为贵、人为贱也。"不挟兄弟而友"者,不挟恃兄弟之富贵而轻视人也。故曰:"友也者,友其德也,不可以有挟也。"言交友之道,在友其人之道德,不可以自己有什么挟恃的。

"孟献子,百乘之家也,有友五人焉:乐正裘、牧仲,其三人则予忘之矣。献子之与此五人者友也,无献子之家者也。此五人者,亦有献子之家,则不与之友矣。

孟献子,鲁国之贤大夫,有车百乘之家也。他有朋友五人,孟子只记得乐正裘、牧仲二人的姓名,其余。三人则已忘记。献子对于这五人,完全以友道相待,并不挟恃着自己的家世。当然这五人所以肯和献子为友,也是不将献子的家世放在心中的,假使不如此,献子也就不与他们为友了。此言大夫的不挟贵。

"非惟百乘之家为然也,虽小国之君亦有之。费惠公曰:'吾于子思,则师之矣。吾于颜般,则友之矣。王顺、长息,则事我者也。'

上言孟献子之交友,此言不但大夫交友如此,即小国君主的交友,也是如此。费惠公,小国的君主也。他曾说过,对于有道德学问的子思,则师事之,于次一等的颜般,则友事之,若王顺、长息,道德学问不及自己,就当做事我的人了。此言小国之君的不挟贵。

"非惟小国之君为然也,虽大国之君亦有之。晋平公之于亥唐也,入云则入,坐云则坐,食云则食,虽疏食菜羹,未尝不饱,盖不敢不饱也,然终于此而已矣。弗与共天位也,弗与治天职也,弗与食天禄也,士之尊贤者也,非王公之尊贤也。

食,音寺。

此又言不但小国的君主如此,晋平公为大国的君主,也无不如此。他对于亥唐,无不听命。亥唐叫他进内则进内,叫他坐则坐,叫他吃则吃,亥唐和他同吃饭,虽然是粗饭和菜羹,也未尝不吃饱,因为他在亥唐的面前不敢不吃饱也。"然终于此而已矣"者，言晋平公之待遇亥唐，终于以此为止也。国君之位，为天所授予，故位曰天位，职曰天职，禄曰天禄，此三者，平公弗与亥唐共有也。言平公的交友，是和士人的尊贤一般的，不是用王公的身份来尊贤的。此言大国之君的不挟贵。

"舜尚见帝，帝馆甥于贰室，亦飨舜，迭为宾主。是天子而友匹夫也。

帝，尧帝也。"舜尚见帝"者，舜上朝去见尧也。馆，房舍也。《礼》：妻之父曰外舅。舅之相对待者为甥，所以婿可以称甥。贰室，副宫也。言尧帝请舜，住在副宫里也。时时到舜的地方去吃饭，故曰："亦飨舜。""迭为宾主"者，因尧馆舜于贰室，是尧为主，尧亦往舜处吃饭，是又尧为宾了。此言尧以天子而友匹夫，是天子的不挟贵。

"用下敬上，谓之贵贵；用上敬下，谓之尊贤。贵贵尊贤，其义一也。"

以在下位的人，敬重在上位的人，叫作贵贵，以在上位的人，敬重在下位的人，叫作尊贤，所谓贵贵尊贤，在事情方面有些两样，在道理方面则是一样的。

（问）交友之道应如何？

（解）此章言大夫交友、国君交友、天子交友，虽有等级，至于尊敬的意思是一样的。

万章问曰："敢问交际何心也？"孟子曰："恭也。"曰："却之却之为不恭，何哉？"曰："尊者赐之，曰：'其所取之者，义乎？不义乎？'而后受之。以是为不恭，故弗却也。"曰："请无以辞却之，以心却之。曰：'其取诸民之不义也。'而以他辞无受，不可乎？"曰："其交也以道，其接也以礼，斯孔子受之矣。"

上章言交友，此章言交际。交际者，指一般礼仪币帛的往来也。万章问以何种心思为可，孟子答以恭敬可也。万章又问："却之却之为不恭，是什么意思呢？"孟子答："凡尊长赐给我东西，假使我心里想一想道：他所得来的这东西，合义的还是不合义的？合义的才收它，不合义的就不收它，这样就是不恭敬了，所以还是自己心中不要忖问，更不要推却不受。"万章又问："假使为了他得来的东西是不义的，我一定要不受它，我不显然用说话来推却，只在自己的心里来推却，想着说：他这赐予的物件，从人民那里取来，是不义的，乃另用一种婉转的言词来推却,这样,难道不可以吗?"孟子说:"只要他的交往是合乎道理的,他的接待是合乎礼仪的,他送东西来,就是孔子也接受它了。"

万章曰:"今有御人于国门之外者,其交也以道,其馈也以礼,斯可受御与?"曰:"不可。《康诰》曰:'杀越人于货,闵不畏死,凡民罔不憝。'是不待教而诛者也。殷受夏,周受殷,所不辞也,于今为烈,如之何其受之!"

与,作欤。闵,今作悯。憝,音队。

御,止也。止住人而杀之,且夺其货物也。国门之外,谓无官吏治理之处。万章以为如果不问他货物的来历,假使有人在国门之外,拦路抢劫,他也依规矩来和我交往,依礼节来馈送我,那么,可收受他抢来的东西吗?孟子说不可以接受的,就以《尚书》中的《康诰》篇来作证。"杀越人于货"者,言杀死别人,抢夺货物。闵不畏死,闵本作暋,强也,强横不怕死也。这种人是没有人不痛恨的(憝,痛恨的意思),可以不必教训他,即把他诛戮,这种办法,三代以来早就通行,不必多说的,到现在这办法更是严厉了,怎样还可以接受他的东西呢!

曰：“今之诸侯取之于民也，犹御也。苟善其礼际矣，斯君子受之，敢问何说也？”曰：“子以为有王者作，将比今之诸侯而诛之乎？其教之不改，而后诛之乎？夫谓非其有而取之者，盗也，充类至义之尽也。孔子之仕于鲁也，鲁人猎较，孔子亦猎较。猎较犹可，而况受其赐乎？”

比，音畀。夫，音扶。较，音觉。

万章又问：“现今的诸侯，他取百姓的赋税，也和拦路抢劫差不多。若只要以为交际不失礼，君子就可收受他的货，我敢请问这又有何说词呢？”孟子道：“你以为有王天下的人起来，必定把现今的诸侯，一个一个（比）都诛杀吗？还是先教导他们，他们不肯改过而后诛杀他们呢？所说不是他应该有的东西而他取了来，就说他是盗贼，这只是极而言之，提高到原则最高度的说法。”意思是说，现今的诸侯，毕竟不是真的盗贼。田猎时夺取禽兽以祭也，孟子又引孔子之事为证。鲁国的人，在那里猎较，孔子也跟着他们猎较。孔子连这种小事还可以从俗，何况受人家所赐予的东西呢？

曰：“然则孔子之仕也，非事道与？”曰：“事道也。”“事道奚猎较也？”曰：“孔子先簿正祭器，不

以四方之食供簿正。"曰:"奚不去也?"曰:"为之
兆也。兆足以行矣而不行,而后去,是以未尝有
所终三年淹也。

与,今作欤。

万章问:"那么孔子的做官,不是以行道为事吗?"孟子答
以孔子的做官,是以行道为事的。万章又问孔子做官既以行
道为事,怎么又跟着人家猎较起来呢? 孟子说,孔子所以猎较
者,因为孔子仕于衰世,不可以立刻更变一切习俗,所以先用
文字规定祭祀所用器物和祭品(先簿正祭器),不用四方夺来
的猎物做祭品(不以四方之食供簿正),这样,猎较之俗,也就
可以废止了。万章又问,孔子如此作为,终于行不通,为什么
不走呢? 孟子说,孔子做官,先要试行一下。如果他的道行得
通,而君主却不肯施行,他才走开。所以孔子在一个国里做
官,没有超过三年的。

"孔子有见行可之仕,有际可之仕,有公养之
仕。于季桓子,见行可之仕也,于卫灵公,际可之
仕也,于卫孝公,公养之仕也。"

此节仍为孟子之言,言孔子入仕之事。见行可者,见其道

之可行也,际可者,交际上有礼也,公养者,国君养贤也。孔子对于季桓子,本希望得行其道,可以称为行可之仕。卫灵公尝郊迎孔子,所以可谓际可之仕。卫孝公,按《史记》,并无孝公其人,恐即系出公辄,他尝致粟于孔子,所以可谓公养之仕。

(问)何谓受御?

(解)此章因万章之问交际,而孟子与之反复辩论,说出了许多交际和入仕的道理。

　　孟子曰:"仕非为贫也,而有时乎为贫。娶妻非为养也,而有时乎为养。为贫者,辞尊居卑,辞富居贫。辞尊居卑,辞富居贫,恶乎宜乎? 抱关击柝。孔子尝为委吏矣,曰:'会计当而已矣。'尝为乘田矣,曰:'牛羊茁壮,长而已矣。'位卑而言高,罪也;立乎人之本朝而道不行,耻也。"

养,去声。恶,音乌。朝,音潮。长,读如掌。

做官本为行道,不是因为家贫,但有时候确是因为家贫而谋禄。娶妻本为嗣续,不是为了奉养父母,但有时候,却也为了奉养而娶妻。如果因为贫而做官,当辞让高显之位、重厚之禄,以可以糊口为度就够了。这样,应该做些什么呢? 就如抱关击柝也可以了。抱关,管城门也。击柝,敲更也。孟子说了这些话还不算，又抬出了孔子来证明他的话。委吏，仓廪的管账小吏也。乘田，主苑囿刍牧的小吏也。孔子做委吏的时候，他说只要会计不错就罢了，做乘田的时候，他说只要牛羊肥壮、能长大就罢了。因为孔子深知，位卑的人而高谈朝事，不称其职，是有罪的；若位子高了，立在人的朝廷上而其道不能行，也是可耻的事情。

（问）何谓有时乎为贫，有时乎为养？

（解）此章言己无道救民，就不宜居高位受厚禄，只好寻些小事做做，独善其身。

万章曰："士之不托诸侯，何也？"孟子曰："不敢也。诸侯失国而后托于诸侯，礼也。士之托于诸侯，非礼也。"万章曰："君馈之粟，则受之乎？"曰："受之。""受之何义也？"曰："君之于氓也，固周之。"曰："周之则受，赐之则不受，何也？"曰："不敢也。"曰："敢问其不敢，何也？"曰："抱关击柝者，皆有常职以食于上，无常职而赐于上者，以为不恭也。"曰："君馈之，则受之，不识可常继乎？"曰："缪公之于子思也，亟问，亟馈鼎肉。子思不悦，于卒也，摽使者出诸大门之外，北面稽首,再拜而不受,曰:'今而后知君之犬马畜伋。'盖自是台无馈也。悦贤不能举,又不能养也,可谓悦贤乎?"

食,音寺。亟,读如器。摽,音彪。食,音寺。

士者,未做官而读书明道的人。托,寄也。万章问:"士人不寄食诸侯的俸禄,是何意义?"孟子道:"不敢食诸侯的俸禄也。只有诸侯失了国家,去寄食于邻国的诸侯,是礼所有的,士人寄食于诸侯,是没有这礼的。"万章又问:"如国君馈送他以粟米,可收受吗?"孟子道:"可以收受的。"万章又问:"可以收受,是什么道理呢?"孟子道:"君之于百姓(氓民通),固然应该加以周济的,所以可收受也。"万章又道:"君于百姓,周济他则收受,赏赐他则不收受,又是什么道理呢?"孟子道:"是为了不敢受赏赐。"万章道:"不敢受又是什么道理呢?"孟子道:"像抱关击柝,都有一定的职务,所以可吃君上的禄米。没有一定的职务,而收受君上所赐的东西,这就是不恭敬,所以不受也。"万章又道:"君上馈送食物,就受了他的,不知可以常常继续受他否?"孟子道:"从前鲁缪公对于子思,屡次(亟)去问,屡次馈送熟肉(鼎肉),子思反而不高兴起来。最后(卒)一次,子思把差来的人驱(摽)出于大门之外,自己却朝着北面,磕头再拜,不肯受缪公所馈的东西,说道:'今天,我才晓得你君上待我孔伋如犬马也。'"这是因为子思并不做事,屡次送他食物,好像豢养犬马一样,所以子思不敢受也。"盖自是台无馈也"者,台,古称舆台,即奴隶一流的人。自从子思拒绝了食物,鲁缪公便也不再派舆台这种人去馈送食物了。孟子又评论道:"爱悦贤人,却不能重用,又不能用正当的方式去奉养他。如此,算是爱悦贤人吗?"

曰:"敢问国君欲养君子,如何斯可谓养矣?"曰:"以君命将之,再拜稽首而受。其后廪人继粟,庖人继肉,不以君命将之。子思以为鼎肉,使己仆仆尔亟拜也,非养君子之道也。尧之于舜也,使其子九男事之,二女女焉,百官牛羊仓廪备,以养舜于畎亩之中,后举而加诸上位,故曰王公之尊贤者也。"

第二女字读去声。

万章又问:"敢问国君要养君子,怎样才可说是养呢?"孟子道:"起先应该以国君的命令送东西去,君子则再拜磕头而收受。以后国君只须叫管谷仓的人,继续送以米谷,厨夫继续送以熟肉,不必再用国君的命令送去,以免其拜赐之劳。子思那时的不高兴,是因为缪公时常差人用君命送鼎肉去,使他仆仆不休地屡次下拜,不是尊养君子的道理。像尧帝之于虞舜,先使自己九个儿子去奉事他,又把两个女儿嫁给他,百官牛羊仓廪,无不完备,到田亩间去养舜,后来提拔他,登了上位,像这样,才可以说是王公之尊养贤人。"

(问)何谓以君命将之?

(解)君命将之,是有国君所赐的名义,故不可不受,并且不可不拜。但是屡次去叫君子下拜,就无异以犬马待君子了。其实国君对于君子,最好是举之上位,养他还在其次。

万章曰:"敢问不见诸侯,何义也?"孟子曰:"在国曰市井之臣,在野曰草莽之臣,皆谓庶人。庶人不传质为臣,不敢见于诸侯,礼也。"

万章问:"不去见诸侯,是什么道理呢?"孟子道:"在都邑里(国)居住的,叫作市井之臣;在乡野里居住的,叫作草莽之臣:都是庶人百姓。庶人百姓,不应把赞(质)见的礼物,自通(传)于诸侯,而自以为臣,既不是臣,就不敢谒见诸侯,这是合乎礼的。"

万章曰:"庶人召之役,则往役。君欲见之,召之则不往见之,何也?"曰:"往役,义也。往见,不义也。且君之欲见之也,何为也哉?"

万章道："君主用命令召庶人充工役,则庶人去做工役。君主平时要见庶人,特地召他,又不去见君主,这是什么道理呢?"孟子道："去做工役,是应该的。去见君主,是不应该的。而且君主要召见庶人,究竟为什么呢?"

曰："为其多闻也,为其贤也。"曰："为其多闻也,则天子不召师,而况诸侯乎? 为其贤也,则吾未闻欲见贤而召之也。缪公亟见于子思,曰:'古千乘之国以友士,何如?'子思不悦,曰:'古之人有言曰:"事之云乎! 岂曰友之云乎?"'子思之不悦也,岂不曰:'以位,则子君也,我臣也,何敢与君友也? 以德,则子事我者也,奚可以与我友?'千乘之君,求与之友而不可得也,而况可召与!

亟,读如器。与,作欤。

万章答孟子道："君主之要见庶人,因为他多见闻,因为他有贤德也。"孟子道："既为他多见闻,是要请教他了。那么天子尚且不敢召师,何况是诸侯呢? 若是因为他有贤德,那么,我没有听说过要见贤德的人,而用命令去召他来的。从前鲁缪公屡次去见子思,他对子思道:'古时候有千乘国家的君主,要和士人做朋友,怎么办呢?'子思不高兴起来,说道:'古人有一句话，说遇到了贤人，以师礼事他就是了！岂能说和他做朋友呢？'子思之所以不高兴，他的意思岂不是说：'以爵位论，则你是君上，我是臣下，我哪里敢与你做朋友呢？若以道德而论，则你是应该来师事我的，哪里好与我做朋友呢？'像缪公以千乘的国君，求与子思做个朋友而不可得，何况可以召他呢！"

"齐景公田，招虞人以旌。不至，将杀之。志士不忘在沟壑，勇士不忘丧其元，孔子奚取焉？取非其招不往也。"

此节亦孟子的话，已见于《滕文公篇》，不重述。

曰："敢问招虞人，何以？"曰："以皮冠，庶人以旃，士以旗，大夫以旌。以大夫之招招虞人，虞人死不敢往；以士之招招庶人，庶人岂敢往哉？况乎以不贤人之招招贤人乎！欲见贤人而不以其道，犹欲其入而闭之门也。夫义，路也，礼，门也，惟君子能由是路，出入是门也。《诗》云：'周道如底，其直如矢，君子所履，小人所视。'"

夫，音扶。

　　万章问:"国君招虞人(掌山泽苑囿之官),该用什么东西呢?"孟子道:"国君招虞人用皮帽,招庶人用帛(㫋),招士用旗,招大夫用旗杆上的旌。当时齐景公以招大夫的旌,去招虞人,虞人虽然死,也不敢去见景公。若以士的招去招庶人,庶人岂敢去呢? 何况用不是贤人的招,去招贤人呢! 国君要见贤人,而不用正当的方法,犹之乎要他进房屋里来,却把门关闭起来也。义呢,是一条路,礼呢,是一扇门,只有君子能走这条路,进出这扇门。《诗经·小雅·大东》篇上说的:'通(周,通也)行的大道,如同磨过的石头(底同砥)那样平,它又如放出去的箭那样直,这是君子的脚步所履,而小人所视以为法的。'"

　　万章曰:"孔子'君命召,不俟驾而行',然则孔子非与?"曰:"孔子当仕有官职,而以其官召之也。"

　　与,作欤。

　　万章又问:"孔子说过的:'一听得君的命令来召,不等到马驾好车子,就应该步行去见君上。'这样说,孔子错了吗?"孟子道:"孔子那时候正在做官,有官的职务,当时国君因他有官职而召他的。"此言孔子并没有不对的地方。

　　(问)何谓"义,路也;礼,门也"?

（解）士人不做官，不应求见君主，以此可见士之操守。此与后世到处钻营，以得进见为荣的，正绝对相反也。

孟子谓万章曰："一乡之善士，斯友一乡之善士；一国之善士，斯友一国之善士；天下之善士，斯友天下之善士。以友天下之善士为未足，又尚论古之人！颂其诗，读其书，不知其人可乎？是以论其世也，是尚友也。"

此章言自己是什么样的人，才可以与什么样的人为友，自一乡推至一国天下，都是一样。甚至友了天下之善士，尚以为不足，又须上（尚）论古之人。诵（颂）古人之诗，读古人之书，不知古人的为人，可以吗？所以又要考论他的时代。这样就可以上友古之人了，那便叫作尚友。

（问）何谓尚论古之人？

（解）志气高大的人，往往看不起同时的人士。如此，则惟有于书史中寻求古人而友之。

齐宣王问卿。孟子曰："王何卿之问也？"王曰："卿不同乎？"曰："不同。有贵戚之卿，有异姓之卿。"王曰："请问贵戚之卿。"曰："君有大过则谏，反复之而不听，则易位。"王勃然变乎色。曰：
"王勿异也，王问臣，臣不敢不以正对。"王色定。
然后请问异姓之卿。曰："君有过则谏，反复之而
不听，则去。"

卿是一国中最大的官。齐宣王问孟子：卿的行为，应该
怎样？孟子道："王问哪一种卿呢？"王道："卿有不同的吗？"
孟子道："不同。有与国君有亲族关系的，叫贵戚之卿；有与国
君不同姓的，叫异姓之卿。"王道："请问贵戚之卿是怎样的？"
孟子道："国君有了大过失，就要去谏他，反反复复地谏他，而
不听，就可以把国君逐去，另选一个善良的族人，来登君位。"
王听了这话，又怒又惊，突然变了神色。孟子又道："王不用怪
异，因为王来问臣，臣不敢不用正经的话来回答王。"王听了这
话，神色略定，然后再请问异姓之卿。孟子道："若异姓之卿，
君有过失，也就去谏他，反反复复地谏他而仍旧不听，则为卿
的惟有离开这个国，不再做官。"

（问）贵戚之卿，何以谏之不听则易位呢？

（解）国君如犯了大过失，将使祖宗传下来的国家丧亡，那
么，为贵戚之卿者，自然可以废易君位然历史上为贵戚之卿
者，多是取君位而自代，如晋司马伦废司马衷。为匡正社稷而
废易君位，异姓之戚如汉霍光者，仅是特例也。

第六篇　告子

告子曰："性犹杞柳也，义犹桮棬也。以人性为仁义，犹以杞柳为桮棬。"孟子曰："子能顺杞柳之性而以为桮棬乎？将戕贼杞柳而后以为桮棬也？如将戕贼杞柳而以为桮棬，则亦将戕贼人以为仁义与？率天下之人而祸仁义者，必子之言夫！"

桮，音杯。棬，音圈。戕，音枪。与，作欤。夫，音扶。

杞柳，是一种落叶灌木，山东、河北等处尤多。桮棬，是一种屈木所制的器具，如杯盘之类。告子言人的性质，出于自然生成，犹如杞柳，也是自然生成的，而义呢，则有如杯盘，是人工制成的，若要使人性做仁义的事情，有如把杞柳制成杯盘，非加人工不可。戕贼，犹言残害。孟子以告子之言为不然，故辟之曰："你能够顺着杞柳的本性去制杯盘？还是用刀斧残害了杞柳，然后去制成杯盘呢？如果一定要残害了杞柳去制成杯盘，难道也要残害了人的本性去做仁义的事情吗？率领天下的人，都去残害仁义的，一定是你的这种理论了！"这章的意思，是孟子以仁义为人性所固有，不必像以刀斧去制杯盘那样勉强造成也。

（问）何谓戕贼人以为仁义？

（解）孟子主张性善，如恻隐、羞恶、辞让、是非之心，皆人所固有。若承认人为仁义，有如木头制器，非加残害不可，这便是说人类没有善性，大家都将去做恶事了。

告子曰："性犹湍水也，决诸东方则东流，决诸西方则西流。人性之无分于善不善也，犹水之无分于东西也。"孟子曰："水信无分于东西，无分于上下乎！人性之善也，犹水之就下也。人无有不善，水无有不下。今夫水，搏而跃之，可使过颡，激而行之，可使在山，是岂水之性哉？其势则然也。人之可使为不善，其性亦犹是也。"

湍，音团阴平。

湍水，波流潆洄的水也。告子又说："人的本性，犹如湍水，决它向东则东流，决它向西则西流。人的本性，本来分不出什么善和什么不善，犹如水流不分东西也。"孟子道："水的确是分不出东西的，难道分不出上下吗？人的本性是善的，犹水的必定向下流去。所以人无有不善，水无有不向下流去的。

现在假使击水，叫它溅起来，可使它高过人的额头，又假使阻遏水势，使其倒流，可使它流到山上去。这些难道是水的本性吗？它是因为迫于势而这样的。一个人可以驱使他做不善的事情，也犹如这个一样，被迫而然，并非本性也。"

（问）告子言人性犹湍水，其说如何？

（解）孟子主张性善，所以用水之就下，比人性之本善。以为人之所以为不善，由一种外力硬激而成，如搏水可以过颡，激水可使在山是也。

告子曰："生之谓性。"孟子曰："生之谓性也，犹白之谓白与？"曰："然。""白羽之白也，犹白雪之白，白雪之白，犹白玉之白与？"曰："然。""然则犬之性犹牛之性，牛之性犹人之性与？"

与，作欤。

告子以为人之性，就是人之知觉运动与生俱来，故曰"生之谓性"也。孟子不以为然，故问告子："如果说生来的就是性，那么是否犹如白的颜色，都叫它白呢？"告子道："是的。"孟子道："白的颜色，都叫它白，如此，白鸟毛之白犹如白雪之白，白雪之白犹如白玉之白吗？"告子又道："是的。"孟子道："照这样说，那么狗性犹如牛性，牛性犹如人性吗？"这话，告子当然再不能说是的了。

（问）何谓生之谓性？

（解）孟子的意思，是说万物虽然都有性，但性各不同，只有人之性与善俱生。

告子曰："食色，性也。仁，内也，非外也；义，外也，非内也。"孟子曰："何以谓仁内义外也？"曰："彼长而我长之，非有长于我也，犹彼白而我白之。从其白于外也，故谓之外也。"曰："异于白马之白也，无以异于白人之白也。不识长马之长也，无以异于长人之长与？且谓长者义乎？长之者义乎？"

长，音掌。与，作欤。

告子说："凡人见了美味和美色，总是喜欢的，这是人的本性。仁是内在的东西，不是外在的东西；义是外在的东西，不是内在的东西。"孟子是主张人性皆善的，仁义都是善事，都是一样的，故反问之曰："何谓仁内义外也？"告子辩道："譬如我遇见一个年长的人，我尊敬他，是见他年长，并不是内心里先有尊敬之情。就好比白色的东西我认它是白的，是因为它外表是白的一样。所以说义是外在的东西。"孟子听了这话，于是问道:"假使说,白马之白,没有异于白人之白,那么,不知怜惜老马与不知尊敬长者,也没有什么不同吗? 而且,所谓义,在于长者呢,还是在于尊敬长者的人呢?"孟子的意思便是义不在他的长,而在我的敬他长,到底义也是内在的,不是外在的。

曰:"吾弟则爱之,秦人之弟则不爱也。是以我为悦者也,故谓之内。长楚人之长,亦长吾之长。是以长为悦者也,故谓之外也。"曰:"耆秦人之炙,无以异于耆吾炙。夫物则亦有然者也,然则耆炙亦有外与?"

耆,今作嗜,音是。炙,音志。夫,音扶。与,作欤。

告子又道:"我自己的兄弟则爱他,至于秦国人的兄弟,我就不爱他,因为我的兄弟是我内心所爱的,所以叫作内。至于敬楚国人的长辈,也敬我自己的长辈,是以长辈为主体而言的,所以叫作外。"孟子又驳他道:"一般人喜欢(耆)吃秦人所烤的肉,也喜欢吃自己所烤的肉,两者没有什么不同,事物都有类似的情况。照你的说法,那么,喜欢吃烤肉的心也是外在的吗?"孟子的意思,总是说义也是从内心发出的。这样一来,告子又无言可答了。

（问）何谓食色性也？

（解）告子也是战国时一位哲学大家，对于性理很有研究，而旨趣实与孔子"性相近也"相通。但孟子因主张性善之说，要使自己的言论一贯，故不得不有此辩论也。

孟季子问公都子曰："何以谓义内也？"曰："行吾敬，故谓之内也。""乡人长于伯兄一岁，则谁敬？"曰："敬兄。""酌则谁先？"曰："先酌乡人。""所敬在此，所长在彼，果在外，非由内也。"公都子不能答，以告孟子。孟子曰："'敬叔父乎？敬弟乎？'彼将曰：'敬叔父。'曰：'弟为尸，则谁敬？'彼将曰：'敬弟。'子曰：'恶在其敬叔父也？'彼将曰：'在位故也。'子亦曰：'在位故也。庸敬在兄，斯须之敬在乡人。'"季子闻之曰："敬叔父则敬，敬弟则敬，果在外，非由内也。"公都子曰："冬日则饮汤，夏日则饮水，然则饮食亦在外也。"

恶，音乌。

孟季子，疑即孟仲子之弟。他听了告子仁内义外之说，也以告子为是，所以问公都子道："何以说义是内的？"公都子答

354

道:"因为表达我内心的敬意,所以说是内在的。"孟季子又道:
"如一个同乡的人,他大于长兄一岁,则应该敬重哪一个?"公
都子道:"应该敬长兄。"孟季子道:"请他们两人吃酒,先酌哪
一个?"公都子道:"这应该先酌乡人。"孟季子驳道:"所尊敬
的在兄(此),却先给年长的乡人(彼)斟酒,照此看来,所谓义
者,果然是外在的,而不是从内心发出的了。"公都子听了这
话,不能对答,只得去告诉孟子。孟子道:"你只问他:'一个人
敬叔父呢? 还是敬弟呢?'他将说道:'敬叔父。'你再问他:
'弟在祭祀时作代表神的尸,那么在弟和叔父之间,你将敬谁
呢?'他将说道:'敬弟。'你再问他:'这样,怎么说敬叔父呢?'
他将说道:'为了在尸位的缘故也。'你也就可以说,'所以敬
乡人的缘故,也是为了在位也。'平时(庸)的敬重,是在兄,暂
时(斯须)的敬重,是在乡人。"孟季子听了这句话,又说道:
"敬叔父则这样敬,敬弟则那样敬,这样看来,则所谓义者,果
然是在外,不是在内的了!"公都子道:"冬日则饮热汤,夏日则
饮冷水,照你这样说,则饮食也不是出于本性而是外在的了!"

(问)孟季子之说如何?

(解)此章的用意和前章相同,孟子不承认仁内义外之说,
以为仁义都是发之于内心的。

公都子曰:"告子曰:'性无善无不善也。'或
曰:'性可以为善,可以为不善。是故文、武兴则

民好善,幽、厉兴则民好暴。'或曰:'有性善,有性不善。是故以尧为君而有象,以瞽瞍为父而有舜,以纣为兄之子,且以为君,而有微子启、王子比干。'今曰性善,然则彼皆非与?"

与,作欤。

公都子引告子的话道:"一个人的性,无所谓善亦无所谓不善。"又引别人的话道:"人的性可以是善,也可以是不善,所以文王、武王兴起来了,则百姓都跟着向善,幽王、厉王兴起来了,则百姓都跟着好暴。"又引别人的话道:"人的性有的生来是善的,有的生来是不善的,所以尧帝做了人君,而有象这样的坏人,瞽瞍做了人父,而有纯孝的舜,有纣王这样残暴的侄儿,而且做了人君,而有微子启、王子比干这些善人。"如今说人性是善的,那么,像上面那些人所说的话都不对吗?"

孟子曰:"乃若其情则可以为善矣,乃所谓善也。若夫为不善,非才之罪也。恻隐之心,人皆有之;羞恶之心,人皆有之;恭敬之心,人皆有之;是非之心,人皆有之。恻隐之心,仁也;羞恶之心,义也;恭敬之心,礼也;是非之心,智也。仁义礼智,非由外铄我也,我固有之也,弗思耳矣!故曰,求则得之,舍则失之。或相倍蓰而无算者,不能尽其才者也。

夫,音扶。恶,音物。铄,音烁。蓰,音徙。

才,材质也。铄,如火灼皮肤,从外面爆进去。倍蓰,倍是一倍,蓰是五倍。孟子道:"从人的性情上看,是可以为善的,这就是所说的性善了。""若夫为不善,非才之罪也"者,言若是他之所以为不善者,不是他天生的材质有什么罪过也;意思便是环境造成的。同情心,人人都有;羞耻心,人人都有;恭敬心,人人都有;是非心,人人都有。同情心属于仁,羞耻心属于义,恭敬心属于礼,是非心属于智。这仁义礼智四种美德,不是由外人给予我的,是我本来就有的。"我固有之也。"不过大家不去思考罢了(弗思耳矣)!所以说,仁义礼智等美德,要人自己去思考而求得的,若把它舍去,不加过问,就失掉了。人的善与不善,其间相去或一倍,或五倍,或无穷者,都是没有发挥他的本能也。

"《诗》云:'天生蒸民,有物有则。民之秉夷,好是懿德。'孔子曰:'为此诗者,其知道乎!'故有物必有则。民之秉夷也,故好是懿德。"

蒸,众也。物,事也。则,法也。夷,常也。懿,美也。言天生众民,有事物必有法则,民众所秉持的常性,都是喜好懿美的道德的。孔子对于此诗,曾加以赞美道:"作此诗的人,他是很知道理的了!"孟子又加以说明道:"所以有了事物,则必有法则,有了民众所秉持的常性,所以就一定喜好美德也。"

(问)何谓为不善,非才之罪?

(解)此亦孟子主张性善的一贯理论。然性究竟是善,是不善,孟子以后,如荀卿,如扬雄,如王充,如韩愈,直到现在,还没有正确的定论。看来还是以孔子"性相近,习相远"的说法为最完美。

孟子曰:"富岁子弟多赖,凶岁子弟多暴。非天之降才尔殊也,其所以陷溺其心者然也。今夫麰麦,播种而耰之,其地同,树之时又同,浡然而生,至于日至之时,皆熟矣。虽有不同,则地有肥硗雨露之养、人事之不齐也。故凡同类者,举相似也,何独至于人而疑之?圣人与我同类者。故龙子曰:'不知足而为屦,我知其不为蒉也。'屦之相似,天下之足同也。

夫,音扶。麰,音牟。耰,音忧。浡,同勃。硗,音敲。

赖,善也。麦,大麦也。耰,覆种也,谓农田播种后以土覆之也。浡然,即勃然。硗,瘠薄的土地。屦,麻鞋。蒉,置草的器具。孟子道:"收成好的年份,子弟们因衣食饶足,多知为善。凶荒的年份,子弟们因衣食不足,心里不快,多做强暴的事情。不是天降给各人的材质,有这样的(尔)不同,只因为有饥寒陷溺了他们的心思,所以到了这个地步。现今譬如大麦下了种子后,再盖上一层土,种的地方,是相同的,种植的时候,也是相同的,蓬蓬勃勃地生长起来,到了夏至的时候,自然都成熟了。其间虽然有些不同之处,这是因为地土有肥的,有瘠的,天上的雨露,有下得到的地方,或下不到的地方,更或者人所用的力量,不能齐一的缘故。照此讲来,所以凡是同一种类的东西,都是相像的,那么,为什么独独到了人而疑心其不同呢? 就是圣人,也是与我同类的。故龙子说道:'虽然不晓得脚的大小长短而做麻鞋,我知道他决不会做成草器的。'因为麻鞋都是相像的,也就是因为天下人的脚都是相同的。"

"口之于味,有同耆也,易牙先得我口之所耆者也。如使口之于味也,其性与人殊,若犬马之与我不同类也,则天下何耆皆从易牙之于味也? 至于味,天下期于易牙,是天下之口相似也。惟耳亦然。至于声,天下期于师旷,是天下之耳相似也。惟目亦然。至于子都，天下莫不知其姣也。不知子都之姣者，无目者也。故曰：口之于味也，有同耆焉；耳之于声也，有同听焉；目之于色也，有同美焉；至于心，独无所同然乎？心之所同然者，何也？谓理也，义也。圣人先得我心之所同然耳！故理义之悦我心，犹刍豢之悦我口。"

耆，今作嗜。

易牙，古时最善烹调的人，故孟子道："口之于味，大家都有同样的嗜好，易牙煮的菜，是能先得我口之所嗜好的。如果说人的口味，个个不同，就像犬马的口味与我们人类的口味完全不同一样，那么，天下人为什么都嗜好易牙所烹调的滋味呢？讲到口味，天下人都期望着易牙，那就是天下之口相似了。"此外孟子又想到耳嗜听音，人皆期望着师旷，至于色，人人皆想见子都之美丽，可见一切嗜好，都是人人所同的。那么，至于心，难道会独有所不同吗？然后他又说出人心之所同然者，究竟是什么，原来便是理和义。圣人之所以为圣人，不过是先明白人心相同的理义罢了。所以理义的悦我心，正像牛羊（刍）犬豕（豢）的悦我口。牛羊食草即刍，所以即称牛羊为刍，犬豕食谷即豢，所以即称犬豕为豢。

（问）为什么人心有所同然？

（解）此章正是申说前章人的材质，本来是相同的。所以不同之故，不过是环境造成的，并非人性的本来不同。

孟子曰："牛山之木尝美矣！以其郊于大国也，斧斤伐之，可以为美乎？是其日夜之所息、雨露之所润，非无萌蘖之生焉。牛羊又从而牧之，是以若彼濯濯也。人见其濯濯也，以为未尝有材焉，此岂山之性也哉？

蘖，音孽。

牛山，齐国城外的一座大山。它的树木，本来是极其盛美的。因为它在大国国都的郊外，人人拿斧头去砍伐它，还能保全它的盛美吗？它虽然日日夜夜，仍旧生长草木，又有雨露滋润它，不是没有萌芽（蘖）生出来，无奈牧童又把牛羊赶上去吃草并践踏，所以把一座草木盛美的山，弄得一无所有（濯濯）。人家见它没有一些草木，就以为这座山未尝有过材木，这岂是这座山的本性吗？

"虽存乎人者，岂无仁义之心哉？其所以放其良心者，亦犹斧斤之于木也。旦旦而伐之，可以为美乎？其日夜之所息，平旦之气，其好恶与人相近也者几希,则其旦昼之所为,有牿亡之矣!牿之反复,则其夜气不足以存,夜气不足以存,则其违禽兽不远矣!人见其禽兽也,而以为未尝有材焉者。是岂人之情也哉?

恶,音物。牿,音固。

上节说山,实是以山比人,此节就说人了。人的情况,也是和山的固有草木一样的,岂会没有仁义的心呢?这仁义的心,就是人的良心。人之所以丧失良心的缘故,亦犹斧头之于树木,一天一天地砍伐,怎么还能够盛美呢?人心日夜发出善念,当天初明时,他的清明气质,他的好恶,也有一些与贤人相近了。然而,一到第二天,他的所作所为,又将他的良心搅乱了,亡失了。这样反反复复,久而久之,夜里生发出的那一点清明气质也就不存在了,清明气质既不存在,他与禽兽也就相差不远了。人家见他是与禽兽一样了,便以为他未尝有过做人的材质。这个,岂是人的本来情性吗?

"故苟得其养,无物不长;苟失其养,无物不消。孔子曰:'操则存,舍则亡。出入无时,莫知其乡。'惟心之谓与?"

与,作欤。

此是上两节的总评。言人与牛山一样,如果能够得到好好的培养,没有什么东西不会长大的,人就可以成为盛德的君子,牛山也可以成为盛美的风景。如果失了好好的培养呢,没有一物不会消失的,人自然也要成禽兽,而牛山便会荒芜了。孟子说了这话,又用孔子的话来引证。操,持也,即得其养;舍,即失其养。孔子说:"把持着它,它就存留着;放掉了它,它就亡失。它时时刻刻在进进出出,没人知道它将去向何方。"这就是指着人心所说的一句话了。

(问)何谓得养? 何谓失养?

(解)此章言人与物一样的道理,都非修养不可。也就是人性本善。其不善者,都因为不加修养,为物欲所蔽之故。

孟子曰:"无或乎王之不智也。虽有天下易生之物也,一日暴之,十日寒之,未有能生者也。吾见亦罕矣,吾退而寒之者至矣,吾如有萌焉何哉? 今夫弈之为数,小数也,不专心致志,则不得也。弈秋,通国之善弈者也。使弈秋诲二人弈,其一人专心致志,惟弈秋之为听,一人虽听之,一心以为鸿鹄将至,思援弓缴而射之,虽与之俱学,弗若之矣! 为是其智弗若与? 曰:非然也。"

或，作惑。暴，作曝。夫，音扶。缴，音灼。射，音社。与，作欤。

战国的君主，多数称王，此言王者，恐怕是指齐王也。"无或乎王之不智也"者，言王的不聪明不足为怪。这是孟子私下议论王的话，大概那时有人怪王不智，而孟子又不帮他忙，所以孟子说了以下的一番话来答他。孟子说，虽然有天下最易生长的东西，假使让它在太阳下晒一日，再让它冷十日，那它当然是不会生长的了。意思是人君近贤人，犹如晒太阳，人君天天近贤人，国家自然会好，假如一日近贤臣，十日不近贤臣，叫他怎样好起来呢！"吾见亦罕矣"者，孟子自言见王甚少也，因此他说："我一退去，使王受寒冷的佞人就到了。我的话虽然能够使王萌而为善，又有什么用呢？"弈，就是下围棋。弈秋者，古时一个最能下围棋的人，他本来只名秋，后来呼惯了，把弈字加上去，成了他的专名。孟子道："今说到下棋这个技艺（数），本来是一件小技艺，可是若不专心致志，就得不到下棋的奥妙。如弈秋这人，是通国里擅长下棋的人。假使让弈秋去教诲两个人学棋，其中一人专心致志，只听弈秋的话；另外一人虽然也听着弈秋的话，他心里却以为有一只鸿鹄将要飞来了，想拿了弓，将绳系了箭（缴）去射鸿鹄，心思一分，两人虽然同在学着，而心想射鸿鹄的人，必定不及专心致志的那一个人了。难道因为他的聪明不及另一人吗？当然不是的。"

（问）弈秋诲二人弈，何以一人成绩不佳？

（解）此章是孟子说明王之不智的缘故，是不肯多亲近他，听他的话。但也可以推广了说，做人学艺，必须一心，才能有成，若一分心，必至落后。

孟子曰："鱼我所欲也；熊掌，亦我所欲也。二者不可得兼，舍鱼而取熊掌者也。生，亦我所欲也；义，亦我所欲也。二者不可得兼，舍生而取义者也。生亦我所欲，所欲有甚于生者，故不为苟得也。死亦我所恶，所恶有甚于死者，故患有所不辟也。

恶，音物。辟，今作避。

鱼味固美，熊掌之味亦佳，假使二物并陈，不能都吃，我就只有弃了鱼而吃熊掌了。生命，也是我所要的，义也是我所要的，到了为生命则顾不得义，为义则顾不得生命，二者不可得兼的时候，我就只有舍掉生命而取义了。生命固然为我所要的，但所要的却更有甚于生命者。所以这时候，对于生命，不期望苟且获得。至于死亡，也是我所厌恶的，但是还有比死亡更为我所厌恶的，所以有的祸患我并不躲避。

"如使人之所欲莫甚于生，则凡可以得生者，何不用也？使人之所恶莫甚于死者，则凡可以辟患者，何不为也？由是则生，而有不用也；由是则可以辟患，而有不为也。是故所欲有甚于生者，所恶有甚于死者。非独贤者有是心也，人皆有之，贤者能勿丧耳。

　　恶，音物。辟，今作避。

　　此节承上节，为更深一层的说法。言如若人所有的欲望，莫有更甚于生命，那么，凡可以得到生命的事情，为什么不去用力呢？假使人的厌恶，莫有更甚于死亡者，那么，凡可以避免祸患的事情，为什么不去做呢？然而，有人明知这样可以保全生命而不为，明知这样可以避免祸患而不为，由此可知，有比生命更为人所珍爱的东西，有比死亡更为人所厌恶的东西。这种心并非贤人所独有，人皆有之，不过贤人能保持勿失罢了。

　　"一箪食，一豆羹，得之则生，弗得则死。嘑尔而与之，行道之人弗受；蹴尔而与之，乞人不屑也。万钟则不辨礼义而受之，万钟于我何加焉？为宫室之美，妻妾之奉，所识穷乏者得我与？乡为身死而不受，今为宫室之美为之；乡为身死而不受，今为妻妾之奉为之；乡为身死而不受，今为所识穷乏者得我而为之。是亦不可以已乎？此之谓失其本心。"

食，音寺。嘑，今作呼。蹴，音促。与，作欤。乡，作响，亦作向。

一箪食，一筐饭。一豆羹，一木碗的羹。饥饿的人对于这些东西，得之则生，弗得则死，这是人人所晓得的。假使将这饭这羹，大声呼了一个人的名字说：某某人，你来吃了这些东西吧，这样，就是走路的人也是不愿意领受的。假使更甚一步，把这些东西放在地下，用脚蹴过去给人家，就是叫花子也不屑领受的。这是说，人皆有羞恶之心，就是饿死，也不肯受无礼的待遇。扩而充之，万钟的厚禄，如果不辨其礼义就受了下来，万钟之禄虽厚，于我有什么益处呢？难道说为了所住的房屋的华美，三妻四妾的侍奉我，而我所识的穷乏朋友可以得些我的恩惠，我就不辨礼义，受此厚禄吗？我在以前（乡），因为知耻，情愿忍着冻饿，至死而不肯受人无礼的待遇，今则为了房屋的华美，妻妾的侍奉，所识的穷乏朋友可以得些我的恩惠，而竟受了！这样的事情，难道竟不可以作罢吗？这个，可以说是失了他的本心了。钟是容量名，六斗四升为釜，十釜为钟。

（问）何谓失其本心？

（解）此章的主要点，便是舍生取义四字，也便是孟子一生的着意处。

孟子曰："仁，人心也。义，人路也。舍其路而弗由，放其心而不知求，哀哉！人有鸡犬，放则知求之，有放心而不知求。学问之道无他，求其放心而已矣！"

仁，是人人固有的爱人之心，故曰人心。义，是人生该走的正路，故曰人路。舍弃了正路而不走，丧失了良心而不知道找回来，真是可悲呀！人走失了鸡犬，尚晓得去寻找，丧失了良心，却不晓得去找回来。学问之道没有别的，就是把那丧失的良心找回来罢了。

（问）何谓求放心？

（自省）我能求放心吗？

孟子曰："今有无名之指，屈而不信，非疾痛害事也。如有能信之者，则不远秦、楚之路，为指之不若人也。指不若人，则知恶之；心不若人，则不知恶。此之谓不知类也。"

信,今作伸。恶,音物。

假使人的无名指,弯曲着不会伸直,既没有病痛,也不碍于做事,这样,听由它弯曲着,也没有什么要紧。可是如果有人能把这无名指伸直,那么这个人一定会不怕如秦国和楚国那样的远路,而去求治的,这是为了无名指的不如人,终究是一件羞耻之事,总要想治好了才罢。现在人为了一个手指不如人,心里便很厌恶,自己的心扭曲着不能做合理的事情,也是不如人,则不知道厌恶,这个就可以叫作不懂轻重(类)了。

(问)何谓不知类?

(自省)我对自己邪曲的心与弯曲的指,感想如何?

孟子曰:“拱把之桐梓,人苟欲生之,皆知所以养之者。至于身,而不知所以养之者,岂爱身不若桐梓哉? 弗思甚也!”

梓,音子。

两只手围拢来叫拱,一只握拢来叫把。这样大的桐树梓树,人如果要它长起来,都晓得培养它的道理。至于自己的身子,倒不晓得培养它的道理,难道是爱身子不及爱桐梓吗? 实在是太不愿动脑筋的缘故。

(问)何谓养身?

(自省)我能想得到养身的道理吗?

孟子曰："人之于身也，兼所爱，兼所爱，则兼所养也。无尺寸之肤不爱焉，则无尺寸之肤不养也。所以考其善不善者，岂有他哉？于己取之而已矣。体有贵贱，有小大，无以小害大，无以贱害贵。养其小者为小人，养其大者为大人。今有场师，舍其梧槚，养其棘，则为贱场师焉。养其一指，而失其肩背而不知也，则为狼疾人也。饮食之人，则人贱之矣，为其养小以失大也。饮食之人，无有失也，则口腹岂适为尺寸之肤哉？"

此言人于自己的一身，无有不爱，故对于一身中之耳目手足等，都兼而爱之。兼爱之，则兼养之，无有尺寸的体肤是不爱的，所以也无有尺寸的体肤是不养的。然考究一个人的所养，有善有不善，岂有其他的法子呢？也只是看他注重的是身体的哪个部分罢了。人的众体，有贵贱小大的分别，如心脑，则为一体中之贵者大者，口腹则为贱者小者。人既爱养其身体，不可只爱养其贱者小者，以害其贵者大者。故养其小者，就是小人，养其大者，就是君子。场师，管理场圃之师。梧，梧桐。槚，梓树，是有用的大木。棘，是一种小枣树，无材料可取者。假使有个场师对于树木，舍弃梧槚有用之树，而培养小枣无用之树,则为无知识的糟糕场师了。同样,假使一个人对于自己的身体,只养了一指,而失了肩背而自己不知其轻重,这样,就是一个糊涂人了。只知饮食的人,便是专顾口腹,不知仁义之重要,大家是要看轻他的,因为他养了小的而损失了大的也。如果既顾口腹,又不失道德修养,那么口腹之欲岂仅是为了那尺寸之肤吗?

(问)何谓以小害大? 以贱害贵?

(解)此言养身当知所重。但是也就可以说,不论应付什么事情,总要权其轻重,不要贪小失大。

公都子问曰:"钧是人也,或为大人,或为小人,何也?"孟子曰:"从其大体为大人,从其小体为小人。"曰:"钧是人也,或从其大体,或从其小体,何也?"曰:"耳目之官不思,而蔽于物。物交物,则引之而已矣。心之官则思。思则得之,不思则不得也。此天之所与我者。先立乎其大者,则其小者不能夺也。此为大人而已矣。"

钧,今作均。

此章所说大人,犹言君子。大体,心思礼义。小体,纵恣情欲。公都子问:"同样是人,有的是君子,有的是小人,这是何故呢?"孟子道:"能够从大体着想的,则为君子。只知从小体着想的,则为小人。"公都子又问:"同样是人,有的从大体着想,有的从小体着想,又是何故呢?"孟子道:"人身上耳目,这些器官是不会思想的。因为它们不会思想,所以见了物即动嗜欲,为嗜欲所遮蔽。如此,则耳目也成了一物。以物交接于外来之事物,自然被外来之事物引去了。只有心这器官,是能思想的。能思想,则能得到善处;不思想,就不能得到善处。耳目与心,都是天之所给予我的。我只要先把大的心立定,则小的耳目就不会被什么所夺了。这样就是君子了!"

(问)何谓大体? 何谓小体?

(解)此章言人之为善为恶,全在心去思想;若凭耳目,则耳只知嗜声,目只知爱色,无心作主,则人必堕落矣。

孟子曰:"有天爵者,有人爵者。仁义忠信,乐善不倦,此天爵也。公卿大夫,此人爵也。古之人,修其天爵而人爵从之;今之人,修其天爵以要人爵。既得人爵而弃其天爵,则惑之甚者也,终亦必亡而已矣。"

天爵者,出于自己的修炼,能够仁义忠信,乐善不倦,自然为人所尊也。人爵者,由人给予之官职,如公卿大夫是也。

"古之人，修其天爵而人爵从之"者，言古时候的人，只要把自己的道德修好，虽然不求官做，却就有人给他官做。"今之人修其天爵"云云者，言："现今的人，把道德修好，目的只在要求做官，等到做了官，就把道德丢掉了，这样做人，真是糊涂透顶了(惑之甚者也)，终究要弄到官爵亡失而罢的。"

(问)何谓既得人爵，弃其天爵？

(解)人性虽善，然因万恶社会之引诱，往往失去善性。而官场则蝇营狗苟，卑鄙龌龊，尤甚于他界。所以高洁之士，多愿做隐士而不肯做官，亦所以保全其天爵也。

孟子曰："欲贵者，人之同心也。人人有贵于己者，弗思耳！人之所贵者，非良贵也。赵孟之所贵，赵孟能贱之。《诗》云：'既醉以酒，既饱以德。'言饱乎仁义也，所以不愿人之膏粱之味也。令闻广誉施于身，所以不愿人之文绣也。"

闻，去声。

欲贵，即做公卿大夫的官，是人人所同想的，故曰，同心也。"人人有贵于己者，弗思耳"者，言人人都有比公卿大夫还要贵重的爵位，即天爵，在自己的身上，不过不去想罢了。别人所给你的贵，不是真正本来的贵也。赵孟，是晋国有势力的贵族。他能给人做官,使你贵,也能夺人的官,使你贱。《诗经》上《大雅·既醉》之篇说:"既醉以酒,既饱以德。"既将酒饮醉,又将德吃饱。这是什么意思呢? 就是言做人将仁义饱满在身也。有了仁义,所以不愿人家给我吃膏粱的美味了。"令闻广誉"者,是说好名声、大名誉,只要有好大的声誉在我身上,所以就不愿人家给我华美的绣服了。

(问)何谓赵孟能贵之? 赵孟能贱之?

(解)此章言人家给予的官爵,是靠不住的。全在自己做人,做得不错,乃能立足于社会。

孟子曰:"仁之胜不仁也,犹水胜火。今之为仁者,犹以一杯水,救一车薪之火也,不熄,则谓之水不胜火。此又与于不仁之甚者也,亦终必亡而已矣。"

仁者能互助,故力众而强。不仁者不能互助,故力孤而弱。所以如以水浇火,必能灭火也。但现在自命为仁者,其实与不仁者相去无几,好像用一杯的水,去浇一车子上烧着的柴薪,自然是浇不熄火的。等到浇不熄火,就说这是水到底不能胜火。这种人的行为,真是大大地帮助(与)了不仁的行为,其结果也终将是灭亡罢了。

（问）何谓水不胜火？

（解）此言自己不知仁之不足，只因为敌不过不仁，遂以为不仁是不错的，这种人的结果，也必和不仁一般，而归于灭亡。

孟子曰："五谷者，种之美者也。苟为不熟，不如荑稗。夫仁，亦在乎熟之而已矣！"

夫，音扶。

荑稗，像五谷的两种野草。言五谷虽然是美种，然必须成熟，乃有益于人食。倘若不成熟，反不如野草之可以另有用处。所以为仁，须使仁成熟，始有益也。

（问）何谓不熟？

（解）人欲为仁，必须做到底。不可今日为仁，明日即不为仁。否则，伪君子不及真小人。

孟子曰："羿之教人射，必志于彀，学者亦必志于彀。大匠诲人，必以规矩，学者亦必以规矩。"

彀，音够。

羿，古时善于射箭的人。彀者，弓开满也。言羿教人射箭,必须专心于把弓开满,学的人亦然;大匠教人制器,必须要用制圆的规、制方的矩,学的人亦然。

(问)何谓必志于彀?

(解)此章言学射箭,或匠人制器,必先有一种规则。人学圣贤,也必须以仁义为规则也。

任人有问屋庐子曰:"礼与食孰重?"曰:"礼重。""色与礼孰重?"曰:"礼重。"曰:"以礼食则饥而死,不以礼食则得食,必以礼乎? 亲迎则不得妻,不亲迎则得妻,必亲迎乎?"屋庐子不能对。明日之邹,以告孟子。孟子曰:"于答是也何有? 不揣其本而齐其末,方寸之木可使高于岑楼。金重于羽者,岂谓一钩金与一舆羽之谓哉!

任,国名。任人者,一个任国的人。屋庐子,名连,孟子弟子。"礼与食孰重"者,任人问人间所行的礼与吃的食,哪一样重要也。屋庐子答道:"自然是礼重。"任人又问:"人都好色,以色比礼,哪一样重呢?"屋庐子又道:"自然是礼重。"任人驳道:"假使一个人按礼而吃饭,则必饥饿而死,若不按礼而吃饭,就有饭吃,两件事比起来,难道一定要按礼吗? 还有,娶妻以亲迎为礼,而现在大家废礼不讲。假使一个人想按礼亲迎,就不能得妻,不按礼亲迎,倒可以得妻,那么两件事比较起来,难道一定要亲迎吗?"任人的话,实在也有相当的道理在内,所以屋庐子不能对答,只好明日到邹国去将这话告知孟子。孟子道:"于答是也何有?"言要对答这句话,有什么难呢? 接着便道:"假使不探究(揣)它的根本而专说它的末节,那么一方寸的木头,若放在高处,可使它比尖顶(岑)的高楼还高。又如金子是重于鸟羽的,难道说可以拿几钱金子去同一车(舆)的鸟羽相比吗?"意思是凡事凡物的真价值是一定的,不能因事物的作用有些变化,便否定了事物的真价值。

"取食之重者而礼之轻者而比之,奚翅食重!取色之重者而礼之轻者而比之,奚翅色重!

翅与啻同,音亦同。

此节即解释上文本末的道理。言拿了得食则生,不得食则死的食之重要,去比可以守,可以不守的礼之轻便,哪里只单单(奚啻)食重而已,这时简直用不到礼。同样,拿了色的重要地方,去比礼的轻便地方,自然不但色重,而且不必按礼了。

"往应之曰:'紾兄之臂而夺之食,则得食,不紾则不得食,则将紾之乎? 逾东家墙而搂其处子,则得妻,不搂则不得妻,则将搂之乎?'"

绐,音诊。搂,音娄阴平。

"往应之曰",是孟子教屋庐子的说法,便是"你去对他说"也。绐者,扭转也。意谓:"扭转了兄的臂膀,把兄手里的食物夺了来自己吃,这样才能得了食。不去扭转兄的臂膀,就不得食,那么就必须扭转兄的臂膀夺食吗?"逾,越过去也。东家墙,东边人家的墙壁也。搂,抱持也。处子,即处女。意谓:"越过东边人家的墙,去搂抱他家的处女,如此,就可以得妻。如不去搂抱,就不能得妻,那么他会去搂抱吗?"这当然是不可以的。虽然食与妻还是重要的,但是得食与得妻的行动,去礼太远,和礼比较起来,礼就重得多了。任人所说的失礼,并不重要也。用上面的话去回答任人,任人自然也会满意了。

(问)礼与食色,究竟何者为重?

(解)取礼之轻者与食色之重者比,自然是礼轻而食色重。取礼之重者与食色之重者比,自然礼尤重于食色。总之,临事量宜,总要权其轻重。根本上总要以礼为先,以食色为后。有时反常,必须是的确应该从权的。

曹交问曰:"人皆可以为尧、舜,有诸?"孟子曰:"然。""交闻文王十尺,汤九尺。今交九尺四寸以长,食粟而已。如何则可?"曰:"奚有于是!
亦为之而已矣。有人于此,力不能胜一匹雏,则
为无力人矣;今日举百钧,则为有力人矣。然则
举乌获之任,是亦为乌获而已矣。夫人岂以不胜
为患哉? 弗为耳。

胜,平声。夫,音扶。

曹交,曹国君主之弟,其名曰交也。"人皆可以为尧、舜,
有诸",是曹交来问孟子的话,道:"人人都可以做尧、舜一样的
人,有这道理吗?"孟子道:"有的。"曹交又引古圣王来问道:
"我听得文王身长十尺,汤身长九尺。今我身长有九尺四寸,
但只能吃饭,没有别的才德,怎么才可以呢?"孟子答道:做人
哪里是讲身子的长短的,故曰"奚有于是"也。"亦为之而已
矣"者,言要做尧、舜那样的人,也只要去做就罢了! 于是孟子
就解释道:"有一个人在这里,他的气力不能够拿得起(胜)一
只小鸡,必定是没有气力的人了。假使他说他能够拿得起三
千斤(一钧三十斤)重的东西,那么他就是有气力的人了。"因
为他的不能胜一只雏,是他不肯用力,他说能举百钧,是他肯
用力。乌获,是古时的大力士。孟子说,可见得人只要能够做
乌获所做的事体,他也就是乌获了。故曰:"举乌获之任,是亦
为乌获而已矣!"又说:"人难道以不胜任为可患的么? 实在只

是不肯用力罢了。"不肯用力才是可患呢!

"徐行后长者,谓之弟;疾行先长者,谓之不弟。夫徐行者,岂人所不能哉?所不为也。尧、舜之道,孝弟而已矣。子服尧之服,诵尧之言,行尧之行,是尧而已矣。子服桀之服,诵桀之言,行桀之行,是桀而已矣。"

弟,今作悌。夫,音扶。行,去声。

做人的道理,从孝悌做起。孝悌的事,并没有难处。孟子说:"与长辈同行,只要慢慢地跟在长辈后头,就可以说是悌。跑得快,赶在长辈先头,就可以说是不悌。像这样慢慢地走路,难道是人所不能做的吗?不过他不去做罢了。尧、舜的道理,也没有别的,就是孝悌罢了。你只要穿着尧的衣服,说着尧的言语,行着尧的行为,就是尧了。你若穿着桀的衣服,说着桀的言语,行着桀的行为,就是桀了。"

曰:"交得见于邹君,可以假馆。愿留而受业于门!"曰:"夫道若大路然,岂难知哉?人病不求耳。子归而求之,有余师。"

夫,音扶。

曹交听了孟子的说话,大为佩服,因此说:"我要去见见邹国的君主,他若肯借我一间住的馆屋,我情愿留在这里,在先生前做个弟子。"孟子听见他要见邹君,要假馆,有些搭架子,还没有诚意,所以又道:"这所说做人的道理,如一条大路一样。你要走这条路,有什么难于知道呢?一个人只患不自己去探求罢了。假使肯探求的,你归去只把孝悌的道理实行探求起来,就无异有许多的师法了。"叫他不必住在这里。不过孟子说不必寻先生,只要肯自己探求,那也是实在的。

(问)何谓道若大路然?

(解)曹交误以为自己身体有文王汤一样的长大,而只能吃饭,没有才德,以此为叹。孟子教以就是做尧、舜一样的人,也只要从孝悌做起。做得好,也就是尧、舜,并不在身体的短长。

公孙丑问曰:"高子曰:'《小弁》,小人之诗也。'"孟子曰:"何以言之?"曰:"怨。"曰:"固哉,高叟之为《诗》也!有人于此,越人关弓而射之,则己谈笑而道之。无他,疏之也。其兄关弓而射之,则己垂涕泣而道之。无他,戚之也。《小弁》之怨,亲亲也。亲亲,仁也。固矣夫,高叟之为

《诗》也！"

弁，音盘。关，同湾。夫，音扶。

《小弁》，是《诗经·小雅》里的一篇诗名，作者是周幽王太子宜臼的先生，因为幽王得了褒姒，黜后废太子，所以作此诗以叙其哀痛迫切之情。高子，齐人。公孙丑引了高子的话，对孟子说：高子以《小弁》为小人所做的诗。孟子道："这从何处说起呢？"公孙丑又道："因为这篇诗只是怨。"固者，不知变通，固执一种见识也。孟子道："固哉，高叟之为《诗》也！"高叟，即高子，因他年纪大些，故孟子称他高叟。言高子之读诗，只固执一种识见而不知变通也。于是孟子就譬解着说："有一个人在这里，我看见南蛮的越人，弯了弓去射他，我则谈笑地向这越人说着，叫他不要射。为什么如此随便呢？因为本来是疏远的人，由他去犯罪。若是我的兄，弯了弓去射他，则我必哭哭泣泣去劝兄，不要射他了。为什么如此着急呢？因为是自己亲近的人，不愿他去犯罪也。"孟子说了上面的话，于是评论《小弁》这篇诗。"《小弁》之怨，亲亲也。亲亲，仁也。"言《小弁》诗里的怨苦话，是亲爱他的亲属，亲爱他的亲属，便是仁德。这样说来，这篇诗哪里还是小人之诗呢？因此孟子又道："固矣夫，高叟之为《诗》也！"重说一遍，叹息着高子说《诗》的固执。

曰：“《凯风》何以不怨？”曰：“《凯风》，亲之过小者也。《小弁》，亲之过大者也。亲之过大而不怨，是愈疏也。亲之过小而怨，是不可矶也。愈疏，不孝也。不可矶，亦不孝也。孔子曰：‘舜其至孝矣，五十而慕！’”

矶，音饥。

《凯风》，《诗经》里《邶风》中的一篇诗名，据说是卫有七子之母，欲行改嫁，七子作此以自责。公孙丑又问：“《凯风》何以不怨其母？”孟子乃解释道：“《凯风》，因为其亲的过失小，所以不怨。《小弁》因为其亲的过失大，所以不得不怨也。”矶，水激石也。孟子接着解释道：“亲之过失大了而不知怨，是对亲愈加疏远也。亲之过失小而即生怨，怨会转为怒，那是不可以的，故言‘是不可矶也’。愈疏是不孝，为了一些小事便发怒，也是不孝也。”又引孔子的话说：“如虞舜，算是至孝的了，他到了五十岁，还是思慕着父母！”

（问）何谓固哉？

（解）《小弁》怨亲，《凯风》不怨者，以其亲之事实不同。应怨而不怨，是将其亲当做路人。不应怨而怨，是如水之不能激石，太对不起其亲了！

宋牼将之楚，孟子遇于石丘。曰："先生将何之？"曰："吾闻秦、楚构兵，我将见楚王，说而罢之。楚王不悦，我将见秦王，说而罢之。二王，我将有所遇焉。"

牼，音坑。说，音税。

宋牼，是姓宋名的一个人。他将要到楚国去，孟子和他相遇于石丘。孟子问他："先生将到哪里去？"宋道："我听得秦国和楚国要打仗（构兵）了！我将要去见楚王，说服他不要打仗，把兵事罢了。若楚王不喜欢我的话，我将要去见秦王，说服他不要打仗，把兵事罢了。这两方面，我总有一方面碰得着机会的。"故云。

曰："轲也请无问其详，愿闻其指。说之将何如？"曰："我将言其不利也。"曰："先生之志则大矣，先生之号则不可。先生以利说秦、楚之王，秦、楚之王悦于利以罢三军之师，是三军之士乐罢而悦于利也。为人臣者怀利以事其君，为人子者怀利以事其父，为人弟者怀利以事其兄，是君臣、父子、兄弟终去仁义，怀利以相接，然而不亡者，未之有也。先生以仁义说秦、楚之王，秦、楚之王悦于仁义而罢三军之师，是三军之士乐罢而悦于仁义也。为人臣者怀仁义以事其君，为人子者怀仁义以事其父，为人弟者怀仁义以事其兄，是君臣、父子、兄弟去利，怀仁义以相接也。然而不王者，未之有也！何必曰利！"

王，去声。

此章与第一章孟子见梁惠王同一意思，故末句，也以"何必曰利"作结。"请无问其详，愿闻其指"者，孟子自言，我孟轲不要问你详细的情形，只愿听听你的大旨。指与旨同。你去说他们，将怎样说法呢？故曰："说之将何如？"宋道："我将说打仗是不利的事情。"孟子又道："先生所存的志趣是大的了，先生所用的名义（号）却是不可以的。"盖此所谓号者，即持以说秦、楚之王，以不利为名义也。孟子接着道："先生持了利不利之说，去说秦、楚之王，秦、楚之王因为喜欢有利，遂罢了三军的兵队。这样，三军的兵士所乐而罢兵者，为喜欢于自己有利罢了。于是为人臣者，只怀着利的思想，去事他的君；为人子者，只怀着利的思想，去事他的父；为人弟者，只怀着利的思想，去事他的兄。这样，是使君臣、父子、兄弟终必去掉仁义，只怀着利以相交接了。如此而不灭亡者，真是不会有的！

先生如以仁义之说,去说秦、楚之王,秦、楚之王喜欢了仁义而遂罢三军的兵队。这样,三军的兵士所乐而罢兵者,是喜欢于仁义了。于是为人臣者,怀着仁义去事他的君;为人子者,怀着仁义,去事他的父;为人弟者,怀着仁义,去事他的兄。这样,是君臣、父子、兄弟都去掉利而怀着仁义以相交接了。此而不王天下者,也是不会有的!总而言之,何必曰利呢!"

(问)怀与去,是何意义?

(解)孟子之时,正合纵连横盛行的时代,宋说秦、楚罢兵,也是这一派的话头,故孟子反对之,以为不如仁义之为美也。

孟子居邹,季任为任处守,以币交,受之而不报。处于平陆,储子为相,以币交,受之而不报。他日由邹之任,见季子。由平陆之齐,不见储子。屋庐子喜曰:"连得间矣!"问曰:"夫子之任见季子,之齐不见储子,为其为相与?"曰:"非也。《书》曰:'享多仪,仪不及物曰不享。惟不役志于享。'为其不成享也。"屋庐子悦。或问之。屋庐子曰:"季子不得之邹,储子得之平陆。"

处,上声。间,去声。与,作欤。

季任,任君之弟。任,薛之同姓小国。储子,齐相也。孟子住在邹国的时候,季任为任居(处)守,以币帛来交结孟子,孟子受了他的币帛,不去报答他。孟子住平陆的时候,储子时为齐相,也以币帛来交结孟子,孟子也受了不去报他。后来有一日,孟子从邹到任去,就去见见季子。又一次,从平陆到齐去,却不去见储子。屋庐子见了这情形,欢喜道:"我有机会去问问他一见一不见的道理了。"因问孟子道:"夫子到任就见季子,到齐却不见储子,因为储子是为相的缘故吗?"孟子道:"不是的。""享多仪,仪不及物曰不享。惟不役志于享。"是《书经》里《周书·洛诰》之篇的文句。享者,朱注曰:"享,奉上也。仪,礼也。物,币也。役,用也。言虽享而礼意不及其币,则是不享矣。以其不用志于享故也。"意思是说:送礼(享,奉上)最要紧的(多)是礼仪,假使礼仪少而不及物品之多,就可以叫作没有送礼(不享),因为送礼的人并没有用心于送礼也。如此,也就可以说"为其不成享也",因为他不成奉上之礼也。屋庐子听见了这道理很喜悦,别人却还不懂,因此有人来"或问"屋庐子。屋庐子道:"季子不得之邹,储子得之平陆。"原来季子为君居守,不得往他国以见孟子,则以币交而礼意已备,储子为齐相,可以至齐之境内而不来见,则虽以币交,而礼意不及其物也。所以孟子到任就去见季子,到齐却不去见储子也。

(问)孟子何以之任见季子,之齐不见储子?

(解)以币帛为交,无甚礼意,本在可见不可见之间。惟季子有守城责任，自己不来是不能来，应答拜他。储子可来而不来，所以不答拜他也。

淳于髡曰："先名实者，为人也。后名实者，自为也。夫子在三卿之中，名实未加于上下而去之，仁者固如此乎？"孟子曰："居下位，不以贤事不肖者，伯夷也。五就汤，五就桀者，伊尹也。不恶污君，不辞小官者，柳下惠也。三子者不同道，其趋一也。一者何也？曰，仁也。君子亦仁而已矣，何必同？"

为，去声。恶，音物。趋，去声。

名，名望。实，实惠。淳于髡说："以名望实惠为重者，是为他人，就是志在济世救民。以名望实惠为轻者，是为自己，就是志在明哲保身。今夫子你在齐国三卿之中，名望实惠都未建立，上未能辅君王，下未能救臣民，竟自己去了，仁的人，固宜这样吗？"孟子道："居在下位的贤人，不肯服事不肖的人，这是伯夷。五次到汤那里去，又五次到桀那里去的，是伊尹。不厌恶污浊的君主，不因小官而辞去不做的是柳下惠。这三个人，不同在一条道路上做人，至于志趋，却是一样的。一样的是什么？就都是仁。做君子，也只要仁就罢了，何必一定要同呢?"

曰:"鲁缪公之时,公仪子为政,子柳、子思为臣,鲁之削也滋甚。若是乎,贤者之无益于国也?"曰:"虞不用百里奚而亡,秦穆公用之而霸。不用贤则亡,削何可得与!"

与,作欤。

公仪子名休,鲁国的宰相。子柳就是泄柳。淳于髡又道:"鲁缪公的时候,公仪子施行政治,子柳、子思都做臣子,那时候鲁国的削弱更甚于前。像这样,可见贤人是无益于国家的吧?"孟子道:"虞国因不用百里奚而亡,秦穆公用了他而霸。不用贤人,就要亡国,想削弱而不亡国,哪里可得呢!"意思是贤人为政,到底可以使国不亡,削与亡相比,究竟还是小事。

曰:"昔者王豹处于淇而河西善讴,绵驹处于高唐而齐右善歌,华周、杞梁之妻善哭其夫而变国俗。有诸内,必形诸外。为其事而无其功者,髡未尝睹之也。是故无贤者也,有则髡必识之。"曰:"孔子为鲁司寇,不用。从而祭,燔肉不至,不税冕而行。不知者以为为肉也,其知者以为为无礼也。乃孔子则欲以微罪行，不欲为苟去，君子之所为，众人固不识也。"

税，同脱。为，去声。

王豹，卫国人。讴，齐声唱曲。淇，水名。绵驹，齐国人。歌，也是唱曲。高唐，地名，在现在的山东禹城县西南。齐右，齐国西边的地方。华周号还，齐国的大夫，庄公伐莒时战死。杞梁名殖，和华周同为大夫，同时战死。淳于髡说了以上四个人，每个人都有他的擅长。为了他们的擅长，和他们在一起的人，也都变得和他们一样。于是他下断论道："一个人只要身内有本事，必定能够把这本事表现到外面的。若说做了这件事而没有功效者，我淳于髡却还未尝见过呢。所以大概世界上真的没有贤人，如果有贤人，我淳于髡必定能够识得他的。"孟子道："孔子做鲁国司寇的官，鲁国不用他的政策。有一天，孔子从鲁君去祭祀，祭祀的熟肉尚未送来，孔子连祭祀时所戴的帽子都来不及脱去就走了。不知道究竟的人以为孔子是为了肉；那些自命知道究竟的人，也只以为孔子为了无礼。不知道孔子早有欲去之心，只想借一件微微的过错而去，不要无故而苟去。所以君子的行为，平常的众人是不能识得的。"

（问）何谓君子之所为？

（解）淳于髡以为孟子之离开齐国为无谓。不知孟子自有意义，盖因齐王不能用他，所以不愿留也。孟子顺便也说出批评君子,应该看他的内心,不可单看他外面的举动。孟子又将孔子的离开鲁国来作了证明。

孟子曰:"五霸者,三王之罪人也。今之诸侯,五霸之罪人也。今之大夫,今之诸侯之罪人也。天子适诸侯曰巡狩,诸侯朝于天子曰述职。春省耕而补不足,秋省敛而助不给。入其疆,土地辟,田野治,养老尊贤,俊杰在位,则有庆,庆以地。入其疆,土地荒芜,遗老失贤,掊克在位,则有让。一不朝,则贬其爵,再不朝,则削其地,三不朝,则六师移之。是故天子讨而不伐,诸侯伐而不讨。五霸者,搂诸侯以伐诸侯者也。故曰,五霸者,三王之罪人也。"

朝,音潮。

五霸者,就是春秋时的五个霸主:齐桓公、晋文公、秦穆公、宋襄公、楚庄王。三王者,就是夏禹、商汤、周文武。"天子适诸侯"者,言天子每过十二年到诸侯的国里去考察一次,叫作巡狩。诸侯照礼,每过五年去朝一次天子,称述自己的职务,叫作述职。治国的要务,全在教养人民,在春天要去省察百姓的耕种,而补充他们的不足之处,在秋天要去省察百姓的收成(敛),而资助他们的不够吃,故曰:"春省耕而补不足,秋省敛而助不给。"孟子解释了上面的话以后,又道:"天子入了诸侯的国里(疆),见他土地开辟,田野整理得很好,能够养活老人,尊敬贤士,有才能(俊杰)的人,在位做官,这样,天子就予以奖赏(庆),奖赏以土地。如果天子入了诸侯的国里,土地荒芜得不种稻麦,把老人遗弃不养,贤人失掉不用,只有刮地皮(掊克)的人在位做官,这样,就要责罚(让)。诸侯一次不入朝,把他的官爵贬一级,再不入朝,则割削他的土地,三次不朝,则起了天子的六军去征讨他而另立别人。所以天子只是讨有罪而不是伐人国;诸侯对诸侯的争战,是不应该的,所以只是伐而不讨。像五霸诸人,他是硬拉(搂)了诸侯,去伐别个诸侯的,所以说他们是三王的罪人也。"

"五霸桓公为盛。葵丘之会,诸侯束牲载书而不歃血。初命曰:'诛不孝,无易树子,无以妾为妻。'再命曰:'尊贤育才,以彰有德。'三命曰:'敬老慈幼,无忘宾旅。'四命曰:'士无世官,官事无摄,取士必得,无专杀大夫。'五命曰:'无曲防,无遏籴,无有封而不告。'曰:'凡我同盟之人,既盟之后,言归于好。'今之诸侯,皆犯此五禁。故曰,今之诸侯,五霸之罪人也。"

歃,音煞。籴,音狄。

葵丘,春秋时宋国的地名,在现在的河南省考城县。孟子说春秋时的五霸,以齐桓公为最盛。他在葵丘地方,会合诸侯,只把牲畜束缚,上载所盟的书,并不杀那牲畜来歃血。这是因为诸侯都畏服桓公,不必歃血,就已听命了。那盟书的第一条是说"诛不孝",诛杀不孝的人;"无易树子",树子,诸侯之嫡长子也,太子已立定,不得擅自变易;"无以妾为妻",不得以爱幸之妾,立以为正妻。第二条说:"贤者当尊敬他,有才能者,当养之于学校,显扬有德行的人。"第三条说:"敬重老人,慈爱年幼的人,他国的宾客,羁旅在境内的,不要忘记他,不要使他流落。"第四条说:"士人不得世袭职位;做官的专办一事,不得兼摄他职;取士必定要得实在有用的人,不许擅自诛杀大夫。"第五条的"无曲防"者,曲,遍也;防,隄也;言不要到处筑堤,使水不能流入邻国,致邻国不能耕种;"无遏籴"者,言不许邻国来采购粮食,使邻国人民受饿;"无有封而不告"者,言不得有私自封赏,而不告于天子。上述五条,是齐桓公会诸侯的盟约。会盟时读完之后,又说道:"凡我们同盟的人,自从既盟之后,大家都要和好。"孟子讲了这些古话之后,又道:"现在的诸侯都犯这五条禁令。所以说,现在的诸侯是五霸的罪人。"

"长君之恶其罪小,逢君之恶其罪大。今之大夫皆逢君之恶。故曰,今之大夫,今之诸侯之罪人也。"

人君有过处，为臣的不能谏止，又顺着他做去，叫作"长君之恶"。人君有过处，为臣的不仅不加谏止，反而曲意逢迎，百般为之辩护，使之愈陷愈深，叫作"逢君之恶"。孟子以为"长君之恶"的罪还小，"逢君之恶"的罪就大了。现在的大夫，都是逢君之恶的，所以说如今的大夫，都是如今的诸侯的罪人。

（问）何谓罪人？

（解）周代盛时，天子有权，诸侯都遵从命令。到五霸时，则弱小的诸侯只听从强大诸侯的命令。到战国时，则各自擅为，大夫还有引诱国君做恶事的，所以都是罪人了。

鲁欲使慎子为将军。孟子曰："不教民而用之，谓之殃民。殃民者不容于尧、舜之世。一战胜齐，遂有南阳，然且不可。"慎子勃然不悦曰："此则滑厘所不识也。"

滑，音骨。厘，音离。

慎子，名滑厘。南阳，齐国地名，就是现在山东的邹县。这时鲁国想夺齐国的南阳地方，所以"鲁使慎子为将军"也。孟子道："不先教练百姓，就用他们去当兵，叫作祸害（殃）百姓。祸害百姓的人,是不能容留在尧、舜的时候做人的。"说了这几句话,然后落到本题道:"就使打一仗,胜了齐国,遂取得了南阳,还是不可以的。"慎子听了这话,突然变了面貌,不喜欢起来,说道:"你这种话,真是我慎滑厘所不懂的了。"

曰:"吾明告子:天子之地方千里,不千里,不足以待诸侯。诸侯之地方百里,不百里,不足以守宗庙之典籍。周公之封于鲁,为方百里也,地非不足,而俭于百里。太公之封于齐也,亦为方百里也,地非不足也,而俭于百里。今鲁方百里者五,子以为有王者作,则鲁在所损乎?在所益乎?徒取诸彼以与此,然且仁者不为,况于杀人以求之乎?君子之事君也,务引其君以当道,志于仁而已。"

孟子道:"我明明白白地告诉你:天子的地方,是一千方里,没有一千里,就不足以接待诸侯。诸侯的地方是一百方里,没有一百里,就不足以保守宗庙里的各种典册书籍。周公之封于鲁国也只得一百方里,不是土地不足而只给他百里,实在为了定制的关系。太公之封于齐,也是一百方里地,也不是土地不足而只给他百里,也是为了定制的关系。现在鲁国的地方,已经有一百方里的五倍,你以为有圣王出来,则鲁国的地方还是应该损减些呢?还是应该增益些呢?空手去把那南阳地方来给予鲁国,尚且有仁心的人不肯为,何况还要杀了人去求这地方呢?君子事他的君上,务须引导他的君上做应当的事,一心在于施行仁政就罢了!”

(问)何谓杀人以求之?

(解)鲁国弱小,不敌齐国的强大,今使慎子为将军,去攻夺齐国的南阳,未必能得;即使能得,反有不利,故孟子非之。

孟子曰:“今之事君者曰:‘我能为君辟土地,充府库。’今之所谓良臣,古之所谓民贼也。君不乡道,不志于仁,而求富之,是富桀也。‘我能为君约与国,战必克。’今之所谓良臣,古之所谓民贼也。君不乡道,不志于仁,而求为之强战,是辅桀也。由今之道,无变今之俗,虽与之天下,不能一朝居也。”

乡,今作向。

良臣,言能干的臣子。民贼,言残害百姓的盗贼。约与国者,交接友好的国家,与之结盟。乡道者,言志向于正道与仁心也。孟子道:“现今的事君主者说:‘我能够为君主开辟土地,充满府库的钱谷。'这种人,就是现今所称的能干的臣子,在古时候就是所称的民贼。君主不肯向着道义,不肯立志行仁政,却还想法子使他富起来,那就等于是让夏桀富起来了。又有人道:'我能够为君主邀结盟国去战敌国,而且必能战胜。'这也是现今所称的能干的臣子,在古时就是所称的民贼。君主不肯向着道义,不肯立志行仁政,却偏要为他用力打仗,那就是去帮助桀了。""由今之道"云云者,言由着现今这样所行的道理,不把现今这种人心风俗去改变改变,纵然给了他天下,也是一天都坐不稳的。

(问)何谓良臣?何谓民贼?

(解)此章言当时能干的人,以富强辅助君主,这种方法,虽得天下,也必即亡,如秦即其例也。

白圭曰:"吾欲二十而取一,何如?"孟子曰:"子之道,貉道也。万室之国,一人陶,则可乎?"曰:"不可,器不足用也。"曰:"夫貉,五谷不生,惟黍生之,无城郭宫室、宗庙祭祀之礼,无诸侯币帛饔飧,无百官有司,故二十取一而足也。今居中国,去人伦,无君子,如之何其可也? 陶以寡,且不可以为国,况无君子乎? 欲轻之于尧、舜之道者,大貉小貉也;欲重之于尧、舜之道者,大桀小桀也。"

貉,音陌。飧,音孙。

白圭,名丹,周朝人。他对孟子说:"我对于田赋,想要在百姓的收成二十分中,取他一分,你以为怎样?"貉者,北方的一种夷狄。陶是烧窑。孟子道:"你的道理,是貉人的道理。譬如一万家人家的一个国度,只叫一个人去烧窑,可以不可以呢?"白圭道:"不可以的,因为窑器不够用。"孟子又道:"貉人的地方是五谷不生的,只生高粱(黍)。他们没有城郭宫室、宗庙祭祀等等的礼节,没有和诸侯用钱财布帛送礼请客饮食等事体,也没有百官胥吏,一切用途都很省,所以二十分取一分,就够用了。现今居在中国,废去人伦,没有君子做官,怎样可以呢?烧窑的人少了,尚且不可以成国家,何况没有治理政事的君子呢?要想轻于尧、舜十分取一的制度的,是大小貉人那样的夷狄;要想重于尧、舜十分取一的制度的,是大小桀王那样的暴君。"

(问)何谓大貉小貉?大桀小桀?

(解)尧、舜取人民的田赋,都是十分之一。只有貉人,政事简陋,生产稀少,可以二十取一。至于夏桀之取田赋,又重于尧、舜了。总之为政应该适得其中,过与不及,都是不对的。

白圭曰:"丹之治水也愈于禹。"孟子曰:"子过矣。禹之治水,水之道也,是故禹以四海为壑。今吾子以邻国为壑。水逆行,谓之洚水。洚水者,洪水也,仁人之所恶也。吾子过矣。"

恶,音物。

当时有一个国里有水灾,白圭为他们筑了堤,把水挤到邻国去。壑者,低地,贮水的地方。白圭自言:"我丹治水的才能,胜过大禹。"孟子驳道:"你这句话说错了。大禹之治水,是顺着水的性道的,这样,所以他把水疏通到四面海里去贮着。今你把水挤到邻国去,以邻国做了贮水的地方。凡水倒流着的,叫作洚水。洚水,就是大水,是仁心的人所恶恨的。你今把水挤到邻国,叫邻国的人受祸害。你真是错了。"

(问)何谓以四海为壑? 以邻国为壑?

(解)白圭治水,只知自己免害,不顾人家受灾,此种人最无仁心,故孟子反复说他错也。

孟子曰:"君子不亮,恶乎执?"

恶,音乌。

亮,信也,与谅同意。"君子不亮"者,言君子而没有信用,他凭什么坚持他的操守呢? 故曰"恶乎执"也。

（问）何谓亮？

（自省）我知亮而实行之否？

鲁欲使乐正子为政。孟子曰："吾闻之，喜而不寐。"公孙丑曰："乐正子强乎？"曰："否。""有知虑乎？"曰："否。""多闻识乎？"曰："否。""然则奚为喜而不寐？"曰："其为人也好善。""好善足乎？"曰："好善优于天下，而况鲁国乎！夫苟好善，则四海之内皆将轻千里而来，告之以善。夫苟不好善，则人将曰訑訑，予既已知之矣。訑訑之声音颜色，距人于千里之外。士止于千里之外，则谗谄面谀之人至矣。与谗谄面谀之人居，国欲治，可得乎？"

知，同智。夫，音扶。訑，音移。

鲁国欲使乐正子去施行政治。孟子道："我听见了这消息，欢喜得睡不着。"公孙丑问道："乐正子能干吗？"孟子道："不是的。"公孙丑道："有智慧能虑事吗？"孟子道："不是的。"公孙丑道："多听得事理，有识见吗？"孟子道："不是的。"公孙丑道："那么，夫子为什么欢喜得睡不着呢？"孟子道："他的做人，能够喜好听取善言。"公孙丑道："喜好听取善言就够了吗?"孟子道:"喜好听取善言就能够治天下,何况一个鲁国呢?一个人只要喜好听取善言,则四海之内的好人,都将不远千里来告诉他种种善事。若是不喜好听取善言,则别人要说他这个人自以为智(訑訑者,谓自足其智,不嗜善言),种种道理我都晓得了。这种自以为智,不喜听善言的声音颜色,会距(同拒)来告诉他好话的人于千里之外。等到士都止住脚步于千里之外,那么,讲人坏话、当面趋奉的人就到了。与那些讲人坏话、当面趋奉的人住在一处,国要治理得好,能做到吗?"

(问)何谓訑訑之声音颜色,距人于千里之外?

(解)自以为智的人,不肯听受善言,则即有肯助他的人,也远远地避开了他。如此,他面前只有坏人,没有好人,一切事务,都办不成。好善者反是,故曰"优于天下也"。

陈子曰:"古之君子,何如则仕?"孟子曰:"所就三,所去三。迎之致敬以有礼,言将行其言也,则就之。礼貌未衰,言弗行也,则去之。其次:虽未行其言也,迎之致敬以有礼,则就之。礼貌衰,则去之。其下:朝不食,夕不食,饥饿不能出门户,君闻之曰:'吾大者不能行其道,又不能从其言也,使饥饿于我土地,吾耻之。'周之,亦可受也,免死而已矣。"

陈子,即陈臻。他说:"古时候的君子,怎样才肯做官呢?"孟子道:"所可做官的道理有三项,所不可做官的道理也有三项。人君来迎接他,能尽恭敬之心,又有礼貌,又说将照行他说的言语,就可以就职做官。人君对他的礼貌,虽然还是如前,未尝衰薄,但他的言语不肯照行,就可以去了。次一等的,虽然未能照行他的言语,但来接他,能尽恭敬之心而有礼貌,则可以就职做官。看得礼貌衰薄了,就可去了。下等的,朝起没有饭吃,晚上也没有饭吃,弄得饥饿到不能出门户,人君听得他这个情形,说道:'我于大的,不能够行他的道理,又不能从他的言语,使他饥饿在我的国土里面,我也觉得惭愧的。'因此,用俸禄周济他。这样,也还可以收受的,不过免得死罢了。"

(问)古人对于做官有哪三项?

(解)上说三项,一是上等人的行为,二是中等人的行为,三是平常人的行为。然还不至于有怎样下流的神情。若是蝇营狗苟,那是不齿于人类的,所以孟子不说。

孟子曰:"舜发于畎亩之中,傅说举于版筑之间,胶鬲举于鱼盐之中,管夷吾举于士,孙叔敖举于海,百里奚举于市。故天将降大任于斯人也,必先苦其心志,劳其筋骨,饿其体肤,空乏其身,行拂乱其所为，所以动心忍性，曾益其所不能。人恒过，然后能改。困于心，衡于虑，而后作。征于色，发于声，而后喻。入则无法家拂士，出则无敌国外患者，国恒亡。然后知生于忧患，而死于安乐也！"

说，音悦。曾，今作增。衡，同横。拂，同弼。乐，音勒。

舜发于畎亩，言舜从耕田而发达作天子也。傅说商朝人，版筑，是以版夹起，把泥土放进去，舂实，然后筑成墙垣，傅说本来就做这个事，殷王武丁举他出来做官。胶鬲，殷末周初人，贩卖鱼盐等事，文王举他出来做官。管夷吾，即管仲，本因于狱中，齐桓公举他为相国。孙叔敖，楚国人，隐在海边，楚庄王举他做了令尹。百里奚事，前已见过。孟子说了六个人以后，总结起来道："所以天将要降下大责任于这个人，必定先要困苦他的心志，劳动他的筋骨，饥饿他的身体，使他财用空乏，又使他所行的事，常常不能如愿，这些都是所以激动他的心，忍耐着他的性气，增益他所不能的事情。因为做人，常常因有过处，然后能改而为善。在心上受到了困苦，在思虑方面受到了不顺当，才能够发愤起来做事。看到了别人的面色，听到了别人的声音，然后才明白别人的意思。"总之一个人要历尽了艰辛，经历了人生种种磨难，才会决然有所得。而且不但一个人如此，一个国也是如此。法家者，有法度的大臣。拂士者，辅助的贤士也。敌国外患，谓国家所遇的强敌和外面侵来的患难也。生于忧患，死于安乐者，言一个人或一个国，都要先受过患难，后来用心振作，才能生存下去，过度安乐了反而易于死亡。孟子道："一个国家，里面没有有法度的大臣，辅助的贤士，外面没有强敌和侵入的患难，则这种国家常常是要弄到灭亡的。看了这种道理，然后知道人是生于忧患，而死于安乐的。"

（问）何谓天将降大任于斯人？

（解）凡人与国，往往因安乐而百事废弛，遂至家破国亡。又往往因遇困苦患难而家盛国兴。人不可不以此为鉴也。

孟子曰："教亦多术矣。予不屑之教诲也者，是亦教诲之而已矣。"

术，方法也。不屑，不高兴理人也。孟子言教导人的方法也有许多，我有时不高兴理他而教诲他，也是一种教诲他的方法。

（问）不屑教诲，何谓是亦教诲？

（解）人皆应教诲他人为善。但有一种人，教诲他，他不听受；不去理他，他反能自己想想，何以人不理我，因此而改为善人。所以这也是一种教诲人的方法。

第七篇　尽心

　　孟子曰:"尽其心者,知其性也。知其性,则知天矣。存其心,养其性,所以事天也。夭寿不贰,修身以俟之,所以立命也。"

　　此章言心性,实开宋儒理学之端。不过宋儒受了佛学的影响,更为深微之言,孟子时,未必如此耳。孟子言要知道人的本性的作用,须尽他的心去思想。既然明晓人的本性的作用了,则宇宙间之事物变化,以及一切现象,就无不能知其所以然的道理了。故曰:"尽其心者,知其性也,知其性,则知天矣。"如此,一个人保存着他这样的心思,培养着他这样的本性,就能够对付一切了。故曰:"存其心,养其性,所以事天也。"此外,或者早年丧亡(夭),或者长寿久视,都如此做去,不变不惑,修炼自己一身的行为,以候天然的变化,这就保全了天之托付,做了善人,不虚此生了。故曰:"夭寿不贰,修身以俟之,所以立命也。"此章立意精微,即孔子自言"五十而知天命",也是这个道理。

　　(问)何谓尽心?
　　(解)一个人之所以有忧、有惧、有惑者,都因为没有做到尽心知性的一步工夫。这一步工夫做得到，则优游自得，无所烦扰矣。圣贤立命之学，即此是也。

孟子曰："莫非命也，顺受其正。是故知命者，不立乎岩墙之下。尽其道而死者，正命也；桎梏死者，非正命也。"

岩墙者，如山岩向外面倾斜的墙壁，时时要防它倒塌的。桎梏，是犯罪人的镣铐。"莫非命也，顺受其正"者，言一个人做人，虽事事皆由天命所定，但也不可一切听其自然，不加注意。只有正当的事情，我们才应该顺着它去做。能够明晓这个道理，可以算是真正的知命了。除了正当应做的事情，如岩墙的下面，明知它时刻可以倒塌的，就应当避免，不可立在它下面，故曰"知命者，不立乎岩墙之下"也。能尽他的心力，在正当的道理上做人而死的，才是正当的天命。否则不从正经的道理，自己去横行乱闯，弄到犯罪受了桎梏而死的，便不是正当的天命。故曰："尽其道而死者，正命也；桎梏死者，非正命也。"

（问）何谓顺受其正？

（解）此章论命，不是如一般颓废人的委心任运，是说要自己捡着了正义，才可以顺着行去。不合正义的危险，是要避免的。

孟子曰:"求则得之,舍则失之,是求有益于得也,求在我者也。求之有道,得之有命,是求无益于得也,求在外者也。"

　　舍,上声。

　　做人的种种事情,及事情中种种道理,都要自己去寻求它,才能够得来,若舍弃不求,就无异将种种事情和道理,都失去了。这种寻求,获得了是有益的,因为这种寻求,是在我自己身上的。故曰:"求则得之,舍则失之,是求有益于得也,求在我者也。"然虽如此,我去寻求,也须合乎道理,而不可乱去妄求,故曰"求之有道"也。"得之有命"者,言我虽然合乎道理的去求,但得或不得,我是没有一定把握的。"是求无益于得也,求在外者也",言这样的寻求,获得了也是无益的,因为所寻求的东西,是在我身外的。

　　(问)何谓求?何谓舍?

　　(解)所谓在我自己者,便是指仁义礼智,这是应该求的。所谓在身外者,便是指富贵利达,这是不应该求的。

　　孟子曰:"万物皆备于我矣,反身而诚,乐莫大焉。强恕而行,求仁莫近焉。"

乐,音勒。强,上声。

万物,就是人伦物理,一切关于为人的事物。这种种本来是人人所有的,无异都备在我的身上。故曰:"万物皆备于我。""反身而诚,乐莫大焉"者,言我只要弃了别事别物,把身子回返到人伦日用的道理里去做人,这个欢乐是莫有更大的了。恕者,即"己所不欲,勿施于人"。我把"己所不欲,勿施于人"的心思,用着力勉强做去,这就是求到仁人的地位最近的路了。故曰:"强恕而行,求仁莫近焉。"

(问)何谓强恕而行?

(解)此章也是言为人之道。人只要诚,便有乐。人只要强恕,便近仁。上章只说一个求字,此章便明白说出求些什么。

孟子曰:"行之而不著焉,习矣而不察焉,终身由之而不知其道者,众也。"

著,是明白的意思。察,是仔细考察。言一个人所行的事,只照着向来的方法行去,而不能明白它的道理,又在向来的习惯里混着过去,而不仔细考察它的当不当,因此终身照着这样过(由之)去而不明白做人的道理的,这种人很多。

(问)为什么人会这样的?

(解)这是说人必须努力求知识,不要过糊涂生活。

孟子曰："人不可以无耻，无耻之耻，无耻矣。"

做人不可以无耻，即《论语》所谓"行己有耻"也。"无耻之耻，无耻矣"者，赵岐注曰："人能耻己之无所耻，是为改行从善之人，终身无复有耻辱之累也。"意思是说：一个人能够晓得无耻是不好的行为，自己因而以此为耻，就能够改去坏行为而从善，则终身不会有耻了。

（问）无耻之耻，是何讲法？

（解）这是教人免耻的法子。

孟子曰："耻之于人大矣！为机变之巧者，无所用耻焉。不耻不若人，何若人有？"

此章承上章，言羞耻对于做人是最重大的事情。只管用心机做变诈之事，自以为巧妙的人，是没有地方用得着羞耻的。故曰："为机变之巧者，无所用耻焉。""不耻不若人，何若人有"者，朱子注曰："不耻其不如人，则何能有如人之事？"反转来，意思是因为自己耻不及人，所以能够及人也。

（问）何谓机变之巧？

（解）这亦是说人须知耻，方能进而若人之为圣为贤。

孟子曰："古之贤王，好善而忘势。古之贤士，何独不然，乐其道而忘人之势。故王公不致敬尽礼，则不得亟见之。见且犹不得亟，而况得而臣之乎？"

乐，音洛。亟，音器。

孟子道："古时候贤明的国王，好人之有善而忘却自己的权势。古时候贤明的士人，也是如此。这因为他热爱自己所信之道，所以把别人的权势忘掉也。王公大人，对于贤士不致敬尽礼，就不能常常（亟）与贤士相见。只一常常相见，尚且不可得，何况要把贤士作臣下，听己使令呢？"

（问）何谓乐其道而忘人之势？

（解）贤君对贤士，必须致敬尽礼；否则见且见不到，自然不能得他为臣下了。这也说明了贤君贤士所以自处之道。

孟子谓宋句践曰："子好游乎？吾语子游！人知之，亦嚣嚣；人不知，亦嚣嚣。"曰："何如斯可以嚣嚣矣？"曰："尊德乐义，则可以嚣嚣矣。故士穷不失义，达不离道。穷不失义，故士得己焉；达不离道，故民不失望焉。古之人，得志泽加于民；不得志，修身见于世。穷则独善其身，达则兼善天下。"

句，音钩。语，去声。乐，音要去声。见，音现。

宋句践，姓宋名句践，战国时人。游者，战国时的游说诸侯也。嚣嚣，自得无欲之貌。孟子对宋句践道："你喜欢游说吗？我告你游说的道理。人家晓得你这个人了，你固然可以悠然自得，不必要求人；人家不晓得你这个人呢，你也要悠然自得，不必要求人。言游说尽管游说，不必把得失放在心上。这样，就无往而不利了。"宋句践因问："怎样就可以嚣嚣呢？"孟子道："尊重道德，爱乐义理，那就可以嚣嚣了。""故士穷不失义，达不离道"者，言一个士人，在穷困的时候，不可失去义理，到显达的时候，不可离开素来所怀抱的道德也。得己者，言不失自己的身份也。民不失望者，言人民仍旧相信他也。孟子又道："古时候的人，得志了，显达了，就把恩泽加于人民；不得志而穷困，就只有修身，勿做坏事，使世人都看见自己是这样的一个人。所以在穷困的时候，独自善养自己的身子，就是保全自己的德义；显达的时候，就可以兼养天下的人民，将天下人民的德义都带好也。"

（问）何谓嚣嚣？

（解）孟子告宋句践的话，很切实用。虽然是对于游士而言,实在也就是对一般士人而言。常见一班浅识无学的人,在穷困的时候,则和颜悦色,奉承人家;一到显达,立即骄傲对人。这是最下流的行为,万不可沾染着这种丑恶的态度。

孟子曰:"待文王而后兴者,凡民也。若夫豪杰之士,虽无文王犹兴。"

夫,音扶。

此章以邢疏解释最好,今从之。疏曰:"小人待化,乃不邪僻。君子特立,不为俗移,故称豪杰自兴者也。孟子言必待文王之化,而乃能兴起以从善者,凡民也,以其无自知者也;若夫才有过于千万人之豪杰者,虽不遭遇文王之化,犹能自兴以从善,而正立其身也。"意思是:平凡的百姓,要有文王的教育后,才知道从善;有学识的豪杰,虽无文王的教育,自己也能知道善为立身之具。

(问)何谓豪杰之士?

(解)此章必如邢疏解释,乃不与孟子他说冲突。不过也有人说,兴者是感动奋发之义。此章的意思是要人做造时世的英雄,不要做为时世所造的英雄。

孟子曰:"附之以韩、魏之家,如其自视欿然,则过人远矣！"

歁，音坎。

韩、魏，晋国之卿，富贵之家也。歁然者，不自满足，不放在心上也。附之者，言自己本已富贵又附益以韩、魏的权势。如果这样的人自己看看，并不在意，这可知他不以富贵为怀而志于道者，可以称他"过人远矣"，言胜于平常的人不少也。

（问）何谓自视歁然？

（解）人既富贵，又益以权势，不自满足者实少。能自视歁然者，方是一等人物。要看人是什么样的人，就只要看他对于富贵权势的态度。

孟子曰："以佚道使民，虽劳不怨。以生道杀民，虽死不怨杀者。"

"以佚道使民"者，言如教民种田，他们虽劳苦，不会生怨望的。因为种了田，收获米谷，就有安佚的日子可过，故不怨也。"以生道杀民"者，言如国君诛戮杀人的罪犯，本意是可使社会间消失杀人的凶手，所以称为生道。诛杀凶手，则人民决无怨者，故曰"虽死不怨杀者"也。

（问）何谓佚道？何谓生道？

（解）此章意思，言国君为政，只要事事为人民着想，不以自己的权利为重,则人民虽然吃苦受死,自无不乐从之也。

> 孟子曰:"霸者之民,欢虞如也。王者之民,皞皞如也。杀之而不怨,利之而不庸,民日迁善而不知为之者。夫君子所过者化,所存者神,上下与天地同流。岂曰小补之哉!"

虞,同娱。皞,音浩。

现在所谓古文,在古人实是当时的言语。他们要把这言语写在简上,因为尚无通行之字,于是把音同或音近的字拿来代用,此六书中之假借也。如此章欢虞二字,即是欢娱二字。"霸者之民,欢虞如也",即言霸国的百姓,好像欢乐娱快的样子。皞皞者,广大自得之态度,言天子的百姓,都有胸襟广大,悠然自得的样子。"杀之而不怨"者,即如前章所说,以"生道杀民,虽死不怨"也。"利之而不庸"者,庸,功也。言王者将好处给了百姓,百姓也不感激他的功劳也。如此,所以"民日迁善而不知为之者",就是说百姓受了这种教化,自己不知不觉迁到善的行为,竟不知道哪个是使他这样的,所以接着说,"夫君子所过者化"也。君子,即王者,他所行过仁政的地方,百姓莫不感化也。"所存者神"者,言君子心所注意之处,便好像神秘不测,神存其中。这种教化之流行,可上与天、下与地相同,岂可以说他只是一些小小的补益呢! 故曰:"上下与天地同流,岂曰小补之哉!"

(问)何谓欢虞? 何谓睟睟?

(解)霸国的政令,虽或骤致富强,然人皆易见。王者的教化,乃在潜移默运,使人自己乐于为善,不肯为恶,所以儒者只言王道。

孟子曰:"仁言不如仁声之入人深也,善政不如善教之得民也。善政民畏之,善教民爱之。善政得民财,善教得民心。"

此章承上章而申说王霸之不同也。仁言者,程子谓以仁爱之言加于民。仁声者,程子谓有仁之实而为众人所称道者也。照此讲:仁言者,是为政者口头所说的好听话,如现在人之什么宣言,无不仁至义尽。仁声则不尚空谈,而将实惠施及民身,于是有了仁爱的名声,这种名声比空洞的好话更能深入人心。故曰:"仁言不如仁声之入人深也。""善政不如善教之得民也",即言霸国之政令虽善,不如王者教化,更能得到人民的悦服。因为霸国的善政,不过使人民畏惧他,王者的善教却能使人民爱他。霸国之所为,整理财政,为第一要务,故曰"善政得民财"。王者与民同苦乐,人民之心,与之同体,故曰"善教得民心"。

（问）善政与善教，分别何在？

（解）善政易而善教难。善政易见功效，亦易消失。善教得民心，功效虽迟缓，然一时不易即失也。如齐桓、晋文，身死即国不振，汤、武之王，六七百年未易动摇也。

孟子曰："人之所不学而能者，其良能也；所不虑而知者，其良知也。孩提之童，无不知爱其亲也。及其长也，无不知敬其兄也。亲亲，仁也。敬长，义也。无他，达之天下也。"

良者，本来自有的善质也。良能，本来自有的才能；良知，本来自有的知识，所以可不学而能，不思虑而知。孩提，是二三岁的孩童，他没有不知道爱其亲的，等他稍长大些，没有不知道敬重其兄的。人能亲爱自己的亲就是仁，敬重自己的兄长就是义。这是没有其他道理的，普天下的人，都是相同的，所以可以为仁义也。

（问）何谓良能？何谓良知？

（解）明代王阳明倡"致良知"的学说，即出于《孟子》此章。良知者，言一个人良心固有的知觉也。致者，言不可把这知觉丢掉，要保存它，还要推广它，与孟子同意。

孟子曰："舜之居深山之中,与木石居,与鹿豕游,其所以异于深山之野人者几希。及其闻一善言,见一善行,若决江河,沛然莫之能御也。"

行,去声。

此章言舜做百姓时,和树木土石居在一处,和麋鹿猪羊等同在一处游息。与深山里没有知识的野人,相去没有多少,故曰:"异于深山之野人者几希。""及其闻一善言,见一善行,若决江河,沛然莫之能御也"者,言等到他听得一句善的言语,看见一件善的行为,他立刻去照做,好像长江大河决了口,浩浩荡荡(沛然),谁也阻挡不住他。言人只要存心向善,不管出身如何,环境如何,总可以成为圣贤。

(问)何谓沛然若决江河?

(解)孟子屡次言舜起于畎亩之中,此章忽言居于深山之中,前后不同,难免使人怀疑。其实舜耕历山,本来是耕的山中之田,所以与木石鹿豕相处也。

孟子曰："无为其所不为,无欲其所不欲,如此而已矣。"

此章邢疏的解释是:"无使人为己所不欲为者,无使人欲

417

己之所不欲者,每以身先之,如此,则人道足矣。"犹孔子言"己所不欲,勿施于人"也。无,当作毋,言不要使人家做我自己所不要做的事情,不要使人家要我所不要的事情也,做人的道理就是这样罢了。但是一般的解释却是:"不要做自己本心所不肯做的事情,不要想自己本心所不肯想的事情。"或者说:"不要做不应该做的事情,不要要求不应该要求的事情。"都说得过去。

(问)何谓无为其所不为,无欲其所不欲?

(解)圣贤所讲仁义之道,并无新奇深奥之处,只要把自己和人家立于同等地位,不作利己损人之事,或者说,不违背良心做事,就是了。

孟子曰:"人之有德慧术知者,恒存乎疢疾。独孤臣孽子,其操心也危,其虑患也深,故达。"

知,去声。疢,音趁。

疢疾,犹患难也。孤臣、孽子者,不见容于君父之人也。孟子言:"有德行、智慧、艺术、才智(知)的人,常常是在患难中磨炼出来的。所以只有在远处的孤臣和庶出的孽子,他时常提高警惕,所忧虑的患难很深刻,故能成一个明达事理的人"。

(问)何谓疢疾?

（解）此章言人多困苦的经验，方能于道德和知识方面有进境。

孟子曰："有事君人者，事是君，则为容悦者也。有安社稷臣者，以安社稷为悦者也。有天民者，达可行于天下，而后行之者也。有大人者，正己而物正者也。"

"有事君人者"，言有一种事君的人，这种人的事君，只求合君之意，以此为苟容而欢喜他。社稷，即国家。"有安社稷臣者，以安社稷为悦者也"，言又有一种安稳国家的臣子，是专以安稳国家而感到喜悦的。天民者，是能尽天理的人，他一定要有机会在天下行他的道理，才肯出来事君行道。故曰："有天民者，达可行于天下而后行之者也。"大人者，道德完全的君子，他先正自己，人家见了都感化了，跟着做个正人。故曰："有大人者，正己而物正者也。"

（问）此四种人，以哪一种为最高？

（自省）我想做哪一种人？

孟子曰："君子有三乐，而王天下不与存焉：父母俱存，兄弟无故，一乐也；仰不愧于天，俯不怍于人,二乐也;得天下英才而教育之,三乐也。君子有三乐,而王天下不与存焉。"

乐,音勒。王,音旺。与,去声。怍,音做。

此言君子有三种快乐,做君王一统天下的快乐,却不在其内。"父母俱存,兄弟无故",是一乐。怍与愧是一样的意思。一个人只要自己做得不错,仰起头来对天,低下头来对人,都没有惭愧,这也是一乐。"得天下英才而教育之",使英才能成大材大器,亦是一乐。孟子末了再说一遍,郑重表示:君子之乐,连做君王都不足为奇。

(问)何谓三乐?

(自省)我能仰不愧于天,俯不怍于人吗?

孟子曰:"广土众民,君子欲之,所乐不存焉。中天下而立,定四海之民,君子乐之,所性不存焉。君子所性,虽大行不加焉,虽穷居不损焉。分定故也。君子所性,仁义礼智根于心。其生色也,睟然见于面,盎于背,施于四体。四体不言而喻。"

乐,音要去声。分,去声。睟,音粹。见,去声。盎,音昂去声。

"广土众民，君子欲之，所乐不存焉"者，言君子做了人主，有广大的土地、众多的人民，虽心中好之，但欢乐不在其内也。在天下之中心地立了国家，能安定四海的百姓，这是君子所喜乐的，但他本来的天性，却不在其内。故曰："中天下而立，定四海之民，君子乐之，所性不存焉。"故下言："君子所性，虽大行不加焉，虽穷居不损焉，分定故也。"是言君子所禀的本来天性，虽其道大行于天下，不以加人一等，虽穷而困居在草野，不自减损一分。何则？这是因为所受于天的分量有一定之故也。又言"君子所性，仁义礼智根于心"者，言所禀于天之性，就是仁义礼智四件美德的根本从心而出。生，发出也。睟然，是清和泽润之貌。盎然，是丰厚盈溢之意。言君子因根本于仁义礼智的四件美德，所以他发出来的形色，有清和润泽之貌，现在面上，有丰厚盈溢的意思，显在背上，而且散布到四肢上面，四肢就自然而然，能照样表现，好像不必对它说就会明白的。故曰："其生色也，睟然见于面，盎于背，施于四体，四体不言而喻。"

（问）何谓君子所性？

（解）这是孟子说明君子的真乐，是在涵养他的本性。本性一充足，一肢一体，一举一动，就都顺适了。

孟子曰："伯夷辟纣，居北海之滨。闻文王

421

作,兴曰:'盍归乎来!吾闻西伯善养老者!'大公辟纣,居东海之滨。闻文王作,兴曰:'盍归乎来!吾闻西伯善养老者!'天下有善养老,则仁人以为己归矣。

辟,作避。大,作太。

伯夷、太(大)公,前都见过。"天下有善养老,则仁人以为己归矣"者,言天下有善养耆老的人,则仁人就都将他做自己的归宿地方了。

"五亩之宅,树墙下以桑,匹妇蚕之,则老者足以衣帛矣。五母鸡,二母彘,无失其时,老者足以无失肉矣。百亩之田,匹夫耕之,八口之家可以无饥矣。

衣,去声。

五亩地的屋宅,墙下面种以桑树,叫女人看蚕,则老年人足以穿绸衣了。五只雌鸡,两只雌猪,不要失了它们怀孕哺乳的时候,则老年人足以没有失肉之感了。一百亩的田,男人耕种它,则八个人口的人家,可以没有饥饿之忧了。这是文王治岐时实施的政绩。

"所谓西伯善养老者,制其田里,教之树畜,导其妻子,使养其老。五十非帛不暖,七十非肉不饱。不暖不饱,谓之冻馁。文王之民无冻馁之老者,此之谓也。"

　　孟子叙述了文王的政绩,然后又加以议论道:"所说的西伯善于养老年人的事,就是制定百姓的田亩里宅,教他们种桑(树)和养鸡养猪(畜),教导他们的妻子,奉养他们的老年人。这是因为人到了五十岁,不是绸(帛也,犹今之丝绵)不暖;七十岁的,不是肉不饱。不暖不饱者,叫作冻馁。文王的百姓,没有受冻受馁的老年人,就是因为有了这种办法。"

　　(问)何谓西伯善养老?

　　(解)王政无他新奇,就是使幼者得长,老者得养,壮者不失业。此章尤重养老,以为真能养老,天下自然归心。

　　孟子曰:"易其田畴,薄其税敛,民可使富也。食之以时,用之以礼,财不可胜用也。民非水火不生活,昏暮叩人之门户,求水火,无弗与者。至足矣! 圣人治天下,使有菽粟如水火。菽粟如水火,而民焉有不仁者乎?"

易,去声。胜,平声。焉,音烟。

邢疏云:"使在下者,易治其田畴,而不难耕作,则地无遗利;在上者,又薄其赋敛,而无横赋,则民皆可令其富足也。又食之以时,而其用不屈,用之以礼,而其欲不穷,则财用有余而不可胜用也。"此解"易其田畴,薄其税敛,民可使富也。食之以时,用之以礼,财不可胜用也"一节,最为精审。大意是:治国者,使百姓尽力耕治他的田地,而薄收其赋税,百姓就可富足,吃食照时候,用钱依规矩,百姓的钱就用不完了。"民非水火不生活"云云者,谓人民非得其水火,则不能生活,昏暮之时,有敲人之门户而求水火者,没有不给他的,这是因为水火是再多不过的东西,不足为奇。圣人治理天下,一定要使百姓有菽粟如水火之多,这样大家有饭吃,哪一个百姓还有什么不仁爱呢?盖百姓的不仁爱,或至于为盗,大都为衣食所迫,不得已铤而走险的。

(问)何谓菽粟如水火?

(解)按韩非子亦言丰岁则饷过客,而饥岁则不食幼弟,亦以人之为非作恶,皆由经济所迫故也。古哲见到此义者多矣,故治国必先从阜民衣食入手。

孟子曰:"孔子登东山而小鲁,登泰山而小天下。故观于海者难为水,游于圣人之门者难为言。观水有术,必观其澜。日月有明,容光必照焉！流水之为物也，不盈科不行；君子之志于道也，不成章不达。"

东山，鲁国境内之山。泰山，齐、鲁两国共有之山。泰山高于东山，故孔子在平地望不见鲁国时，不知鲁国地方之大小。及登东山之上，则知鲁国地方，也不算大，故曰"登东山而小鲁"也。及登泰山，因山愈高，所见愈广，觉得天下也不算大，故曰"登泰山而小天下"也。下节曰："故观于海者难为水，游于圣人之门者难为言。"即譬喻一个人所见愈广，则所知愈多，而因所知愈多，便觉得从前所知的算不了什么。人见一杯水，或一池水，以为水就不过如此而已，及见海洋，则知水是那样大，别的就难于算水了。而游于圣人之门者，见圣人之德高智广，名言谠论层出不穷，就觉得别的难于算作言论了。"观水有术"者，因水必有波澜，见波澜之湍急，则知水来有源，所以滔滔不绝，故曰"必观其澜"也。日月亦然。日月的本原，因为本体的明亮，所以凡是容得光亮的地方，就无隙不照。故曰："日月有明，容光必照焉。"此言道之有本，以水与日月作比。"流水之为物也，不盈科不行"者，言水这样东西，不到空陷的地方满溢，是不向前进的。"君子之志于道也，不成章不达"者，言君子的注意在道理上，不先成一个体段，是不会由此通彼的。合拢来便是说，凡事必须渐进。

（问）何谓成章？

（解）此章言人于学问，全在识见。识见高则学问可以求进步。而求进步之法，则在渐进，决不能一蹴而就。

孟子曰："鸡鸣而起，孳孳为善者，舜之徒也；鸡鸣而起，孳孳为利者，跖之徒也。欲知舜与跖之分，无他，利与善之间也。"

孳，音兹。孳孳，今作孜孜。

跖，古时候的大强盗，《庄子》上说他是柳下惠的兄弟。鸡鸣而起者，就是一听见鸡啼就起来。孳孳者，做事持续不倦也。这个人一早起来，只持续不倦做善事，就可以知道他是舜的一类人。若只持续不倦求获利，就可以知道他是盗跖一类的人。所以要看这个人是舜一类人，或是跖一类人，不必他求，只要看他所做的事是为利的，还是为善的。故曰："舜与跖之分，无他，利与善之间也。"

（问）何谓孳孳？

（自省）我所孳孳而为之者何事？

孟子曰："杨子取为我，拔一毛而利天下，不为也。墨子兼爱，摩顶放踵利天下，为之。子莫执中。执中为近之，执中无权，犹执一也。所恶执一者,为其贼道也,举一而废百也。"

为,去声。放,音仿。恶,音物。

杨子,名朱,墨子,名翟,都是春秋后战国前的人。取字是只顾的意思。"取为我"者,言只知为自己,不顾别人也。"拔一毛而利天下,不为也"者,是一句譬喻的话。故《列子·杨朱》篇记杨朱曰:"世固非一毛之所济。"拔一毛,利天下,是没有的事情,不过反对杨子者,则说他如此而已。孟子亦引前人所说的话,故云云。"兼爱"者,墨子的学说,就是无所不爱。顶,是头顶。踵,是脚跟。"摩顶放踵"云云者,言虽摩秃头顶,走破脚跟,苟有利于天下,也肯为之。子莫,是鲁国的贤人。他以为杨子为我,墨子兼爱,都不免太过,自己却守着酌乎其中的道理。故曰:"子莫执中。""执中为近之"者,孟子的批评也,以为子莫比杨墨为近于圣人之道也。权,是称物轻重的秤锤,无论何物,它的轻重,总须用权才能知道。"执中无权"者,言子莫虽能执杨墨之中,而不知遇事权其轻重,予以变化,也与执一的无异。故曰:"犹执一也。""所恶执一者,为其贼道也"者,贼,害也,言我们所以厌恶不知权其轻重的执一者,就是为了它有害于圣人之道也,也是为了它举着一端的道理,不知变通,把其余的百端,都废掉也。故曰:"举一而废百也。"

(问)何谓为我?何谓兼爱?

(解)杨墨学说,趋于极端。杨子只知为我,视天下之苦痛，与我无关。墨子兼爱，只知为人，而牺牲自己，不知人之所以为人，个人与社会，立于对待平等的地位。只知为己，非也；只知为人，亦非也。子莫自以能执两者之中，所以孟子以为近之，然不知权事物之轻重，以为事事都执两者之中，即是圣人，不知仍与执一无异也。惟有孔子，不偏不倚，和平正大，而又能因时制宜，与春秋战国时他家学说专趋于一端者不同。故孟子自言："乃所愿，则学孔子也。"孔子所以与杨墨子莫不同者，即《论语》所记"己欲立而立人，己欲达而达人"之仁是也。仁字古文为"忎"，即言一社会的人，都当同此心以立达之，后来小篆改为"仁"，则言自二人以上，二人以上，即社会也。此古人造字之精意，而孔子独取一"仁"字，以为学说教恉的核心，此儒家之所以流行也。

孟子曰："饥者甘食，渴者甘饮，是未得饮食之正也，饥渴害之也。岂惟口腹有饥渴之害？人心亦皆有害！人能无以饥渴之害为心害，则不及人不为忧矣。"

人在饥极渴极的时候，不论什么食物、什么饮料，只要有得吃喝，都觉得是甘甜的。他得不着饮食的正当味道，都是饥渴害他的。但一个人不但口腹如此，就连心也会受到同样的损害。人如果能使心不遭受口腹饥渴那样的损害,那么即使自己不如别人,也就不必忧虑了。

(问)何谓心亦皆有害?

(解)不正当的行为,本非心之所愿,乃因经济压迫,或其他不得已而为之,正如饥渴之不知味一样。人能以此把持己心,使不堕落,则心不为害矣。

孟子曰:"柳下惠不以三公易其介。"

介者,坚定自己的操守,不随俗浮沉也。柳下惠虽做的小官,又三次被黜,只因自己不失操守,不以为辱。反之即以三公之高爵诱之,亦不肯卑辞屈就,故曰"不以三公易其介"也。三公,指太师、太傅、太保。

(问)何谓介?

(自省)我见高官厚禄,能不动心否?

孟子曰:"有为者辟若掘井。掘井九轫而不及泉,犹为弃井也。"

辟,今作譬。

有作为的人,必须把目的达到才对。当他谋策事业之时,譬如掘一口井,掘得虽有九轫深,而看不见泉水,还是个无用的弃井也。所以做事半途而废的,终于一无所成。轫与仞同,八尺曰仞。

(问)何谓弃井?

(解)此章劝人做事要彻底,不可因为辛苦已久,不能成功,遂止而不做,与掘九轫之井,仍不得饮水一样也。

孟子曰:"尧、舜,性之也。汤、武,身之也。五霸,假之也。久假而不归,恶知其非有也。"

恶,音乌。

"尧、舜,性之也"者,言尧、舜之施仁政,出于天性,自己喜欢这样做也。"汤、武,身之也"者,言汤、武须修身体道,然后能王天下也。"五霸,假之也"者,言五霸假借仁义,挟天子以令诸侯也。"久假而不归,恶知其非有也"者,言五霸永久假借着仁义的好听名声,不知道归还到实在上面去,虽然荣耀一世,哪里知道他是一些没有真实的?①

(问)何谓久假不归?

(解)尧、舜、汤、武,古时皆称圣人,然实有分别。五霸则

---

① 此处所释五霸不确。孟子意谓,五霸久久假借着仁义的名声,谁知道他们是不是真正具有了一些仁义的实情呢? 这体现了孟子对当时国君能行仁政的期望。——编者按

只知假仁假义，后来习惯，以为做人只须这样，便算到家。此所谓一代不如一代也。

公孙丑曰："伊尹曰：'予不狎于不顺。'放太甲于桐，民大悦。太甲贤，又反之，民大悦。贤者之为人臣也，其君不贤，则固可放与？"孟子曰："有伊尹之志则可。无伊尹之志，则篡也。"

与，作欤。

狎者，习见也。顺者，合乎义理也。公孙丑引伊尹的话，"予不狎于不顺"者，伊尹自己说，我看不惯不合乎义理的行为也。"放太甲于桐"云云者，公孙丑叙述伊尹之事也。言伊尹把太甲窜放到桐的地方，百姓大为欢喜，后来太甲改过，极其贤德，伊尹又把太甲归反到京城，仍做天子，百姓又大欢喜。"贤者之为人臣也，其君不贤，则固可放与？"公孙丑叙述之后便问孟子也，他说：贤者做人的臣下，他的君主不贤，固然可以把他流放吗？孟子曰："有伊尹之志则可，无伊尹之志则篡也。"言有伊尹那样公正的志向，自己不贪天子之位，就可以如此做，否则就是篡位了。

（问）何谓不狎于不顺？

（解）伊尹放太甲，后世只霍光学之，不致篡位。其余废君立君，无不为自己或子孙谋天子之位。故曰："有伊尹之志则可，无伊尹之志则篡也。"

公孙丑曰："《诗》曰：'不素餐兮！'君子之不耕而食，何也？"孟子曰："君子居是国也，其君用之，则安富尊荣；其子弟从之，则孝弟忠信。'不素餐兮'，孰大于是！"

弟，作悌。

素餐，犹今人言吃白食，无功受禄也。"不素餐兮"，是《诗经》上《伐檀》篇里一句诗，意思是不肯吃白食。公孙丑引了这句诗，问孟子道：世所称道的君子，多是不耕而食禄的，是何意义呢？意思是：岂非和《诗经》里说的话相反了？孟子道："君子住在这个国里，这国的君主用了他，国君就能安安稳稳，富足有余，受尊称，很荣耀。这国的子弟从了他，他们就能修着孝悌忠信的品行，使全国成一善良的风俗。这样看来，所谓不肯吃白食的功劳，还有谁能够比得过呢？"

（问）何谓不素餐兮？

（解）这是说君子受人奉养，并不是吃白食。他的功劳很大，谁也比不上。不过有君子之实，是可以不耕而食的。否则窃君子之名，而受人奉养，便是吃白食了。

王子垫问曰:"士何事?"孟子曰:"尚志。"曰:"何谓尚志?"曰:"仁义而已矣。杀一无罪,非仁也;非其有而取之,非义也。居恶在? 仁是也。路恶在? 义是也。居仁由义,大人之事备矣!"

垫,音店。恶,音乌。

王子垫,齐王之子,名垫也。"士何事"者,垫以为公卿大夫,有政治之事,农工商贾,亦皆有其职事。独士则不作事而坐食,故有此问也。"尚志"者,言做士的,既不得行公卿大夫之道,又不得就农工商贾之业,就只是怀抱着一种高尚(尚同上)的志向罢了。垫又问:"何谓尚志?"孟子答以"仁义而已矣"者,言志在仁义就是了。"杀一无罪,非仁也"者,言不应乱杀也。士本不能直接杀人,但他很可以使操生杀之权者,间接为他杀人。"非其有而取之者,非义也"者,言不是他应该得的财物,去取了它来,就不是义也。人必有住屋,士所住的屋在哪里呢? 就是仁,故曰:"居恶在? 仁是也。"人必要行路,士所行的路在哪里呢? 就是义,故曰:"路恶在? 义是也。"能够如此居于仁宅,行于义路,做公卿大夫(大人)的事,也已完备了。可见士非但不是没有事,并且是有重大的事的。故曰:"居仁由义,大人之事备矣!"

(问)何谓尚志?

（解）志是空的，如何尚法？就是或居或行，都不脱仁义，那么他的重要就和大人一般了。

孟子曰："仲子，不义与之齐国，而弗受，人皆信之。是舍箪食豆羹之义也。人莫大焉亡亲戚君臣上下。以其小者，信其大者，奚可哉！"

舍，上声。食，音寺。亡，音无。

仲子，即前所记之陈仲子。如以没有道义的举动，把齐国给予仲子，他必定不肯受，这是大家都相信他的。故曰："仲子不义与之齐国而弗受，人皆信之。""是舍箪食豆羹之义也"者，是孟子的批评也。言仲子不过不受一筐饭、一木碗汤那样的小义气罢了。"人莫大焉，亡亲戚君臣上下"者，言做人所最大的罪过，就是毁灭了亲戚君臣上下的伦理。如果我们因为他一些小义，就相信他的大义也不错，这怎么可以呢！故曰："以其小者，信其大者，奚可哉！"

（问）如仲子所为，究竟义乎不义乎？

（解）这是教人行义，要从大处着眼，不要沾沾于小廉小义。

桃应问曰："舜为天子，皋陶为士，瞽瞍杀人，则如之何？"孟子曰："执之而已矣。""然则舜不禁与?"曰:"夫舜恶得而禁之? 夫有所受之也。""然则舜如之何?"曰:"舜视弃天下,犹弃敝蹝也! 窃负而逃,遵海滨而处。终身䜣然,乐而忘天下。"

与,作欤。夫,音扶。蹝,音徙。䜣,同欣。乐,音勒。

桃应,孟子弟子。士即士师,法官也。敝蹝,破草鞋也。䜣然,高兴的样子。桃应问道:"舜做天子,皋陶做士。这时候,倘若瞽瞍杀了人,则怎么样呢?"孟子道:"这时候的皋陶,只有把瞽瞍捉来罢了。"桃应又问道:"然则舜不去禁止他吗?"孟子道:"那个舜怎可以禁止他呢? 瞽瞍杀人,这是罪有应得。"桃应又道:"然则这时候的舜,将怎么样呢?"孟子道:"舜看得弃掉天下,犹之乎丢掉一双破草鞋。他只好把天子丢掉不做,私下把父亲驮在背上逃走,在海边住下。一辈子快快活活,把天下都忘记了。"

(问)何谓窃负而逃?

(解)这是孟子师生假借问答,来说明圣贤处世各尽其道的道理。事情本来不是真的,但假使有此事情,舜就只好窃负而逃也。

孟子自范之齐,望见齐王之子,喟然叹曰:"居移气,养移体。大哉居乎! 夫非尽人之子与?"

夫,音扶。与,作欤。

范,是齐国的一邑。孟子从范县到齐国都城去的时候,望见齐王的儿子,长叹了一声,说道:"居处的地位,足以改变人的气魄;吃养的食物,足以改变人的身体。居处的关系真大啊!像王子,不也是人的儿子吗?"

孟子曰:"王子宫室车马衣服多与人同,而王子若彼者,其居使之然也。况居天下之广居者乎!鲁君之宋,呼于垤泽之门。守者曰:'此非吾君也,何其声之似我君也!'此无他,居相似也。"

此节是孟子说过了前面那番话,停了一会又说也。垤泽,宋国城门的名称。孟子又道:"王子住的宫室、坐的车马、穿的衣服,多与别人相同,乃王子的神气,像那样不与人同者,因为他所居的地位,所以使他这样的。何况是那些信守仁义的人呢?""广居"者,仁也。又引证一件事情道:"鲁国的君主到宋国去,叫管垤泽城门的人开门。管城门的人说道:'这个人不是我们的君主,何以他叫的声音这样像我们的君主呢?'这个没有其他的缘故,也因为他们国君的地位相像罢了!"

（问）何谓居移气？养移体？

（解）这是说环境会造成人的习气，意思便是人能居仁由义，久而久之，自然会与仁义俱化，一举一动，无不仁义了。

孟子曰："食而弗爱，豕交之也。爱而不敬，兽畜之也。恭敬者，币之未将者也。恭敬而无实，君子不可虚拘。"

食，音寺。

此章言人的交际朋友，只给吃食而没爱护的心思，像养猪一样，故曰："食而弗爱，豕交之也。"豕交者，犹言像对待猪那样与人交往，只要给它食物便是了。"爱而不敬，兽畜之也"者，言虽能爱护，而没有恭敬的心思，也和畜养禽兽无异也。恭敬这件事，就是没有拿出来的礼物。若只有表面的恭敬而没有实在的恭敬心，那么君子就不可受这虚礼的拘束。故曰："恭敬者，币之未将者也。恭敬而无实，君子不可虚拘。"意思是恭敬心最要紧，假使只有一些礼物，并没有真的恭敬心，君子就不必受这种礼物的拘束。

（问）何谓豕交兽畜？

（解）这是孟子看了当时国君接待贤人的方式而发的议论，也可以引用到一般人的交往上来说。总之看人待我如何，总要看他有无恭敬的诚心，不可贪一些的礼物，就为人所牢笼。

孟子曰："形色,天性也,惟圣人然后可以践形。"

形,人的形状也。色,人的颜色也。天性者,天然的性质也。践者,邢疏云："惟圣人能因形以求其性,体性以践其形。"意思是:人的身体容貌是天生的,只有圣人能够用内在的美来充实外在的形体,使形与实相符。故曰："惟圣人然后可以践形。"

(问)何谓形色天性?

(解)这是说做人自有道理,不是有了形色就可以算人的。

齐宣王欲短丧。公孙丑曰："为期之丧,犹愈于已乎?"孟子曰："是犹或纾其兄之臂,子谓之姑徐徐云尔。亦教之孝弟而已矣。"

弟,作悌。

齐宣王以为穿三年的丧服太长久,想把丧期减短。公孙丑听见了,就去问孟子。期,一年也。言只穿一年的丧服,总比不穿好些吧? 故曰："为期之丧,犹愈于已乎?"已者,停止也,言不穿丧服也。"是犹或纾其兄之臂"云云者,孟子言这个犹之乎有人掫转（绗）着其兄的臂膊，你只叫他且慢慢地掫转来，这说得过去吗？兄的臂，是不应该掫转的。虽掫转得慢些，难道好算敬兄吗？你不必对他说慢慢地掫转其兄的臂膊的，你也只须教他孝悌罢了。故曰："亦教之孝弟而已矣！"

　　王子有其母死者，其傅为之请数月之丧。公孙丑曰："若此者，何如也？"曰："是欲终之而不可得也，虽加一日愈于已。谓夫莫之禁而弗为者也。"

　　为，去声。夫，音扶。
　　这时候刚巧有个王子的生母死了。他的生母是庶母，因为有嫡母，不能穿长期丧服。照古礼：一落葬，就要把丧服除掉。王子的师傅，就为他向齐王请求，由他为生母服数个月的丧。公孙丑就引了这件事，问孟子道："像这件事何如呢？"孟子说，这是他本来想要穿三年之丧的，因为被礼所阻，所以办不到。故曰："是欲终之而不可得也。""虽加一日愈于已"者，是言王子要终丧而不可得。他的心是不错的，不但数月，就是能够加一日，也比不加好些①。因此孟子又声明，他之所以不

───────────

① 此处所释不准确。孟子意谓：现在许多人，并没有人像这位王子一样被禁止终丧，却不肯尽礼，不肯终丧，对于这种人，丧期能够增加一日，也比不加的好啊！——编者按

439

赞成短丧的缘故,是对那些并没有谁禁止他,他自己却不肯尽礼、不肯终丧的人说的。故曰:"谓夫莫之禁而弗为者也。"

(问)何谓终之而不可得?

(解)这是说明三年之丧,断不可减少,而且须出以至情。知礼的人,决不可阿循他人之意,而妄自增减。

孟子曰:"君子之所以教者五:有如时雨化之者,有成德者,有达财者,有答问者,有私淑艾者。此五者,君子之所以教也。"

财,通材。艾,音义。

此章言君子教导人的法子有五种:"有如时雨化之者。"言譬如用合时的雨来润化万物,使之发荣滋长也。"有成德者",言因他固有的德性,更教之使有成就也。"有达财者",言因他的材料,更使他通达而有用也。"有答问者",言只回答弟子所问,解他疑惑,此外不多说什么也。"有私淑艾者",言虽未能直接教诲,而弟子私自慕其淑德而修治(艾)其身也,如孟子自言:"予未得为孔子徒也,予私淑诸人也。"即无异孔子之教之也。

(问)何谓时雨化之?

(解)孟子前言乐得天下英才而教育之,此章又言教人的方法,正可与孔子"诲人不倦""循循善诱",互相发明。可见圣贤教人之道，都是差不多的。

公孙丑曰："道则高矣美矣，宜若登天然，似
不可及也。何不使彼为可几及，而日孳孳也?"孟
子曰："大匠不为拙工改废绳墨，羿不为拙射变其
彀率。君子引而不发，跃如也，中道而立，能者
从之。"

几，平声。为，去声。彀，音够。率，音律。

公孙丑对孟子说："像你夫子之道，高极了，美极
了，无怪学道的人看来，好像登天那样，似乎是不可以及到的。为什么
你的道不浅近一点，使他们以为可以渐渐学到（几及）而日日
孳孳不倦地学起来呢?"大匠，是手段高的木匠。孟子说，大匠
不因为新来学习的徒弟手段拙劣，便改变或者废掉用绳墨的
方法。羿是善于射箭的人，也不因为新来学射的人手段拙劣，
便改变弯弓的限度（彀率）。言大匠和羿，都不肯为了要求速
效起见，将自己的本事藏起来，迁就教人也。故曰："大匠不为
拙工改废绳墨，羿不为拙射变其彀率。""君子引而不发，跃如
也"者，言君子教人，如教人射箭那样，只教人张着弓而不发
箭，但发箭的道理，已经很踊跃地在人的心目中，就能使人自
己会悟到道术的高美了。没有过头，没有不及的地方，叫作中

道。"中道而立,能者从之"者,言君子教人,只在道的最中心矗立不动,让能够学的人都去跟他学也。

(问)何谓中道而立?

(解)君子教人,自有一定的方法。如木匠之用绳墨,羿之弯弓有限度。学的人也一定要照他的方法做去,才得有成。

孟子曰:"天下有道,以道殉身;天下无道,以身殉道。未闻以道殉乎人者也。"

殉者,从也,为之牺牲也。"天下有道,以道殉身"者,言天下有道的时候,道从我,道为我所用。"天下无道,以身殉道"者,言天下无道的时候,为了守道,不惜为道牺牲。这是孟子素来所知道的,却不曾听见为了他人,而把自己所怀抱的道去牺牲了的。故曰:"未闻以道殉乎人者也。"

(问)殉是什么意义?

(解)本章最注重的是末了一句。总是说,人之进退,自己总要有个道理,决不可枉曲了自己的正道,去迁就他人。

公都子曰:"滕更之在门也,若在所礼。而不答,何也?"孟子曰:"挟贵而问,挟贤而问,挟长而问,挟有勋劳而问,挟故而问,皆所不答也。滕更有二焉。"

更，平声。长，长辈之长。

滕更，滕君之弟，来就学于孟子者。公都子问孟子道："滕更既在夫子门下，似乎也应该以常礼待他。今他来问，夫子不答他，是何意思呢？"挟者，自己有所挟持也。挟贵者，自以为贵族也；挟贤者，自以为有贤德也；挟长者，自以为年长也；挟有勋劳者，自以为在国家有功劳也；挟故者，自以为是亲戚故旧也。孟子言，假若弟子中有这五项挟持的，他来问我，都是我所不答的。如今滕更有二项挟持，所以不答。所谓二项挟持者，便是贵与贤。

（问）何谓挟？

（解）这是说，师道尊严，绝不是受人挟持的。因此受教的人，应当虚心诚恳，不可自满，方有所得。

孟子曰："于不可已而已者，无所不已。于所厚者薄，无所不薄也。其进锐者其退速！"

已，停止也。不可已者，言这一件事是不可停止的。不可停止的事而竟停止，那么无论什么事，就都要停止了。故曰："于不可已而已者，无所不已。"对于某一个人，应该厚待的，竟薄待了他，那么对无论什么人，就都无不薄待了。故曰："于所厚者薄,无所不薄也。"一个人求学做事,进步得太猛烈,虽然有所成就,但是其气易衰,其力难继,他的退下来,也一定是很快的。故曰:"其进锐者其退速。"

(问)何谓进锐退速?

(解)前两桩是不及,后一桩是太过。过与不及,其弊相同。这是说,为人做事,都须适得其可。

孟子曰:"君子之于物也,爱之而弗仁。于民也,仁之而弗亲。亲亲而仁民。仁民而爱物。"

物,人类以外的物类也。邢疏云:"君子于凡物,但当爱育之,而弗当以仁加之,若牺牲,则不得不杀也。""于民也,仁之而弗亲"者,邢疏云:"君子对于人民,当仁爱之,而弗当亲之,以爱有差等也。"差等,如"老吾老,以及人之老;幼吾幼,以及人之幼"是也。所以对于亲人则当亲,然后对于人民则当仁;对于人民则当仁,然后对于凡物则当爱。故曰:"亲亲而仁民。仁民而爱物。"

(问)亲与民与物有何分别?

(解)此章即儒家与墨家之异点。墨家言无论何人何物,皆当兼而爱之。儒家之仁,虽亦训爱人,但须由亲而及疏,由近而及远,此合于人类的本性者。故儒家之道行,而墨家之道,虽盛极于一时,不久即衰绝也。

孟子曰："知者无不知也,当务之为急;仁者无不爱也,急亲贤之为务。尧、舜之知而不遍物,急先务也;尧、舜之仁不遍爱人,急亲贤也。"

知,作智。

"智者无不知也,当务之为急"者,言有智慧的人,对于人情物理,无不通晓,但总拣应当用力干的事情为急务,先去治理,不是随便什么事情,都一齐去做也。"仁者无不爱也,急亲贤之为务"者,言仁者对人,虽无不存爱护之心,但施行起来,也须先急于亲爱贤者,不是人人都一律亲爱之也。所以如尧、舜的智慧,而不能物物都去整治,就是晓得哪件应该先办的道理。故曰:"尧、舜之智而不遍物,急先务也。"尧、舜之为仁君,人人皆知,但他也并不能遍爱一切人民,因为急于先要亲爱贤人。故曰:"尧、舜之仁不遍爱人,急亲贤也。"

"不能三年之丧,而缌小功之察,放饭流歠,而问无齿决。是之谓不知务。"

饭,去声。歠,音辍。

三年之丧,言服之最重者。缌,是缌麻,只三个月的丧服,小功是五个月的丧服,都是丧服之轻者。"不能三年之丧,而缌小功之察"者,言不能服三年之丧,是大不孝,乃偏偏注意(察)在三个月缌麻服和五个月小功服的小礼节,就是不知先后缓急之故也。放饭,大吃也。流歠,大喝也。齿决,拿牙齿咬断干肉也。在尊长前面吃饭,狼吞虎咽大吃大喝就是不敬。至于用牙齿咬断干肉,不用手去擘分,这不过不守小礼节罢了,没有什么要紧的。现在则大吃大喝的大不敬倒不问,而问干肉用牙齿咬断的小礼节,也就是不知先后缓急之故也。

(问)何谓放饭流歠,而问无齿决?

(解)此章与上章言爱物仁民亲亲之意,互相发明。爱物仁民亲亲,就是知道对物对人,都有先后轻重之分别。此章言尧、舜之不遍爱物,不遍爱人,就是知先后轻重之道。而一般人则只知论轻的丧服,漠视重的丧服。至于在尊长前吃饭,尚不知何者为不敬、何者为敬,皆可叹之事也。

孟子曰:"不仁哉!梁惠王也。仁者以其所爱及其所不爱,不仁者以其所不爱及其所爱。"公孙丑曰:"何谓也?""梁惠王以土地之故,糜烂其民而战之。大败,将复之,恐不能胜,故驱其所爱子弟以殉之。是之谓以其所不爱及其所爱也。"

"仁者以其所爱及其所不爱"者,言有仁心的人,因爱自己的亲人,把这心思推开去,即不是亲人,也一律爱他也,即"推己及人"之意。"不仁者以其所不爱,及其所爱"者,适得其反,即下述梁惠王所行之事是也。公孙丑因不解此意,所以问孟子。孟子即将"不仁哉梁惠王"所以然的缘故,明白说出。糜烂,犹言把人的血肉,弄得烂如粥糜。"梁惠王为争夺土地之故,不管百姓身体的糜烂,迫百姓去打仗。打了一个大败仗,又想复仇,恐怕不能够得胜,所以又驱自己所爱的子弟,压着百姓去打。不料又打了一个大败仗,连自己的子弟也为了他死在里头,这个就是以他所不爱的百姓,连及他所爱的子弟也。"

(问)何谓以其所不爱及其所爱?

(解)世上无知识的武人,以部下不肯力战,往往派亲信的人去监督。岂知一败之后,大家同死,皆以其所不爱,及其所爱,不仁之流也。不过近来时势与古不同。所谓高级军官,如军长、师长,都躲在军队后面,虽打败仗,他仍旧逃得性命,所以战事越多了。一叹!

孟子曰:"春秋无义战。彼善于此则有之矣!征者,上伐下也。敌国不相征也。"

义战,是合理的战事。"春秋无义战"者,言春秋这一时

447

代,没有合理的战事也。"彼善于此,则有之矣"者,如齐桓公、晋文公,假托尊奉周天子的名义,去和楚国交战,比没有假托名义,擅自作战者,稍为好一些也。"征者,上伐下也,敌国不相征也"者,言征伐的名义,只有诸侯犯罪,天子下令讨伐,是正当的,若彼此都是诸侯,只算是乱战不能算讨伐也。敌国,即同等的国家。

(问)何谓义战?

(解)在春秋时,诸侯已无义战,在战国时,就更加不必说了。孟子这话,是警戒当时好战的国君说的。可惜毫无效果,战者自战,终于成其为战国而已。不过征者亦不一定要上伐下,也有下伐上的,有如汤、武的吊民伐罪、南面而征等。所以只要看这战争义不义,就可以定规它是不是征。近代合理的革命,便都是义战,便可以说是征。

孟子曰:"尽信《书》,则不如无《书》。吾于《武成》,取二三策而已矣。仁人无敌于天下,以至仁伐至不仁,而何其血之流杵也?"

杵,音处。

《书》,《尚书》也,也有当作普通一般的书讲的。《武成》,《尚书》中之篇名,记周武王伐纣的战事。因武王武功告成,故名《武成》。里面有"血流漂杵"一句话。杵者,舂米的木杵,一说是藤牌。言杀人之多，流血成河，连杵都漂浮着。孟子以为这句话，是靠不住的。故曰："尽信《书》，则不如无《书》，吾于《武成》，取二三策而已矣。"言完全相信《尚书》里的话，还不如没有《尚书》的好，即如《武成》一篇，我不过取它两三条罢了。策，就是古时写字的竹片。这是说可信的信它，不可信的不信它也。"仁人无敌于天下"者，言仁人所统率的是王者的兵，它去征伐，别国的兵只有欢迎，没有抵抗，所以在天下是没有人能敌的。如周武王是最仁义的人，去伐纣王最不仁义的人，决定没有十分激烈的抵抗的。如此，则不必杀很多的人，哪里有这许多血，连杵都会漂浮着呢？故曰："以至仁伐至不仁，而何其血之流杵也？"

（问）何谓血流漂杵？

（解）其实武王伐纣，《尚书》中说血流漂杵，固未免是过甚其词。然战争是不能免的。儒家因主张仁政、仁者无敌等议论，所以驳斥《尚书》中的文句，以为不足尽信。而孟子则更有些故意如此说，亦所以杜绝天下的乱源也。

孟子曰："有人曰：'我善为陈，我善为战。'大罪也。国君好仁，天下无敌焉。南面而征北狄怨，东面而征西夷怨，曰：'奚为后我？'武王之伐殷也，革车三百两，虎贲三千人。王曰：'无畏！

宁尔也,非敌百姓也。'‘若崩厥角稽首。’征之为
言正也,各欲正己也,焉用战?”

陈,作阵。好,去声。两,作辆。贲,音奔。焉,音烟。

陈,即战事中列阵之阵。孟子痛斥战事,故曰:“有人说:
‘我善于摆阵,我善于作战。’这是大罪也。只要国君喜欢行仁
政,就可以无敌于天下。”“南面而征北狄怨,东面而征西夷怨,
曰‘奚为后我?’”是引用汤的事情,前已见过。革车者,古时
用车战,以皮革所裹的战车也,其数只有三百辆。虎贲,犹言
如虎的兵士也,专为君主作义卫的,有如禁卫军,其数只有三
千人。王指武王。武王对殷人说,你们不要怕,我是来安抚你
们的,不是来跟你们百姓为敌的。故曰:“无畏,宁尔也,非敌
百姓也。”“若崩厥角稽首”者,言殷朝的百姓,听了武王的话,
好像一齐把额角崩倒下来,连连叩头也。“征之为言正也,各
欲正己也,焉用战”者,孟子又解释征字的说法,原是矫正的意
思,各处受暴虐的百姓,都想有仁人来矫正他的本国,对于仁
人的军队,只有欢迎,没有抵抗,所以哪里用得着战争呢?

(问)何谓焉用战?

(解)此章系仍旧阐明上章“血流漂杵”之意,故亦引《尚
书》中《泰誓》“若崩厥角稽首”之语,以明殷朝的百姓既已叩
头相迎,哪里还有杀多数人,使血流漂杵的事?此外,当然也
说明圣王用兵全为人民,使当时好战的人君有所觉悟,其意义

也是与上章一贯的。

孟子曰：“梓匠轮舆，能与人规矩，不能使人巧。”

梓，即梓树。梓匠，即木匠也。轮，车子的轮盘。舆，车子。轮舆，即指车匠。规矩，方的圆的做法。巧，是自己悟得的巧妙。孟子言木匠和车匠只能教人如何做方的，如何做圆的，不能把里面的巧妙诀窍告诉人。故曰：“梓匠轮舆，能与人规矩，不能与人巧。”与者，即把方法教与人也。

（问）何谓巧？

（解）无论何种学问，只有普通的大端道理，可以求师学得。至于精微妙道，均非自己悟彻不可也。

孟子曰：“舜之饭糗茹草也，若将终身焉。及其为天子也，被袗衣，鼓琴，二女果。若固有之。”

饭，上声。糗，音秋上声。茹，音汝。被，音披。袗，音枕。果，《说文》作婐，音我。

糗，干粮也。茹草，犹言吃草茎野菜也。袗衣，画花的衣。果，犹侍也。孟子道：“舜在吃干粮吃野菜的时候，好像打算终身就这个样子过下去的。等到后来做了天子,穿了画花的衣裳,弹着琴,有尧帝两个女儿服侍他,又像他本来有这回事的样子。"

(问)何谓若固有之?

(解)寻常人贫苦时,总不肯安心过日子。一得富贵,心思更其不定。只有舜始终行所无事,不因其处境不同而改变其心情。

孟子曰:"吾今而后知杀人亲之重也!杀人之父,人亦杀其父;杀人之兄,人亦杀其兄。然则非自杀之也,一间耳!"

间,去声。

孟子道:"我今天才知道杀人的亲属,是一件最重大的事情。杀了别人的父,别人也杀他的父,杀了别人的兄,别人也杀他的兄。这样说起来,自己的父兄,虽不是自己杀的,其实与自己杀的,不过相去一些罢了!"

(问)何谓非自杀之?

(解)此章言做人须推己及人。杀害他人,自己亦必还受人之报复,是不能幸免的。

孟子曰："古之为关也,将以御暴。今之为关也,将以为暴。"

关者,关卡城门之类。古时候人的造关,是用以抵御盗贼或抵抗邻国的兵来侵伐的,所以称为"御暴"。今时人的造关,只知征收捐税,阻难行旅,暴虐人民,所以称为"为暴"。

(问)何谓御暴? 为暴?

(解)《左传》言:"作法于凉,其敝犹贪。"为关者,本为利民,后乃病民,政治无不如此也。

孟子曰："身不行道,不行于妻子。使人不以道,不能行于妻子。"

此言自身不行道义,即不能将道义行于妻子。使唤人如不以道义,虽妻子尚不能听,更不必论他人了。

(问)何谓身不行道,不行于妻子?

(解)此与《论语》孔子说"其身正,不令而行;其身不正,虽令不从",同一意思。

孟子曰："周于利者,凶年不能杀。周于德者,邪世不能乱。"

周者,足也。此章所言之利,系指积蓄,言能足于积蓄,虽遇凶年,不致饿死。足于道德者,虽处邪乱的时世,也不能乱他的心意也。

(问)何谓周于利? 周于德?

(解)孟子开口即言"何必曰利",此章则赞"周于利",因梁惠王所言之利,系指富国强兵,与人打仗。此则言人不可不积蓄,以备凶荒的年岁也。不过本章所重,还在周于德,意思是德也要像利一般的周起来,才可以防备未来的变端。

孟子曰:"好名之人,能让千乘之国。苟非其人,箪食豆羹见于色。"

好,去声。乘,去声。食,音寺。见,音现。

此章言喜欢声名的人,能辞诸侯的大国而不要。但是倘若不是真正能让的人,虽然为了一筐饭、一木碗羹,得之则喜,失之则怒,喜怒之情,就要从面上露出颜色来了。

(问)何谓好名?

(解)这是说,喜欢名声的人,总有一天要露出马脚来的。至于我们看人呢,当从其人所忽略的地方看去,然后才能得其人之真相。孟子这话,是为欺世盗名之人而发的。

孟子曰:"不信仁贤,则国空虚。无礼义,则上下乱。无政事,则财用不足。"

此章孟子言人君治国的道理也。不信仁人贤人,势必信任坏人小人,就如无人一样了。故曰:"不信仁贤,则国空虚。"礼者,定上下之分。义者,辨应为之事。没有了礼义,天下当然大乱了。故曰:"无礼义,则上下乱。"不知生财之道,取之无度,用之无节,就是无政治。这样,自然出多入少,财用不足了。故曰:"无政事,则财用不足。"

(问)何谓空虚?

(解)按韩非子《亡征篇》,言:"亡国之廷无人焉。"与此言"空虚"是一样的意思。本章的总意,是指出国家危殆的所以然。

孟子曰:"不仁而得国者有之矣;不仁而得天下,未之有也!"

此按孟子以前的历史而言也。言不仁的人,虽然尚能得国为诸侯,至得天下为天子,乃是没有的。

(问)何谓不仁?

(解)孟子劝人君行仁政,所以言不仁者,不能得天下也。

　　孟子曰："民为贵,社稷次之,君为轻。是故得乎丘民而为天子,得乎天子为诸侯,得乎诸侯为大夫。诸侯危社稷则变置;牺牲既成,粢盛既洁,祭祀以时,然而旱干水溢,则变置社稷。"

　　盛,音成。

　　民,百姓也。社稷,社是土神,祭祀五土的;稷是谷神,祭祀五谷的。社坛设在东面,稷坛设在西面,都在开国时候立的。古时是神权政治,所以社稷即代表国家。君者,君主也。凡国家的成立,以得民心为第一,民即国本也。故曰:"民为贵。""社稷次之"者,因国家之所以设制度,施政治,无非为民也,故其重要次于民。君者,不过办理国家政治的人罢了。故曰:"君为轻。"丘民者,即田野之民。王天下者,必须得到田野人民的心,然后可为天子。这样推下去,所以得了天子之心,天子可以封之为诸侯,得了诸侯之心,诸侯可以命之为大夫。故曰:"是故得乎丘民而为天子,得乎天子为诸侯,得乎诸侯为大夫。"亦是说明民为贵的道理。"诸侯危社稷,则变置"者,言诸侯无道,有危害国家之举动者,就可以废掉他,另置贤君,这就是君为轻。牺牲是祭祀用的牲畜,粢盛是祭品,黍稷叫作粢,在器中的食物叫作盛。如果祭祀的牛羊已经齐备,祭祀的饭食已经清洁,祭祀是按着时候举行的,然而社稷之神却仍使这种国家有干的旱灾、溢的水灾，那么就当毁坏社稷的坛，另置新社稷坛以奉祀之，以为神不能保护人民之惩罚，这就是社稷重于君而轻于民。

（问）民贵君轻，是何意义？

（解）世界各国都经过神权政治的阶段。只有中国古代，虽奉神权，然以人民为神的代表。如《尚书·皋陶谟》言："天工，人其代之。"《泰誓》言："天视自我民视，天听自我民听。"是以天子之尊贵，须受人民之监督也。其事实，则如周幽王暴虐，百姓起而革命，流幽王于国外是也。孟子此言，固为当时视民如草芥的国君而发，然而也正合着近世世界的真谛。

孟子曰："圣人，百世之师也，伯夷、柳下惠是也。故闻伯夷之风者，顽夫廉，懦夫有立志。闻柳下惠之风者，薄夫敦，鄙夫宽。奋乎百世之上，百世之下闻者莫不兴起也！非圣人而能若是乎？而况于亲炙之者乎？"

圣人的行为，虽在百世之后，尚可师法，故曰："圣人，百世之师也。"伯夷、柳下惠之风，前已见过。"奋乎百世之上"者，言古时候的圣人，在百世以前奋起来做师表的人，故虽在"百世之下，闻者莫不兴起也"。要不是圣人，能够这样么？亲炙者,言亲身受过圣人的教化,好像被火熏炙过一样。百世以下的人,尚能仰慕圣人,何况亲身感受过圣人的教化呢？ 故曰:"非圣人而能若是乎？ 而况于亲炙之者乎？"

(问)何谓亲炙？

(解)圣人的感化力最大,能够感动人心,变换习尚。

孟子曰:"仁也者,人也。合而言之,道也。"

儒家的中心学说,就是一个"仁"字。仁者,就是所以为人的道理。仁与人合,就是"道"也。

(问)何谓仁？

(解)按仁字古文为忈,是说一千个人,都同此一心也。小篆改忈为仁者,以忈为千心,似乎人各一心。所以改为仁者,言二人以上也。一个人独处空山荒岛,无所谓人道,必与人相偶,由二人以上至全体人类,乃可施行人道。故仁者,即施行做人之道也。

孟子曰:"孔子之去鲁,曰:'迟迟吾行也。'去父母国之道也。去齐,接淅而行,去他国之道也。"

此章系重出,已见于《万章》篇。

孟子曰:"君子之戹于陈、蔡之间,无上下之交也。"

戹,同厄。

此君子,指孔子。孔子受困戹于陈国和蔡国的交界地方,甚至绝粮受围,为什么呢? 为了在上没有贤君,在下没有贤臣与他交往,所以如此也。

(问)何谓无上下之交?

(解)这章的意思是说,君子的见厄,并非自己有什么不对,乃是不能与恶人同流合污之故。孟子如此说,隐然也指着自己。

貉稽曰:"稽大不理于口。"孟子曰:"无伤也。士憎兹多口。《诗》云:'忧心悄悄,愠于群小。'孔子也。'肆不殄厥愠,亦不陨厥问',文王也。"

貉,音陌。

貉稽者,姓貉,名稽,当时一士人也。他自己称名对孟子说:"我貉稽大大不见容于众人之口。"谓人家都毁坏他也。孟子答他道："不要紧的,士人是时常被众人讨厌的。""忧心悄悄,愠于群小"者,是《诗经》里《邶风·柏舟》这一篇的两句诗。悄悄,言忧思在心,未能除去也。愠者,怨恨也。群小,一班小人也。此言孔子处危难的时候,忧虑的心思未能除去,因为被一班小人所怨恨故也。"肆不殄厥愠,亦不殒厥问",也是《诗经》里《大雅·绵》这一篇的句子。肆,是发语词。殄,绝也。殒,丧失的意思。问,声问也。此诗是咏文王,言虽不能殄绝小人的怨恨,然而也不至于丧失文王的善声也。

（问）何谓士憎兹多口?

（解）貉稽以被人毁恨来问孟子,孟子告以如孔子、文王这样的圣人,尚且有人毁恨,做人只要自己不错,何必理人家的多口呢?

孟子曰:"贤者以其昭昭,使人昭昭。今以其昏昏,使人昭昭。"

昭昭,明白也。贤德的人,自己先明白道理,然后以其所明白的道理,也教人明白。今日的人,自己则昏昏不知义理,却要教人明白,真所谓不知自己也。

（问）何谓昭昭?何谓昏昏?

（解）这是指一班在位的人,自己不知道道义,只知贪污自私,倒要用了法令来叫百姓奉公守法,这哪里能成呢!

孟子谓高子曰:"山径之蹊间,介然用之而成路;为间不用,则茅塞之矣。今茅塞子之心矣!"

间,去声。

"山径之蹊间",山上小路人所脚踏之处也。"介然用之而成路"者,言忽然之间,因为来去的人走得多,用了它,竟成了一条大路也。"为间不用"者,言隔了一些时候不去走,就给茅草塞住了路,走不来了。故曰:"则茅塞之矣。""今茅塞子之心矣",孟子说高子,现在你的心,也被茅草塞住了!言高子物欲丛生,义理不明,做人糊涂也。

(问)何谓茅塞人心?

(解)人要求得道义,就须时时努力,不可间断,否则一曝十寒,决然无成。

高子曰:"禹之声,尚文王之声。"孟子曰:"何以言之?"曰:"以追蠡。"曰:"是奚足哉? 城门之轨,两马之力与?"

追蠡,音堆礼。与,作欤。

高子言禹王之乐声,过于文王的乐声。孟子便问他,何以说这句话呢？追，钟纽也。蠡，虫蛀过的样子。高子以为禹王所用的钟，它的纽好像虫蛀过的样子，就要断绝了，可见它用得多。文王的钟纽，还没有断绝的形状，可见它不大为人所用，因此便以为禹王的乐声胜于文王也。"孟子道：'是奚足哉'"者，言这个岂足以为标准呢？"城门之轨，两马之力与"，言如城门下面车轮拉过的凹痕，难道是两匹马拉过车子所能造成的么？意思是：并非一车二马之力所能致此，乃是年深月久，自然而然也。同样，禹王的钟纽将要断绝，是年时已久。文王后于禹王千余年，所以他的钟纽还不见断绝的形状，并不是禹的乐声果然胜过文王的也。

（问）何谓以追蠡？

（解）世人对于事理，只看见表面的形状，不明里面的原因，皆高子论乐声之类也。

齐饥，陈臻曰："国人皆以夫子将复为发棠，殆不可复？"孟子曰："是为冯妇也。晋人有冯妇者，善搏虎，卒为善士。则之野，有众逐虎。虎负嵎，莫之敢撄。望见冯妇，趋而迎之。冯妇攘臂下车，众皆悦之。其为士者笑之。"

齐饥者，齐国遭饥荒的年岁也。棠，齐国的邑名。发棠者,以前齐国饥荒,孟子曾请齐王发棠邑的谷米,赈济人民。这回齐国又闹饥荒了,所以陈臻来告诉孟子,国中的人都以为孟子又将去请齐王发棠邑的谷米了。故曰:"国人皆以夫子将复为发棠。""殆不可复"者,陈臻自己猜想而问孟子的话,说:"恐怕是不会再来一下了吧?"孟子就告诉了他一个故事,以表明自己的意思。冯妇,是一个勇士,晋国人,善于空手打(搏)老虎。后来以为勇士不好,改从善行,终成了善士。有一日,冯妇偶然到野地方去,有许多人在那里追逐老虎,老虎依靠着山凹(嵎)抵抗人,这些人都不敢走近前去惹它,远远地望见冯妇来了,大家就跑过去迎他来打老虎。冯妇把衣裳的袖口一卷,伸出了膀子(攘臂)走下车来去打虎,大家看着都欢喜起来。只有读书人却笑着冯妇,因为他已经改为善士了,何必自命勇猛,再去打老虎呢? 这样就是说,孟子是不肯做冯妇,再去请发棠的了。

(问)为士者何以笑冯妇?

(解)邢疏解此章云:"今齐王恃威虐以敛民,亦若虎之负隅。以难合之说,述于暴人之前,又若迎而搏虎也。是以孟子将复为发棠,非不足以悦众目,自君子观之,亦若为士者之笑冯妇也,以其不知止也。"意思是说了一遍,齐王勉强听从,自己已很觉乏味。现在明知其不听,何必再去说第二遍也。

孟子曰:"口之于味也,目之于色也,耳之于声也,鼻之于臭也,四肢之于安佚也,性也。有命焉,君子不谓性也。仁之于父子也,义之于君臣也,礼之于宾主也,智之于贤者也,圣人之于天道也,命也。有性焉,君子不谓命也。"

人口之于美味,人目之于美色,人耳之于妙音,人鼻之于香气,人四肢之于安逸,是人的本来性质,都喜欢的,故曰"性也"。"有命焉,君子不谓性也"者,言这五项虽为人人所喜欢,却有一定的限度,不能过分,所以君子不说它是天性也。父子之间的讲仁爱,君臣之间的讲道义,宾主之间的讲谦敬之礼,贤人的讲智慧,圣人的讲天道,都是有限度的,故曰"命也"。"有性焉,君子不谓命也"者,言这五项虽都有限度,却都有天性在内,所以君子又不说它是命了。

(问)何谓性? 何谓命?

(解)朱子曰:"此二条者,皆性之所有而命于天者也。然世人以前五者为性,虽有不得而必欲求之;以后五者为命,一有不至,则不复致力。故孟子各就其重处言之,以伸此而抑彼也。"

浩生不害问曰:"乐正子何人也?"孟子曰:"善人也,信人也。""何谓善? 何谓信?"曰:"可

欲之谓善,有诸己之谓信。充实之谓美,充实而
有光辉之谓大,大而化之之谓圣,圣而不可知之
之谓神。乐正子,二之中,四之下也。"

　　浩生是姓,不害是名,齐国人。他问孟子:"乐正子是怎样
的一个人?"孟子答以乐正子是"善人,又是信人"。浩生不害
又问:"何谓善?何谓信?"孟子告以"可欲之谓善"者,言人人
都觉得他可爱而不可恶,所以这就叫作善。"有诸己之谓信"
者,言凡是善的,他都实在有的,这就叫作信。"充实之谓美"
者,言力行他的善,至于充满而积实,这就叫作美。"充实而有
光辉之谓大"者,言善既充满在身,又能发挥而光大之(光
辉),这就叫作大。"大而化之之谓圣"者,言光大了的美德,
又能加以变化,这就叫作圣。"圣而不可知之之谓神"者,言如
《周易》言"与天地合其德",《论语》记孔子曰"天何言哉",就
是圣人的作为,如天地自然之变化,众人不能够晓得,这就叫
作神了。孟子说了六者之后,又说到乐正子的为人,在善与信
二者之中,而不及美、大、圣、神四者,故在四者之下。

　　(问)何谓善?信?美?大?圣?神?

　　(解)浩生不害之问乐正子为何如人,系见孟子闻乐正子
为政于鲁,喜而不寐故也。孟子举其善信二端之长,尚不及美
大圣神之四德,皆公论也。本章用意,则在说明道是没有尽头
的,求道的总要逐步精进,不可自止。

孟子曰："逃墨必归于杨，逃杨必归于儒。归，斯受之而已矣。今之与杨、墨辩者，如追放豚，既入其苙，又从而招之。"

墨即墨翟，杨即杨朱。孟子时，墨翟、杨朱与孔子的儒家分为三大派，所有的学者都以此三派为归宿。逃者，逃出这一派，去入那一派也。"逃墨必归于杨，逃杨必归于儒。归，斯受之而已矣"者，言这班学者，有逃出墨派，归入杨派的，又有逃出杨派，归入儒派的，他既来归，就接受他罢了。放豚者，逃出猪栏外的猪也。苙，即猪栏。"今之与杨、墨辩者，如追放豚，既入其苙，又从而招之"者，言现在儒家之与杨派、墨派辩论道义者，好像追逐逃出的猪，既已把猪追入栏里了，又把它的脚缚了起来。（招）意思是：墨派、杨派的人，既来归儒，应该好端端地待他，不可以为他前曾向儒家攻击过，仍旧存一点歧视的心思也。

（问）何谓归斯受之？

（解）儒家道义，本来重在恕字。杨、墨学者虽与儒异趋，然他既自知杨、墨之非而来归，就不可咎其既往也。

孟子曰："有布缕之征，粟米之征，力役之征。

君子用其一,缓其二。用其二而民有殍,用其三
而父子离。"

征就是收税。古时向人民收税,有上述三种。布缕者,所
织的布与所纺的丝缕也。粟米者,人民的粮食也。力役者,国
家有什么工程建筑,把人民招来,叫他们出气力做工也。君子
治国,只用一项,而缓用其他的二项。如三项之中用了二项,
则人民就要成为饿殍。三项都一齐用起来,则必至人民父子
离散,不能安居,而乱事起矣。

(问)何谓用其一,缓其二?

(解)国家以人民为主,然要办理政治,不得不征取人民之
财赋气力,以为国家之用。但取之过分,则人民不能胜任。为
政者切不可横征暴敛,害人而自害。

孟子曰:"诸侯之宝三:土地、人民、政事。
宝珠玉者,殃必及身。"

殃,即祸患也。言诸侯所宝贵的,是土地、人民、政事三
项。若宝贵珠玉,祸患必定到他的身上去也。

(问)何谓殃必及身?

(解)愚暗的君主,往往以珠玉为宝贝,而于土地、人民、政

467

事则不注意，所以召乱亡之祸也。

盆成括仕于齐，孟子曰："死矣盆成括。"盆成括见杀。门人问曰："夫子何以知其将见杀？"曰："其为人也小有才，未闻君子之大道也，则足以杀其躯而已矣。"

盆成是姓，括是名。他在齐国做起官来了，孟子一听见，就道："将要死了，这个盆成括也！"后来盆成括果然被人杀死。孟子的门人问孟子道："你夫子怎么会知道他将要被杀的呢？"孟子道："他有些小小的才能，却还没有听闻君子的大道，这就足以杀死他的身子也。"

（问）何谓小有才？

（解）世间常有一种人，自负才智，胡作妄为，不知道将来必有反应，自受其祸也。

孟子之滕，馆于上宫。有业屦于牖上，馆人求之弗得。或问之曰："若是乎，从者之廋也？"曰："子以是为窃屦来与？"曰："殆非也。夫子之设科也，往者不追，来者不拒！苟以是心至，斯受之而已矣。"

屦,音句。廋,音搜。为,去声。与,作欤。

上宫,是滕君的别宫。"馆于上宫",孟子住在上宫那里也。屦,麻鞋也。业屦者,织着尚未完成的麻鞋也。牖,窗洞也。"有业屦于牖上,馆人求之弗得"者,言有个人把未完工的麻鞋放在窗洞上面,忽而不见,馆里的人来寻找时,却找不到也。廋,藏匿也。有人来问孟子道:"竟是这样吗! 难道是你夫子的学生们所藏匿的吗?"故曰:"若是乎,从者之廋也?"孟子道:"照你这样说,你以为我的学生是专为偷麻鞋来的吗?"故曰:"子以是为窃屦来与?"那人道:"这个,大约不是的。"故曰:"殆非也。"又说了"夫子之设科也,往者不追,来者不拒,苟以是心至,斯受之而已矣"这一番话。设科者,设立规条也。那人既知失言,因又说道:"夫子你所设立的规条,本来对于学生已往的事情,是不去追究的。有到来就学的,是不加拒绝的。他们只要为了求道义的心,到你这里来,你就接受他罢了。"言下的含意,是说孟子的学生,也许有些是手脚不安的人,孟子也不能保证他们。但也为孟子开脱,苟有此事,孟子是不必负责的。

(问)何谓设科?

(解)"夫子之设科也"一段,邢疏以为是孟子自己说的。朱注以为是其他人说的。然文中明言夫子,则以朱注为是。

孟子曰:"人皆有所不忍,达之于其所忍,仁

也。人皆有所不为,达之于其所为,义也。人能
充无欲害人之心,而仁不可胜用也。人能充无穿
窬之心,而义不可胜用也。人能充无受尔汝之
实,无所往而不为义也。

胜,平声。

"人皆有所不忍,达之于其所忍,仁也"者,言凡人都有所
爱,对于这所爱的,总硬不起心肠来,苟把这个心思,推到所不
爱的身上,就是仁。"人皆有所不为,达之于其所为,义也"
者,言凡人都有所不肯做的事情,苟把这个心思,推到所肯做
的事情上面去,就是义也。一个人能够扩充不要害他人的心
思,这个仁就用不完了。一个人能够扩充不要偷窃他人利益
的心思,这个义也就用不完了。故曰:"人能充无欲害人之心,
而仁不可胜用也。人能充无穿窬之心,而义不可胜用也。"尔
汝,轻慢的称呼。人们能够扩充不肯受轻慢称呼的真心,就
不论到什么地方去不必愁不做到义的地步了。因为人们所以
肯受别人的轻慢,一定是自己做了什么亏心事,不敢反抗之
故。假使问心无愧,自然不肯受人的轻慢了,也就可见自己行
为的合义了。故曰:"人能充无受尔汝之实,无所往而不为
义也。"

"士未可以言而言，是以言餂之也。可以言而不言，是以不言餂之也。是皆穿窬之类也。"

餂，音忝。

餂，即以舌头物，试试味道而后吃，有试探的意思。"士未可以言而言，是以言之也"者，言士人当不可以说话时而说话，是要想把言语去试探别人也。"可以言而不言，是以不言餂之也"者，言到了可以说话的时候，而不说话，是要想以不言去试探别人也。这种行为，都不诚实，只想偷窃人家的利益，都是窃贼一类的人。故曰："是皆穿窬之类也。"

（问）此章所指的穿窬，是何意义？

（自省）我有如穿窬的行为吗？

孟子曰："言近而指远者，善言也。守约而施博者，善道也。君子之言也，不下带而道存焉。君子之守，修其身而天下平。人病舍其田而芸人之田！所求于人者重，而所以自任者轻。"

施，音意。芸，即耘。

言近指远者，言所说的话虽极其浅近，而所含的旨义则极其远大，这是极好极有用的话，故曰"善言也"。"守约而施博者",言我对于事事物物,所明悉的是最简约的纲领,而我的应用却处处可通,这当是最好的道理了,故曰"善道也"。带谓腰带,古人视不下带,谓只视带之上,注意目前常见之事物而已。"君子之言也,不下带而道存焉"者,是说君子所说的话,都是常见之近事,而大道却存乎其间也。"君子之守,修其身而天下平"者,言君子所守的道理,就是修他的自身,天下人见之,都能效法,天下自然会平也,不是这样,即不是君子。因为一班平常人,往往不知修他的自身,只知对于他人吹毛求疵,这无异是舍掉了自己的田,却去耘人家的田,所希望于人家的地方太重,而使自己做善人的责任却太轻,这是最大的毛病。故曰:"人病舍其田而芸人之田,所求于人者重,而所以自任者轻。"

(问)何谓言近指远?守约施博?

(解)韩退之《原毁》说:"古之君子,其责己也重以周,其待人也轻以约。"理论即出于此章,可参观也。

孟子曰:"尧、舜,性者也。汤、武,反之也。动容周旋中礼者,盛德之至也!哭死而哀,非为生者也。经德不回,非以干禄也。言语必信,非以正行也。君子行法以俟命而已矣。"

中,去声。为,去声。行,去声。

尧、舜所行的善事仁政,都是从本心里自然流出的。故曰:"尧、舜,性者也。""反之"者,修身求学,回反到本性上去之谓,这是汤、武也。"动容周旋中礼者",一切动作与容貌,以及来往对付,种种细微曲折,无不合于礼节者,这是盛德的君子,好到极处了。故曰:"盛德之至也。""哭死而哀,非为生者也"者,言哭死人而悲哀着,全是对于死者而感发,不是为活的人看看而哭也。经,常也。回,曲也。守着常德,不肯有一点邪曲,并非为了求官做。故曰:"经德不回,非以干禄也。""言语必信,非以正行也"者,言所说的话,必须信实,不忍欺骗他人,不是用以修正自己的品行,自己的品行本来是正的也。法者,朱注曰:"天理之当然者也。"言君子做人,只要行天理当然之事,等候着天命就罢了。故曰:"君子行法以俟命而已矣。"

(问)何谓行法俟命?

(解)行法俟命,程子曰:"'朝闻道,夕死可矣'之意也。"《论语》晨门称孔子:"是知其不可而为之。"汉诸葛亮言:"鞠躬尽瘁,死而后已。"皆是也。本章用意,说要做圣贤,应该从本性做去,不可有什么贪图。

孟子曰:"说大人则藐之,勿视其巍巍然。堂高数仞,榱题数尺,我得志,弗为也! 食前方丈,侍妾数百人,我得志,弗为也! 般乐饮酒,驱骋田猎,后车千乘,我得志,弗为也！在彼者,皆我所不为也;在我者,皆古之制也！吾何畏彼哉！"

说,音税。藐,音秒。榱,音催。般,音盘。乐,音勒。乘,音盛。

此处所说之大人,指有权势富贵之人。藐之者,看轻他也。巍巍者,指权势富贵的显焕也。"说大人则藐之,勿视其巍巍然"者,言去劝说有权势富贵的人,要存一个看轻他的心,勿要注意他的显焕也。八尺为一仞。榱者,檐下椽子也。题者,头也。言数丈高的堂,檐下长数尺的椽子头,孟子说,他就是得志了,也不肯这样做的。故曰:"堂高数仞,榱题数尺,我得志弗为也。""食前方丈"者,言吃食的案桌,排列碗碟甚多,占有一方丈的地方也。"侍妾数百人",言侍奉的姬妾众多也。"般乐饮酒"者,任性地游玩喝酒也。"驱骋田猎"者,骑着马奔来奔去打猎也。"后车千乘"者,言随从的仆役众多也。上述种种,孟子自言,使我得志如大人者,我也是不肯这样做的。所以接着总结道:"在彼者,皆我所不为也。""在我者,皆古之制也"者,言我所有的,都是古时候的法度也。这样两方面比较起来,一则不过势派阔绰,至于才能道德,都是无所有的,我何必怕他呢！故曰:"吾何畏彼哉！"

(问)为何说大人则藐之?

(解)一般人和有权势富贵的人说话,因先存谄媚奉承的心，以故所谓大人者，更看他不起。能如孟子所言，不但自己不失身份，且能使俗物般的大人知而警惕也。

孟子曰："养心莫善于寡欲！其为人也寡欲，虽有不存焉者，寡矣；其为人也多欲，虽有存焉者，寡矣。"

欲，通慾。

欲，即声、色、臭、味等嗜欲。要把心养正，最好减少嗜欲之事。他的做人如果是少嗜欲的，虽然真理也有不存在他心上的时候，存下来的到底是足够了。他的做人如果是多嗜欲的，虽然真理也有存在他心上的时候，存下来的就不够用了。

（问）何谓寡欲？

（解）人要做圣贤，必从养心始。养心之法，以减少嗜欲为第一义也。

曾皙嗜羊枣，而曾子不忍食羊枣。公孙丑问曰："脍炙与羊枣孰美？"孟子曰："脍炙哉！"公孙丑曰："然则曾子何为食脍炙而不食羊枣？"曰："脍炙所同也，羊枣所独也。讳名不讳姓！姓所同也，名所独也。"

脍,音桧。

羊枣,形圆色黑的小枣,又叫羊矢枣。曾皙喜欢吃羊枣,后来曾皙死了,曾子不忍再吃羊枣,因为看见羊枣,不看见曾皙,思父之心切,很难过也。脍炙者,肉丝和熏肉。公孙丑因问:"脍炙比了羊枣的味道,哪一种好?"孟子道:"自然是脍炙了。"公孙丑又问:"那么曾子为什么吃脍炙,不吃羊枣呢?"这因为脍炙既然味道好,曾皙一定也是喜欢吃的,所以公孙丑如此问也。孟子道:"脍炙是一种普通的菜,人人所同喜欢吃的,羊枣是只有曾皙独自喜欢吃的东西。"意思便是曾子因为羊枣是曾皙独自喜欢吃的东西,所以他看见羊枣,就要想起父亲,因此不忍吃也。孟子又说明这道理,譬如避亲的讳,姓是大家所同的,所以不必讳,至于名,只有一个人独有,所以要讳也。

(问)何以曾子不食羊枣?

(解)圣贤思亲之心,是随处触发的,但也不可过于拘泥。

万章问曰:"孔子在陈曰:'盍归乎来!吾党之士狂简,进取不忘其初。'孔子在陈,何思鲁之狂士?"孟子曰:"孔子不得中道而与之,必也狂狷乎?狂者进取,狷者有所不为也!孔子岂不欲中道哉?不可必得,故思其次也。"

狂者,志向高大也。简者,作事疏忽也。万章道:"孔子在陈国的时候,他说:'何不归去呢！我们一党里的士人有的有大志,有的做事脱略,都还晓得向前进取,不曾忘记当初的志愿。'"于是万章问道:"孔子在陈国,为什么想到鲁国的狂士呢?"孟子道:"孔子因为得不到合乎中道的人,将大道传给他,所以只好想到那班狂狷的人了。狂的人能够专心向上面进取,狷的人有操守,有些事情是不肯做的。孔子难道不想得个合乎中道的人吗？因为不一定能得到,所以只好想到次一等的人物也。"

"敢问何如斯可谓狂矣?"曰:"如琴张、曾皙、牧皮者,孔子之所谓狂矣。""何以谓之狂也?"曰:"其志嘐嘐然,曰:'古之人！古之人！'夷考其行,而不掩焉者也。

嘐,音宵。

万章又问:"怎样就可以说他是狂呢?"孟子道:"如琴张、曾皙、牧皮这一类人,就是孔子所说的狂者了。"琴张名牢,号子张,孔子的学生。牧皮姓牧名皮,是事奉孔子的。万章又问:"这种人,何以说他是狂者呢?"嘐嘐者,志大言大也。孟子道:"他们这种人,志大言大的样子。嘴里说:古时候的人怎

477

样！古时候的人怎样！"平心考察他的行为,却又不能被这种话所遮盖。故曰:"夷考其行,而不掩焉者也。"言他说的话,虽然很有大志,但一考察他的行为,都不能和他的言相符也。

"狂者又不可得,欲得不屑不洁之士而与之。是狷也,是又其次也。孔子曰:'过我门而不入我室,我不憾焉者,其惟乡原乎！乡原,德之贼也。'"

原,同愿。

"不屑不洁之士"者,指不愿意作污秽龌龊之士也。孔子想得狂者将大道传与他,乃不可得,于是只好想得个不愿意污秽龌龊的人,将大道传给他,这就是狷的人了,是又次了一等也。故曰:"狂者又不可得,欲得不屑不洁之士而与之,是狷也,是又其次也。"乡原者,即貌似有道德的滥好人。孔子最厌恶这一种人,所以说:"他走过我的门,不走进我的屋里来,而我不感到遗憾的,只有乡原这一种人。因为乡原,是德之贼也。"意思是有害道德的贼人。

曰:"何如斯可谓之乡原矣?"曰:"'何以是嘐嘐也? 言不顾行,行不顾言。则曰:"古之人！古之人！"行何为踽踽凉凉? 生斯世也,为斯世也,善斯可矣。'阉然媚于世也者,是乡原也。"

阉,音淹。

万章又问:"怎样可以说他是乡原呢?"孟子道:"有一种
人,他讥笑狂者道:'何以这样的志大言大呢?说的话不顾着
做的事,做的事不顾着说的话,自己却还说:"古时候的人怎
样!古时候的人怎样!"又讥笑獧者道:"他的做事,为什么孤
零零(踽踽),冷清清(凉凉)呢?一个人生在这个世上,做这
世上的事,使一般人说他是个善人就好了!"'他讥笑狂者,又
讥笑獧者,自己则一点男子的气度也没有,谄媚世上的人,这
就是乡原也。"

万章曰:"一乡皆称原人焉,无所往而不为原
人。孔子以为德之贼,何哉?"曰:"非之无举也,
刺之无刺也。同乎流俗,合乎污世。居之似忠
信,行之似廉洁,众皆悦之,自以为是,而不可与
入尧、舜之道。故曰:'德之贼也。'孔子曰:'恶似
而非者:恶莠,恐其乱苗也;恶佞,恐其乱义也;恶
利口,恐其乱信也;恶郑声,恐其乱乐也;恶紫,恐
其乱朱也;恶乡原,恐其乱德也。'君子反经而已
矣。经正,则庶民兴。庶民兴,斯无邪慝矣。"

恶,皆音恶。慝,音特。

原人,犹现在所说的忠厚人。万章以为如乡原者,"一乡里的人,都称他是忠厚人,不论到什么地方,也没有不说他是忠厚人的,独孔子以为他是德之贼,是何意义呢?"这是万章听了孟子解释乡原之后,还不明白,所以再问也。孟子道:"此种人,说他不是,则没有可举的事迹,攻击他,也没有可攻击他的地方。他只是在颓靡风俗里混日子,与污浊的世界相合。他做人,像是忠信而不是忠信;他行事,像是廉洁而不是廉洁。无智识的众人都喜欢他,他也自以为是。其实他终生不过如此,到底是不可与他入于尧、舜的真道中的。所以说是德之贼也。"孟子解释了乡原为德之贼以后,又引孔子的话以证之:"所最可恶可恨的,就是似是而实不是的:所以恶恨莠草,因为恐怕它和稻苗混在一处,人也误为稻苗也。恶恨巧伪的人,因为恐怕他搅乱真的义理也。恶恨会狡辩的人,因为恐怕他混乱信实也。恶恨郑国的淫声,因为恐怕它杂乱雅乐也。恶恨紫的颜色,因为恐怕它羼乱真的大红也。恶恨乡原,因为恐怕他搅乱真的道德也。"上面是述孔子的话,孟子又加一评语道:"君子反经而已矣。"经者,常也,真也。反者,回复也。言君子只要回复到真实的、平常的大道理上去就罢了。真实的、平常的大道理得到了正确的处置,则所有的百姓看了都自然感动奋发起来了。百姓都起来了,那就没有藏匿在心里的邪念了。

故曰:"经正,则庶民兴。庶民兴,斯无邪慝矣。"

(问)何谓乡原?

(解)德之贼者,犹人民中之有盗贼也。盗贼也是人,然未破案时,人都称他是人。乡原的假行为,在未被识破的时候,人也都称他为君子,故曰德之贼。犹人民之与盗贼也。

孟子曰:"由尧、舜至于汤,五百有余岁。若禹、皋陶,则见而知之,若汤,则闻而知之。由汤至于文王,五百有余岁,若伊尹、莱朱,则见而知之,若文王,则闻而知之。由文王至于孔子,五百有余岁,若太公望、散宜生,则见而知之,若孔子,则闻而知之。由孔子而来至于今百有余岁,去圣人之世,若此其未远也!近圣人之居若此其甚也!然而无有乎尔!则亦无有乎尔。"

此后世道统之说之所由出也。其中所举人名前多见过,只莱朱、散宜生二人未见。莱朱为汤贤臣,就是仲虺。散宜生为文王贤臣。刑疏言:"此孟子欲归道于己,故历言其世代也。"意思是:"自尧、舜二帝至于商汤,有五百余年,如禹、皋陶为尧、舜之臣,是亲见尧、舜而得知其所行之大道的。至于商汤之于尧、舜,相离五百余年,但听知尧、舜之道,遵而行之,其时如伊尹、莱朱,则亲见商汤而知其所行之道的。至于文王之于商汤,也相离五百余年,但听知商汤之道,遵而行之,同样,其时如太公望、散宜生,则亲见文王而知其所行之道的。至于孔子之于文王,也相离五百余年,也但听知文王所行之道,因不得其位,但遵行而发挥之。自孔子以来到现今只有百余年,这样,离孔子的时代并未甚远,离圣人居住的鲁国,又如此之近,照理应该有人出来,承受这个道统的。”“然而无有乎尔,则亦无有乎尔”者,言已经没有人能继承孔子的道统了,真的没有人能继承孔子的道统了。这是孟子自谦不敢承受这种道统,而又叹息无人以继此道统也。

(问)何谓道统?

(解)此章为《孟子》终篇,故历叙古来圣道之继起,一面固然自谦而叹其无人,一面亦所以表明道统的传授,还在他自己身上,免得后来学者误入歧途。因为他屡次说过,他是学孔子、私淑孔子的,他当然是这道统的承受者。